文
景
————
Horizon

世界历史评论

The World Historical Review

陈恒 洪庆明 主编

07 | 穿越世界变局的
历史研究

Historical Studies in a
Changing World

Volume 1, Number 1, 2017

上海人民出版社

目　录

专论 | Research Articles

谁是美国人？

[美] 埃里克·方纳[①]文　王希　译

摘要： 在这篇简短而优雅的写作中，历史学家埃里克·方纳回顾了美国民族特性的演变过程，审视了从建国到20世纪60年代这一漫长历史时期"美国性"概念在不同阶段的界定及其挑战。作者认为，美国历史并不是一个不同群体依次获得一套固定不变的权利的故事，也不是一个公民资格不经斗争被自动扩展到不同美国人群的故事。在方纳看来，公民权利的界定是围绕接纳与排斥的边界而展开的斗争的结果。他认为，美国社会的不同群体虽然长期使用共同的政治语言，但他们对这一语言有着十分不同的解释。他进一步指出，那些看似具有普适性的美国原则与共同价值实际上是在差别与排斥的历史基础上得以创建的。

关键词： 民族特性　民族认同　公民资格　公民权利　美国性

对于历史，美国人总是抱有一种不同寻常的暧昧态度。赫尔曼·梅尔维尔（Herman Melville）写道："过去只是暴君们留下的课本，而未来则是自由人拥有的《圣经》。"然而，与其他许多民族一样，我们也总是从历史中寻找

---

① 埃里克·方纳（Eric Foner），美国哥伦比亚大学德威特·克林顿历史学讲席教授。1995年，纽约人文学科委员会（New York Council for the Humanities）评选方纳为"年度学者"（Scholar of the Year），本文是他在颁奖仪式上所做的演讲。显然，直到今天，美国人围绕演讲主题的争论仍未停息。

凝聚民族的力量。当今美国社会关于历史的辩论,在很大程度上源自我们对美国社会可能发生碎化的担心,也源自我们对当代学术研究的一种忧虑:它似乎更强调讲述致使美国人分裂而不是共享的历史内容。历史学家当然需要寻求和识别美国历史上的共同主题,然而,这些主题的呈现并非是单面向的,也不是像新史学的批评者们所想象的那样可以轻易完成。差别性与共同性是美国历史经验中相互依存的两个内容。组成美国社会的多元群体长期使用同一种政治话语,尽管它们对这一话语的内容具有极为不同的解读。显然,普世原则和共同价值观在历史上是通过差异和排斥而建构起来的。

包容与排斥两者之间存在的这种共生关系——一方面强调民主与自由是普遍权利,另一方面又只允许某些特殊群体享有民主与自由——在围绕"谁是美国人"这个根本问题的辩论上表现得最为明显。如今,许多政客将美国的问题归咎于外国人的非法进入,他们提出要以种族和族裔标准来重新界定我们的民族性(nationality)。然而,关于"谁应该是"和"谁不应该是"美国公民的激烈争吵在历史上并不新鲜。作为一个民族,为了"美国性"(Americanness)的定义问题,我们曾经长期争论不休。

民族(nation),在本尼迪克特·安德森的著名定义中,不止是一种政治实体,它也是一种心理状态,"一种想象的政治共同体",同时带有精神和地理边界。民族认同感(national identities)并非是永久固定的,反而注定是不稳定的,注定要不断地随着想象的边界而不断被定义和再定义。与民主、自由、平等以及美国政治语言中的其他"关键词"一样,"美国性"被哲学家们称为是一个"从根本上引发争议的概念"——它的本质决定了它会具有多种并相互冲突的解读。

在一个至少在口头上信奉平等理想的社会里,如何划分想象共同体的范围具有极为重要的意义。从认知的角度而言,美国人一直认为民权平等和政治平等应是主流价值,而对"次等公民地位"(second-class citizenship)的抗议也成为一种有力的社会抗争语言。随着与美国公民资格关联的实质性权利的范围变大,决定包容与排斥的界限也变得愈发重要。美国历史不是一个不同群体依序获取一套固定权利的简单故事,相反,被排斥的群体要求进入划定的范围,权利则因围绕边界斗争的结果而不断发生变化。例如,前奴隶在内战之后，而后是他们的后代在20世纪五六十年代，先后展开了争取完整公民资格和公民权利的斗争，他们的斗争激发其他群体发出同样的权利诉求，从而转变了美国人关于"谁是美国人"的思考。

美国人关于民族认同的辩论反映出西方传统所包含的一种更大的内在矛盾。我们时常说，西方创造了"自由"的概念，并将之界定为一种普遍人权，但西方也发明了"种族"的概念，并赋予其预测不同人类未来行为的权力。"民族"（nationalism）的思想，至少在美国来说，就是这两种信仰结合而产生的结果。传统上，学者们将"公民民族主义"（civic nationalism）与"族裔民族主义"（ethnic nationalism）区分开来，前者将"民族"想象成一个共同体，它建构在共享的政治体制和价值之上，其成员资格对居住在其领土范围内的所有成员开放；后者则将"民族"视为一个建构在同一族裔和语言传统之上的后裔共同体。法国所展示的是一种具有包容精神的、公民性民族国家，而德国则代表了一种排他的、族裔性民族国家的形式。多数学者将美国视为法国模式的民族国家。他们认为，自北美殖民地宣布独立开始，美利坚民族的生存是基于一系列具有普世性而非特殊性的原则之上的；做一个美国人的全部要求即是全身心地拥抱和接受以自由、平等和民主为内容的意识形态。

然而，长期以来的实践则显示，美国民族性的界定同时带有公民性与族裔性定义。在美国历史的大部分时间内，美国公民资格的界定既是由血缘也是由政治忠诚所决定的。这两种思想的并列可以追溯到共和国的创制时代，美国是为了追求自由而得以创造的，但其生存则在很大程度上依赖于奴隶制的支撑。奴隶制侧面决定了所有美国人的认同和自我认知，从一开始就赋予美利坚民族（nationhood）一种鲜明的排斥性特征。正如政治学者茱迪·史珂拉（Judith Shklar）所指出的，在很大程度上，奴隶制使美国公民资格的价值建立在对其他人的拒绝与否定之上。奴隶制给美国公民资格建构起一道最困难重重的边界，令黑人在那些想象美国共同体的人的眼中彻底消失。美国首任联邦检察总长埃德蒙·伦道夫（Edmund Randolph）曾写到，奴隶不是"我们社会的基本成员"，自由和公民权这类语言并不适用于他们。迷思制造大师赫克多·圣约翰·克里维科尔（Hector St. John Crèvecoeur）提出了一个经典问题:"美国人这个新人到底是一个什么样的人?"他的回答是,美国人"是一个混合体,由英国人、苏格兰人、爱尔兰人、法国人、荷兰人、德意志人和瑞典人混合组成……他或者是一个欧洲人,或者是一个欧洲人的后代"。而此刻美国人口的整整五分之一(我们历史上出现的最高比例)是非洲人和他们的后代。

那些被划入"我们圈子"中的人又是谁呢?联邦宪法中没有任何条文明确界定过谁是美国公民,也没有说明公民应该享有何种特权或豁免权。相反,认定公民资格和公民法律权利的权力掌握在各州州政府手中。但联邦宪法授权国会建立一个全国统一的移民归化体制,而1790年归化法则第一次对美国国籍(nationality)做出了立法规定。国会没有经过任何辩论,就将归化程序限制在"自由白人"的范围之内。这一限制延续了很长时间。在长达80年的时段里,只有白人移民才能通过归化程序成为美国公民。黑人在1870年被准许进入归化程序,亚裔则要等到20世纪40年代才获得进入归化程序的资格。对白人群体的移民限制始于19世纪的最后25年。最初被排斥的包括妓女、犯有重罪的罪犯、精神病患者、一夫多妻者以及那些有可能变成"公众负担"的人。到了20世纪,这个排斥名单最终加入了无政府主义者、共产党人和文盲。但在美利坚合众国历史的第一个百年内,依照1795年归化法的要求,全世界唯一无法获得美国公民资格的一群白人是那些不愿放弃世袭贵族头衔的人。所以,对于白人而言,(美国)国籍(nationality)的界定,既是想象的结果,也是自愿选择的结果。

在欧洲贵族和非白人这两个被排斥在归化程序之外的群体之间,相似之处要比乍看上去更多。两者都被视为缺乏共和政体公民所必需的素质,尤其是缺乏自制能力、前瞻性的理性思考和为公众服务的奉献精神等。这些正是杰斐逊在《弗吉尼亚笔记》一书中声称黑人所缺少的素质。之所以缺乏,一方面是因为自然能力的缺失,另一方面则是因为奴隶制曾带给他们的苦痛经历(杰斐逊对此很能理解),致使他们无法对美国抱有忠诚感。与当代作者一样,杰斐逊十分看重遗传与环境、种族和智力之间的联系;但与当代作者不同的是,他提出了一些暂时但并不"科学"的结论。杰斐逊认为,美国黑人应该享有《独立宣言》所宣示的自然权利,但他们得享这些权利的地方应该是在非洲或加勒比海地区，而不是在美国。美国公民群体应该是人种统一的，所有人拥有同样的经历、价值观和内在能力，从而能够凝聚起来，将公益的理念变成现实。

杰斐逊想象的共和国共同体中没有黑人的位置。随着（白人男性享有的）政治民主在19世纪上半叶持续得以扩展，黑人的地位——无论是自由人还是奴隶——开始变得越来越不协调。的确，美国缺乏一些界定民族性的传统要素——规制久远的地理范围，一个强大而充满敌意的邻国，基于族裔、宗教和文化历史之上的整体感——美国的民主政治体制最终成了界定美利坚民族的要素。投票权不断变成了美国公民资格和权利的象征——尽管法律上还没完全承认（选举权因受州政府的管制仍被视为一种特权，而不是一种权利），但在大众文化和公众话语中却早已被接受。诺亚·韦伯斯特（Noah Webster）在19世纪20年代出版的《美国词典》中注释说，"公民"一词的同义词是选举权的拥有。

在以选举权的拥有而划定的边界之外站着各种不同的美国人群体。自由女性在作为想象共同体的"国家"（nation）中自然占有一席，而且根据当时盛行的男女领域分离理论，女性在培养未来公民方面承担着不可替代的重任。普通法的习俗通常将妇女置于丈夫的法律地位的覆盖之中。然而法院也经常（但并不总是）判定已婚妇女可以拥有独立的公民地位。外国女性移民可通过归化程序而成为美国公民，本土出生的美国妇女不会因为嫁给了外国人而丧失美国公民的地位，唯一的例外是1907年至随后的15年这一时段内。然而，无论在法律上还是现实中，妇女均没有参与政治的基本资格——基于财产的拥有或控制自己劳动的权力之上的自立机会。（男性）社会普遍认为女性天性顺从，不适合承担公民权责之重。

如果说妇女居于的是一种附属公民（subordinate citizenship）的地位，非白人则被彻底排除在白人美国人的想象共同体之外。奴隶因其地位而理所当然地被排斥在"我们的圈子"之外；即便是在北部，虽然民主在白人男性公民中得以扩展，外国移民也不断被纳入民主化进程之中，但黑人的法律和政治地位却迅速衰退。1821年的纽约州制宪大会废除了白人男性选民的财产资格限制，却同时将黑人参与选举的资格提升到价值250美元的财产——这笔财富超出了该州绝大多数黑人公民的经济能力。在决定一个人获得或丧失公民资格的标准方面，种族事实上取代了阶级。联邦最高法院首席大法官罗杰·B. 特尼（Roger B. Taney）在1857年斯科特案的判决中，通过宣布任何黑人均不能成为美国公民，从而使这一立场合法化了。

包容与排斥是一种共生而不是相互矛盾的关系。即便美国人的言辞变得更为提倡平等，但以种族主义为核心的一整套意识形态却拥有广泛的民意支持，成为界定民族性的标准。如同对妇女公民地位的解释一样，大自然的造作——与生俱来的能力，而不是人类的发明——为排斥非白人群体提供了理由。正如约翰·密尔曾经斥责过的，"对于掌握强权的人来说，所有的强权不都是一种大自然造化的结果吗？"然而，在密尔本人的名著《论自由》中，他却认为自治权"只适用于那些天生禀赋达到了成熟程度的人类"。许多"种族"整体不具备理性行动的能力，而这一能力则是民主国家公民的必备素质。

密尔的观点在美国白人中很有市场。这也许是不可避免的，因为当时美国经济的增长主要依赖黑人奴隶的劳动，美国领土的扩展导致另一个非白人群体——印第安人——丧失家园、流离失所，对墨西哥人居住的领土的征服也被视为是对非白人的征服。的确，西进运动让美国白人感到，拥有土地就等于拥有了美国公民的资格。然而，当白人劳工将西部想象为一片获取经济独立的土地并的确从中有所斩获的同时，一系列名目繁多的附庸性经济体制——奴隶制、印第安人契约奴工制、墨西哥人的劳役偿债制和华人劳工的长期契约劳工制等——也被带入西部。自由劳动成为只有白人才能享有的权利。

美国的政治语言中也充斥着种族排斥的话语。"我相信，美国政府是为白人而创建的"，斯蒂芬·道格拉斯（Stephen A. Douglas）在1858年与林肯的辩论中这样宣称，"我相信，它是由白人为了白人的利益和他们的后代而创造的，我赞成将公民资格赋予白人……而不能赋予黑人、印第安人或其他低贱的种族。"这种注重"种族"（这是19世纪人们使用的一种极为荒诞的范畴，它将文化、历史、宗教和肤色等因素笼统地混为一谈）的言论在使各种各样的欧洲人建构起一种国家认同的同时，也更为苛刻地划定了想象共同体的排斥范围。

然而，如果奴隶制赋予美国民族性（American nationality）一种种族化定义的话，废奴主义的斗争则产生出它的对立面，即一种关于公民资格的纯公民性理念（a purely civic version）。废奴主义者对黑人奴隶和自由黑人拥有的"美国性"的承认，不仅驳斥了奴隶制的合法性，而且也反对将自由黑人视为二等公民。废奴主义者率先提出了一种关于联邦公民资格的思想，认为所有公民都应享有联邦国家提供的平等的法律保护。共和党在19世纪50年代登上政治舞台，其言论并不像废奴主义者那样追求平等，但也承认美国所宣称的原则在包括全人类的足够范围内均有效。在谈及欧洲移民的时候，亚伯拉罕·林肯指出，这些人的美国公民资格并不是从"血缘"或祖辈那里衍生而来的，而是源自普世平等与普遍自由的原则中所包含的"道德情操"（moral sentiment）。林肯否定了斯蒂芬·道格拉斯的基于种族之上的自由推论，声称《独立宣言》所列举的权利适用于全人类。

从这个角度看，美利坚联邦在19世纪中叶所遭遇的危机，也是一场关于美国民族性内涵的危机，而内战则成为重新界定美国公民资格的一个关键时刻。战争动员通常会强调全民团结一致的必要性，在美国历史上，战争也给被剥夺了权力的公民带来了要求权利的机会。妇女与印第安人在第一次世界大战之后成为选民；年满18岁的公民在越南战争后获得了选举权。美国内战不仅巩固了联邦的团结与国家忠诚，而且还创造了一个现代的美利坚民族国家。这自然将"谁是美国人"的问题推到了公众讨论的最前沿。温德尔·菲利普斯（Wendell Phillips）在1866年写道："一个令人不容忽视的事实是，美国与其他国家不同，它必须回答这样一个问题，究竟是什么造就或构成一个公民。"内战产生了第一部关于美国联邦公民资格的法律，它极大地扩展了公民权利，也彻底否定了把公民权利与族裔或种族身份相联系的做法，新法律规定，公民是一个没有区分和等级的美国人民群体中的平等成员。

一套新的美国主义（Americanism）的概念从内战中降生。《1866年民权法》第一次对美国公民资格做了法律界定，宣布所有在美国出生的人（印第安人除外）都是美国联邦公民，并列举了公民不分肤色均应享有的权利——

尤其是在市场上进行竞争的能力、拥有财产和享有同等的法律待遇等。第十四条宪法修正案规定，美国公民资格的基础是在美国领土上出生或在美国完成归化程序，各州不得剥夺任何公民的"特权和豁免权"或拒绝给予他们"平等的法律保护"。修正案使用了涵义如此宽泛的语言，为国会和联邦法院在未来将种种实质性权利带入"法律平等保护"的实践之中打开了大门，而这一实践将在20世纪里的许多时间里被联邦法院践行。第十五条宪法修正案则禁止各州利用种族作为行使选举权的资格限制。

共和党领袖卡尔·舒尔茨（Carl Schurz）称重建为"伟大的宪政革命"，因为它代表了一种与先前的美国法律传统非常明显的分离，它自然也引发了强烈的反弹。"我们根本就不属于同一个种族"，来自印第安纳的参议员托马斯·亨德里克斯（Thomas Hendricks）说，"我们是如此不同，完全不应该组成同一个政治共同体。"

重建时期的共和党人否定了这一说法，但他们信奉的普世主义有着自身的局限性。弗里德里克·道格拉斯（Frederick Douglass）于1869年发表的名为《组合民族》（*Composite Nation*）的演讲中，对歧视中国移民的做法予以谴责，坚持认为美国的目的是为"来自世界各地、为追求民族自由的梦想所激励的"所有人提供一个避难所。他认为，任何形式的排斥都是与民主内涵相对立的做法。一年之后，当参议院的激进共和党人领袖查尔斯·萨姆纳（Charles Sumner）提议将"白人"一词从归化资格要求中去除的时候，西部参议员们表示强烈的反对。他们愿意将黑人吸纳为美国公民，但拒绝将亚洲人纳入。在他们的坚持下，美国"民族性"的种族界限不但没有被废除，反而被扩大了。

在扩展公民权利的时候，重建时代的政策制定者们也没有努力将妇女的权利考虑在内。信普教派牧师和妇女选举权领袖奥林匹亚·布朗（Olympia Brown）说，重建提供了一个"将黑人和妇女融入公民之中"的机会。但共和党人——包括许多前奴隶——将奴隶解放视为一种黑人过家庭生活的自然权利的恢复，在家庭生活中，男性将占据一家之长的位置，妇女则将被局限在家庭领域之中，而这一位置曾经被奴隶制剥夺。事实上，妇女们曾利用第十四条宪法修正案来为自己争取权利，但法院对她们的要求并不接受。首席大法官莫里森·威特（Morrison Waite）宣布，公民资格的拥有与选举权的缺失可以并存；公民资格只是意味着"一个国家体制中的成员资格，并无其他含义"。最高法院关于妇女权利的论点预示着一种对公民资格更为收缩的界定。随着重建的结束，追求平等的冲动逐渐从国家生活中消退，想象共同体遭遇了另外一波重新想象。

19世纪后期，种族主义思想因重建的"失败"而被再次强化和兴起，主导了美国文化，并助长了那种认为非白人不配享有政治自治的思想的传播。哥伦比亚大学政治学者约翰·伯吉斯（John W. Burgess）在19与20世纪之交时写道："一个黑人，意味着他是来自黑色人种的一员，这个种族从来没有学会如何成功地用理智来制服感情，也从来没有创造过任何形式的文明成果。"无肤色差别公民资格的理想主义在内战后的撤退，带来了盎格鲁-撒克逊主义的再度复兴，它通过排斥性的种族语言将爱国主义、仇外主义和基于族裔文化之上的民族性定义等统领起来。通过1898年美西战争的胜利，美国作为帝国主义强权进入世界舞台之中，这一行动愈加激发了美国对盎格鲁-撒克逊优越论的推崇，并以此来取代先前将美国与民主政治体制相等同的做法（或不断使用愈加明显的种族主义方式来界定这些体制）。

享有公民资格的范围在进步时代变得更为狭窄，即便公民权的内涵在扩大。如同"劳工问题"逐渐占据了公众生活的中心，另一个思想——公民权需要有经济内容——也进入主流思想之中。进步时代的领袖人物，如路易斯·布兰代斯（Louis Brandeis）和西奥多·罗斯福（Theodore Roosevelt）等，认为在大公司资本主义时代，"美国公民权的根本内容"必须包括享有"产业自由"（freedom in things industrial），譬如接受教育的权利、"某种程度上的财政独立"，以及足够抵抗失业和贫困的"社会保障"。这是关于公民资格的社会定义，它将最终延伸到新政及其之后。但进步主义者也希望利用强大的国家来推动美国化的进程，而美国化将帮助美国在面临正在发生的人口结构变化时形成一个团结一致的共同体，消解族裔认同，将新移民变成完全的美国公民。如同当今推动共同文化和共同价值观的人一样，进步主义者事实上在面对美国主义具体内容上表现得非常模棱两可。除了要求对民主表示信仰、移民必须对美国而不是对原国籍国表示忠诚之外，如果要从他们的演讲中找出任何关于美国价值观的准确定义，都将是徒劳的。

美国主义的最强劲推崇者则继续推进种族化的民族性定义。在其宣扬的"美国生活标准"（American standard of living）的思想中，美国劳联一方面将高工资与国家认同等同起来，另一方面则声称亚洲人、黑人和欧洲新移民天生就愿意为挣得"奴隶的工资"而工作，所以他们不是真正的美国人。其他的自诩为美国种族和文化传统的卫道士们则对"低等种族"——专指来自南欧和东欧的新移民——造成的危险不停发出警告。这种从19世纪承袭而来的种族主义语言此刻得到了伪科学的支持，新发明的智商测试和出生率统计数据"显示"，能力欠缺的人种有可能在人数上超过优秀人种，并有可能破坏美国人基因的纯洁性。（当今那些反对非白人移民的人所说的话都能在80年前出版的麦迪逊·格兰特的《伟大种族的消逝》[Madison Grant, *Passing of the Great Race*]一书中找到对应的语言。唯一的不同是当今的本土主义者将进步时代的移民美化成为自给自足的个人，不像今天的移民，他们从不依赖于公共救助，也从不从事暴力犯罪活动。这样的描述会令昔日那些"美国化行使者"[Americanizer]感到受宠若惊，因为他们在当时曾以今天指责海地人、墨西哥人和其他移民的同样罪名来指责意大利人、犹太人和波兰人等，他们把后者视为是智力低下、仰赖公共救助而生活、有犯罪倾向的人。）

那种将新移民视为异类、不适合成为民主体制公民的思想导致传统的排斥性死灰复燃，进一步收缩了民族性的限定范围。国会早已禁止中国移民继续进入美国。1921年和1924年，国会从根本上打破了对白人移民完全开放（除去特殊指定的不值期望的群体之外）的传统，第一次对来自欧洲的移民设置了严格的入境人数限制，建立起一种原国籍定额制，目的是保证新移民的人数永远不会超过国内的老移民人数。由种族、智力和美国主义共同构成的思想也推动了其他立法的产生，旨在通过强制性结扎来减少"智力不健全者"人口数量，这一实践在1927年得到联邦最高法院的支持。最高法院认为这是改进美国人口质量的一种途径。此时各种力量也努力联合起来，修订中小学课程的设置，以便为美国历史教学注入更富有爱国主义的内容。

到20世纪20年代，南部对黑人选举权的普遍剥夺已成为既成事实，亚洲人被排斥在进入美国的人群之外，"产业民主"的思想被迫让位于工业资本家的"美国项目"（American plan），劳工和移民已经依循种族、族裔和性别的界限被分割成不同的群体，美国公民资格和公民权利的边界与实际内容已经遭到了严重的缩减。但如同过去一样，这些冲突仍将作为激烈社会冲突的亮点得以留存。进步主义者也许给统一和谐的崇美主义一种有力的推动，但类如霍勒斯·卡伦（Horace Kallen）和鲁道夫·伯恩（Randolph Bourne）这样的进步主义者则重新激发起关于民族性的公民界定的活力。他们认为，民主是因为群体之间的差异，而不是人为制造的一元化。伯恩写到，美国是一个"文化的联盟"，不是一种盎格鲁－撒克逊遗产的保留地。

在某些方面，"文化多元主义"（cultural pluralism，1924年卡伦使用的词汇）与那些支持"美国价值"的要求一样，也是同样的含义不清、模棱两可——这一概念包括对民主的信仰和对不同群体差异的包容。此外，文化多元主义者对于非白人在美国社会中应处于什么位置竟然不置一语。但他们有效地挑战了东南欧新移民不能变成美国公民的说法，或即便他们能够成为公民，也必须放弃自己的传统而全盘接受盎格鲁－撒克逊生活方式的要求。与此同时，人类学家弗朗兹·博厄斯（Franz Boas）、阿尔弗雷德·克罗波尔（Alfred Kroeber）与露西·本尼迪克特（Ruth Benedict）等也从学术上论证了社会群体之间的差别主要来自历史与经验，而不是生物学意义上的原因，从而挑战了当时流行的观点，即社会或种族内部隐藏着一种区分从"原始"到"文明"的固定光谱。

但人类学家并不总是能左右公共政策。尽管知识分子普遍接受多元化，但在第二次世界大战之前，这仍然只是一种少数派观点，"二战"期间，它突然成了美国民族性的一种官方定义。当然，新政时代再度兴起的工会运动和活跃于"统一战线"时代的范围宽广的左翼文化已为多元化的到来铺平了道路。美国产联将因族裔原因而分割的产业工人组织起来，形成了一个具有自觉意识的阶级，提出了范围广泛的对公民资格的社会性界定，强调美国生活方式的多元化和包容性等内容。与此同时，左翼艺术家和知识分子提出了一种新的美国范畴，将美国界定为一个多族裔的、追求多元化的国家（甚至将黑人包括在内）。1940年，美国的力量深植于多元化和包容性之中的思想已经被广泛传播，乃至于当年共和党的全国代表大会也演唱了厄尔·罗宾逊

（Earl Robinson）创作的《美国人之歌》，歌曲对统一战线文化所推崇的多元化价值做了最地道的表述。

唯有在经历了"二战"动员和与纳粹主义的对决之后，美国主义信条中那种充斥种族歧视的语言才遭到清洗。意大利人、波兰人、犹太人和其他新移民不再被视为特定"种族"的成员，而转化成为带有连字符的族裔美国人，换言之，他们融进了白种美国人的总分类之中。与此同时，自重建以来，黑人的地位也再度成为一个备受关注的国家政策问题，推动这一进程的一方面是黑人自身提出的权利要求，另一方面则是来自美国国内的种族体制与其宣称的国际政策之间所产生的矛盾，美国称为捍卫民主和平等，自己正在与统治种族的邪恶理论进行一场全球范围的斗争。"二战"甚至也将华人纳入有资格申请归化入籍的人群之中（尽管每年仅105人的移民配额表明美国并不期望接受大规模的亚洲移民群体）。随着以族裔偏见为基础的美国主义理论被抛弃，罗斯福总统明确地接受了公民性的民族性定义。他认为，做一个美国人，始终是"一件关乎心灵之事"，而"绝不是一件关乎种族或祖先之事"——他之所以这样说，更多的是为了动员民众支持战争，而不是为了准确地描述美国的传统。"冷战"的来临则强化了官方对美国的界定：美国是一个由多元民族和种族组成的国家，奉行平等、自由、民主的信念，并对所有期望获得自由的人开放。

民权运动的兴起进一步增强美国民族性界定中的公民性和包容性价值。民权运动重拾重建时代的无肤色区别的理想主义，从法律上废弃了强加于黑人公民的二等公民地位，以并非巧合的方式推动国籍定额制移民法走向终结。唯有时间在未来可以告知，美国人对公民民族主义的普遍赞同究竟是美国生活中发生的一种永久性改变，还是特定历史时代的一种产物，其中有些时势——"冷战"、持续增长并能及时消化新移民的经济、希望消灭种族不平等的共同决心——正在逐渐地消逝。

历史学家埃里克·霍布斯鲍姆（Eric Hobsbawm）在《妙趣横生的时光——我的20世纪人生》（*Interesting Times: A Twentieth-Century Life*）中写到，历史学家是"一群专业记忆者，想记住他们的公民同胞们希望忘却的历史"。美国人时常"忘记"，我们的历史并非是一种辉格党人式的进步历程，不断从自由和平等走向更大的自由和更多的平等，我们的历史是一个有得有失、更为复杂的故事，权利得到了扩展，但有的时候也被剥夺；那些曾早已被埋没的思想有可能死灰复燃，幽灵一般地扰乱后来者的安宁。如果我们的历史教会了我们什么的话，那应该是，"谁是美国人"的问题从未有过一个固定、简单的回答。我们尽可放心地预测，在21世纪围绕我们的想象共同体的界定将继续引发新的政治冲突和社会斗争。

"人民的历史学家、历史学家的历史学家"
——埃里克·方纳教授（王希 撰）

埃里克·方纳是美国哥伦比亚大学德威特·克林顿历史学讲席教授，也是当代美国最有影响力的历史学家之一。方纳于1943年生于纽约市的一个知识分子家庭，父亲和叔父是历史学家，母亲是美术教师。1959年，16岁的方纳进入哥伦比亚大学，获得学士学位后前往牛津大学深造，随后返回哥伦比亚大学历史系，在著名历史学家理查德·霍夫斯达特（Richard Hofstadter）指导下获得了博士学位。1970年，时年27岁的方纳出版了博士论文改编的专著《自由土地、自由劳动、自由人：内战前共和党的意识形态》（*Free Soil, Free Labor, Free Men: The Ideology of the Republican Party before the Civil War*），该书以精湛的研究和优雅的写作重新解释了美国内战的起源，一鸣惊人。此后方纳在美国内战史、重建史、非裔美国人史、奴隶制研究、美国政治文化史、林肯研究等领域中勤奋耕耘近40年，出版了30多部著作，多部专著以史料扎实、观点独到、思想深刻、文笔精美而成为美国史研究的经典著作，其中1988年出版的《重建：美利坚未完成的革命（1863—1877）》（*Reconstruction: America's Unfinished Revolution, 1863–1877*）获班克罗夫特美国史研究奖等六项学术奖，2010年出版的《烈火中的考验：亚伯拉罕·林肯与美国奴隶制》（*The Fiery Trial: Abraham Lincoln and American Slavery*）在2011年同时获普利策奖、林肯奖和班克罗夫特奖。在哥伦比亚大学，方纳备受学生尊重，曾两次获得"伟大教授"的荣誉称号。

方纳的学术成就深得美国学界的认可。他是美国国家艺术与科学院直选院士，曾任美国历史学家组织主席（1993）、美国历史学会主席（2000）和美国历史学家协会主席（2006）。与此同时，方纳在美国知识界和公众舆论中具有广泛的影响力。他长期担任著名思想性杂志《民族》（*Nation*）的专栏撰稿人，并筹划和主持了多种面对公众的大型历史展览，以新美国史观重新解释美国历史。他还应邀在数百所美国大学、研究机构、公共教育机构、历史社团开设美国历史讲座。他撰写的《给我自由：一部美国的历史》（*Give Me Liberty! An American History*）成为600多所美国大学的首选美国通史教材。方纳也是同时享有巨大的国内和国际影响力的美国历史学家，多部著作被翻译成中文、日文、意大利文、韩文、西班牙文、葡萄牙文，并被普林斯顿大学、纽约州立大学、达特茅斯学院、利哈伊大学和英国伦敦大学授予荣誉博士学位。2017年4月，在哥伦比亚大学为庆祝其学术成就而举行的研讨会上，方纳被誉为"人民的历史学家、历史学家的历史学家"（People's Historian, Historian's Historian）。

2000年夏，时任美国历史学会主席的方纳第一次访问中国，分别在南开大学、北京大学、山西师范大学、南京大学和华东师范大学讲学。2009年，方纳将私人珍藏的美国史图书2500余册捐赠给北京大学历史学系图书馆，为中国的美国史研究提供了及时有效的帮助。2017年3月，应北京大学"大学堂"顶尖学者讲学计划和北京大学历史学系的邀请，方纳再度访华，在北京大学做了"19世纪美国的政治遗产"系列讲座（四次），出席了由北京大学人文社会科学研究院和中国美国史研究会联合举行的"19世纪美国史的遗产"学术研讨会，并与国内美国史研究者一起举行了"中美美国史研究的过去、现在与未来"对话会。访问期间，方纳还前往东北师范大学、重庆大学、四川大学和武汉大学等校讲学，并出席商务印书馆、中国政法大学出版社为其新著《烈火中的考验：亚伯拉罕·林肯与美国奴隶制》、《自由之路："地下铁路"秘史》（*Gateway to Freedom: The Hidden History of the Underground Railroad*）中文版举行的读者见面会。所有这些活动有力地推动了国内的美国史研究与教学，带来了前所未有的极为热烈的公众反响。

最后附上方纳教授在哥伦比亚大学庆祝方纳学术成就会议上的致辞（2017年4月）：

　　历史研究或许不能带来更多的经济效益，但它对一个民主社会却是至关重要的。许多年前，美国历史学会主席查尔斯·弗朗西斯·亚当斯（Charles Francis Adams）曾经指出："历史学的观点是一种重要的观点；因为只有历史地看问题，人们才能懂得所观察的问题与一个复杂的文明体之间存在的多种关系。""经济学的"视角，他接着说，"无疑是重要的，但它属于一个较低层次的观察。"亚当斯在1901年做出的评论至今仍然有其相关性。因为历史研究为决策者和更为广泛的当今社会所注入的正是两者最缺乏的品质——用理性与经验来检测任何信仰，质疑任何要求做到思想统一的教条主义，无论它们是政治教条、宗教教条或经济教条——这就是批判性研究的价值所在。

跨种族民主——美国重建时期的伟大政治试验[①]

王　希

摘要： 在美国民主史的大部分时间内，选举权是一种仅为特定公民群体享有的"特权"，只有在经过四次大的选举权扩展之后，全民普选权才作为一项宪法原则得以稳固建立起来。本文聚焦美国历史上的第二次选举权扩展，以美国内战（1861—1865）和重建（1863—1877）为背景，讲述黑人选举权的立法和实施过程，并讨论第一次跨种族民主的实践为何在19世纪后期失败的原因。作者认为，联邦权力结构中不同力量围绕美国民主本质和联邦制的辩论深刻地影响了这一时段非裔美国人权利的创建和剥夺。

关键词： 黑人选举权　重建　美国民主　第十五条宪法修正案

1965年3月15日，美国总统林登·约翰逊（Lyndon B. Johnson）在美国国会发表演讲，敦促国会议员表决通过摆在他们面前的《1965年选举权法》（*The Voting Rights Act of 1965*）的法案。这部法案承诺将废除一切尚在南部各州实施的阻挠黑人公民参与政治的法律障碍，以保障他们能够自由而安全地行使美

① 本文是根据为 CQ Press 写作的一篇英文论文大幅度改写而成。原文发表的信息如下：Xi Wang, "Building African American Voting Rights in the Nineteenth Century", in *The Voting Rights Act: Securing the Ballot*, Richard M. Valelly (ed.), Washington, D. C.: CQ Press, 2006, pp.1–18. 在写作原文的过程中，我曾从与 Richard M. Valelly, Eric Foner, Michael Green, Michael Vorenberg, Michael Les Benedict, Paul Finkelman, Kermit Hall, Akhil Reed Amar 及 Donald G. Nieman 等的交流中获得许多有益的反馈，在此特别致谢。

国公民的"最根本的权利"——投票权。作为一位政坛老手和曾经的中学历史教师,约翰逊深知这部法案的历史分量,并不失时机地借用历史来说服各位议员。约翰逊指出,南部黑人早在一百多年前的内战中就获得联邦政府给予的自由许诺,但他们至今还没有"完全地获得自由",而作为"一个建立在特定目的之上的国家",美国政府"不能——而且绝对不能——不为公民行使投票权提供保护"。"我们已经等待了一百多年,"他用一周前在亚拉巴马州参加"塞尔玛进军"①的示威者的口吻说,"继续等待的时间已经一去不复返了。"②

在结束演讲时,约翰逊出人意外地使用了一句民权运动的著名口号——"我们终将排除万难"(we shall overcome)——这难得一见的感性举动准确地捕捉到了民权运动的精神,令民权运动领袖马丁·路德·金为之动容。然而,约翰逊的演讲忽略了重建的故事。他没有提醒议员们,选举权对于黑人来讲,绝非一种新权利,而是一个世纪前重建政治的创造;他也没有强调,为了保证刚获得解放的黑人能够行使公民权利,内战后的联邦政府曾制定和实施过一系列类似的法律;他完全可以直白地告诉议员们,《1965年选举权法》的制定实际上是为了完成美国民主史的一场伟大试验——创建一种跨越种族界限的民主政体。这场试验始于美国内战(1861—1865年),在重建时期(1863—1877年)达到高潮,但最终未能坚持下去。

本文希望讲述的正是这个被约翰逊忽略的故事——黑人选举权(black suffrage)是如何作为一种新的宪法原则被写入第十五条宪法修正案之中,又是如何被付诸重建政治的实践之中的。但我更希望通过讲述来思考这样一些问

---

① "塞尔玛进军"(Selma Marches)是民权组织于1965年3月在亚拉巴马州塞尔玛市为抗议种族主义、争取选举权而举行的示威活动。第一次进军于3月7日举行。示威者原计划从塞尔玛徒步行走54英里,前往亚拉巴马州首府蒙哥马利(Montgomery),以展示黑人群众不惧威胁、要求获得平等选举权的决心。当他们抵达塞尔玛城外的埃德蒙·佩图斯大桥(Edmund Pettus Bridge)时,遭到全副武装的州警的暴力镇压,进军中断。州警镇压示威者的血腥场面在全国转播,极大地震撼了各地民众,并对约翰逊政府造成了巨大压力。来自各地的民权积极分子随即聚集到塞尔玛市,促成了3月10日举行的第二次进军。此次进军因为是在还没有完全取得联邦法院提供安全保障的承诺下进行的,为了保护示威者的安全,示威在受到州警的阻拦之后自动终止。3月15日,在约翰逊总统发表演讲、呼吁国会尽快通过《1965年选举权法》之后,形势和气氛都发生了变化。3月21日,在近2000名州警的护卫和全国媒体的关注下,数万名示威者开始了第三次塞尔玛进军,经过三天的步行,最终抵达蒙哥马利。塞尔玛进军因此成为美国民权运动史上的一次壮举。

② Lyndon B. Johnson, speech delivered at the joint session of Congress, March 15, 1965, quoted in *Public Papers of the Presidents of the United States: Lyndon B. Johnson, 1965*, Washington, D.C.: Government Printing Office, 1966, Volume I, entry 107, pp.281–287.

题：在创建跨种族民主的漫长历史进程中，联邦"权力"是如何被用来帮助建立非裔美国人的"权利"的？为何联邦"权力"在当时无法长久而持续地发挥作用？联邦"权力"的缺失与非裔美国人的"权利"的丧失之间存在着一种什么样的关系？"权力"与"权利"的互动对于美国民主或任何民主来说又意味着什么？思考这些问题也许有助于我们认识重建与民权革命之间的异同，但也许更能帮助我们认识和判断推动或阻碍美国民主发生"突变"的因素。

内战前的黑人选举权问题

今天，选举权或投票权被视为美国公民享有的一项当然公民权利，但20世纪60年代之前并非如此。我们甚至可以说，在美国民主两百多年的历史中，选举权从来就不是一种普遍享有的公民权利，而是一种仅为特定公民群体享有的"特权"。《独立宣言》通过宣示"政府的权力来自被统治者的同意"而建立起"人民主权"的建国原则，联邦宪法通过"我们人民"对这一原则表示了确认，但自建国开始，人民参与政府的"权力"（power）并没有被转化成一项普遍的"权利"（right）。1787年联邦宪法将决定选民资格的权力留给了各州，因为联邦立宪在各州立宪之后，而联邦主权和权力的建立来自各州对主权和权力的让与。在费城制宪会议上，各州并没有将决定本州公民的选民资格的权力让与给联邦。如此一来，联邦宪法虽然在法理上建立了联邦公民的概念，但居住不同州内的"联邦公民"是否享有选举权——或是否能够成为选民——则是由各州政府说了算。这种极为尴尬、奇特的"权力—权利"体制安排一直延续到重建时期才被打破。①

即便如此，原始的13个州中竟没有一个将选举权不加限制地赋予本州的所有成年公民。美国革命无疑改变了政府本质，扩大了选民的队伍，但并没有彻底抛弃旧的对于政治参与权的限制。各州最初的宪法对谁有资格成为

---

① 1787年联邦宪法关于公民资格和公民权的规定在第四条第二款中体现。该款规定："每个州的公民享有各州公民的一切特权和豁免权。"宪法并没有直接宣示谁是或谁应该是美国联邦公民，而是通过宣示允许一州公民享有他州（即联邦内所有州）公民的权利而建立起一种联邦内所有公民在"特权和豁免权"享有上的平等，并通过这种权利的平等建立一种法理上统一的公民资格和地位。相关讨论见王希：《原则与妥协：美国宪法的精神与实践》（增订版），北京大学出版社，2014年，第116页。

"政治共同体"（political nation）中的一员都有不同形式和程度的限制。最常见的限制是财产。弗吉尼亚州要求一个选民至少要拥有50英亩土地的财产，宾夕法尼亚州选民的财产资格比较宽松，但也必须是纳税人。性别限制被大多数殖民地忠诚地继承下来，虽然只有6个州明确规定只有男性公民才能投票，但普通法传统的"代理"（coverture）原则将绝大部分已婚女性排斥在选民队伍之外。①新泽西州最初的宪法没有明确限制有产女性参与投票，但这项"疏忽"很快被"改正"。

种族是另外一个选民资格要求，但各州的规定并不一致。譬如，佐治亚、南卡罗来纳和弗吉尼亚三个南部蓄奴州明确规定只有白人公民才能投票，但另外三个州——北卡罗来纳、马里兰和宾夕法尼亚——允许满足财产资格要求的"自由人"投票。没有财产、没有自由的奴隶和契约奴工自然被排斥在外，但因为"自由人"中也包括了自由黑人，所在这些州最初的选民中也包括了一些自由的黑人。②其他的限制还有识字能力、居住期限和归化地位等。所有这些"资格"限制将一大批美国公民挡在了选民队伍之外。

19世纪上半叶，美国在经历领土扩张、西进运动和市场革命的同时，也经历了可被称为"民主的延伸"（extension of democracy），或者说选民队伍的扩大，这一进程构成了"杰克逊式民主"的核心内容之一。首先被废弃的是财产资格和宗教资格的要求。到内战前夕，联邦31个州中只有为数不多的几个州继续将纳税作为政治参与的条件，而唯有南卡罗来拉州还继续要求选民拥有某种形式的不动产。从1791年到1850年共有18个新州加入联邦，大多数从一开始便没有对选民设置财产资格的要求。就男性白人公民的权利享有情况而言，此刻的确是一种真实的"民主的扩展"——选举权成为白人男性公民普遍享有的权利（这种情况发生的时候正好为法国观察家托克维尔注意到，并以此作为"美国民主"的证据）。③

---

① 根据普通法中代理原则的习俗，自与丈夫结婚开始，妻子的法律人格（legal personality）便与丈夫的法律人格融为一体，原有的法律权利，包括财产权，均由丈夫全权代理。

② Alexander Keyssar, *The Right to Vote: The Contested History of Democracy in the United States*, New York: Basic Books, 2000, Table A1.

③ Xi Wang, *The Trial of Democracy: Black Suffrage and Northern Republicans, 1860–1910*, Athens: University of Georgia Press, 1997, pp. 5–6.

然而，托克维尔没有注意到，民主的扩展与民主的收缩是同步进行的。19世纪上半叶的美国政治目睹了这两个并行的历史进程。特拉华州和马里兰州分别在1792年和1801年在州宪法中加入了"白种人"的字样，从而划定了美国民主的种族界限。原始13州内有6个州随后跟进，美国民主迅速具备了明确的肤色特征。最初允许妇女和自由黑人投票的新泽西州在1807年修订了州宪法，不失时机地将两者从选民队伍中清理出去。康涅狄格州仍然允许黑人公民投票，但将他们参与政治的门槛提高了——只有那些在1804年（该州废除奴隶制之时）之前获得自由人身份的黑人才能参加投票，这等于将后来自由的黑人公民置于一种半自由的状态。1821年的纽约州制宪大会对民众要求选举权的呼声做出回应，废除了选民的财产资格要求，但对本州黑人公民则仍然要求他们必须至少拥有价值250美元或以上的不动产方能行使投票权。这一歧视性规定实际上剥夺了该州绝大部分黑人的选举权。北卡罗来纳州和宾夕法尼亚州的黑人选民也分别在1835年和1838年被剥夺了选民资格。宾州剥夺黑人选举权的理由几近荒诞——因为居住在费城的黑人在竞争激烈的竞选中可能成为具有决定性的"不确定因素"，必须将他们排除在外，以保证白人民主的纯正。[1]

　　联邦立宪之后加入联邦的新州也分享这种认知，将选举权视为白人独享的种族特权。它们一方面通过废除选民的财产资格来"扩大"民主，另一方面禁止黑人投票，即便是在伊利诺伊州、艾奥瓦州、俄亥俄州、密歇根州、明尼苏达州、俄勒冈州、内华达州和加利福尼亚州等宣称不实施奴隶制的自由州内也是如此。有些州甚至禁止自由黑人移入州内居住，也就是拒绝赋予自由黑人以公民资格。北部自由州虽然没有像南部奴隶主阶级那样直白地把美国民主视为是一种"统治种族的民主"（herrenvolk democracy），但从他们对黑人选民设定的种种限制来看，他们在思想深处赞同前者的立场。当然也有例外。在内战之前，新英格兰地区的5个州——马萨诸塞、罗得岛、新罕

① Edward Price, "The Black Voting Rights in Pennsylvania, 1780-1900", *Pennsylvania Magazine of History & Biography*, 10 (July 1976), pp.356-373, 特别是 p. 363; Marion Thompson Wright, "Negro Suffrage in New Jersey, 1776-1875", *Journal of Negro History*, 33 (April 1948), pp.174-176; Xi Wang, *The Trial of Democracy*, pp.5-6; 关于1821年纽约制宪大会对黑人选举权的剥夺的研究，同时参见杨钊：《"和谐年代"的党派纷争：纽约州政党政治与美国第二政党体制的起源（1812—1824）》，北京大学博士学位论文，2016年。

布什尔、缅因和佛蒙特——允许黑人公民拥有平等的投票权，但这些州的黑人人口数量很少，仅占北部自由黑人人口的7%。

自由黑人并不逆来顺受地接受州所强加的政治歧视，而是不断提出抗议，但除罗德岛州之外，抗议未能带来期望的立法结果。罗德岛州的黑人是通过1841—1842年的"多尔反叛"获得选举权的。[①]19世纪50年代后期，新近成立的共和党企图在北部推动黑人选举权，但该党的白人支持者拒绝参与，反对将黑人选举权与反对奴隶制蔓延到西部的斗争挂钩。譬如，纽约州的共和党选民在1860年大选中投票支持林肯当选，却反对废除黑人选民的财产资格要求。同年的共和党竞选纲领宣称，要坚决阻止奴隶制向西部扩张，但在黑人权利的问题上保持缄默，不置一词。共和党人害怕公开支持黑人权利的言论会导致北部选民的反感并失去他们的支持。[②]

美国内战与黑人选举权的起源

所以，在内战打响之前，共和党人或北部选民几乎没有人会料到战争会带来奴隶制的终结和奴隶的解放，更没有人对跨种族民主体制做出设想。大部分共和党人都认同林肯的观点：内战是一场捍卫原始宪政秩序的斗争。但非裔美国人——无论是自由黑人还是奴隶——则对内战抱有完全不同的期待。从1861年4月12日内战在萨姆特城堡（Fort Sumter）打响开始，奴隶们便将内战视为一次千载难逢的摆脱苦难、争取解放的机会，并立即开始了自我解放的努力。第一批逃亡的奴隶（他们后来被称为"收缴的敌产"）在战争打响几周之后便主动进入了联邦军队的警戒线范围之内，要求参与联邦的事业。联邦军队深入南部之后，大量的奴隶并不随主人一起逃离，而是奔向自由。奴隶们的自我解放行动完全出乎林肯和共和党人的意料之外，但也迫

---

① Eric Foner, *Free Soil, Free Labor, Free Men: The Ideology of the Republican Party before the Civil War*, New York: Oxford University Press, 1970, pp.281–287; Richard H. Sewell, *Ballots for Freedom: Antislavery Politics in the United States, 1837–1860*, New York: Oxford University Press, 1976, pp.97–98, 173–183, 335; 关于罗德岛政治与"多尔反叛"的详细研究，参见蔡萌：《"罗得岛问题"与美国的政治民主化（1830—1849）》，北京大学博士学位论文，2012年。

② Xi Wang, *The Trial of Democracy*, pp.3–4.

使他们重新思考内战的目的并面对奴隶解放的问题。

在联邦军队接收了大量的"收缴的敌产"之后，国会于1861年8月和1862年7月通过了两部《敌产没收法》，分别宣布被南部同盟（Confederacy）用于军事用途的奴隶或加入反叛的南部奴隶主的奴隶财产一律可以作为敌产收缴，等于宣布一部分南部的奴隶获得解放。这些法律代表了联邦政府最初的废奴政策，虽然有限但意义重大。林肯则表现得更为谨慎。为了保证边界州对联邦的忠诚，他曾两度否决了联邦军队将领们颁发的废奴文告。然而，1862年9月22日，也就是在联邦军队以高昂的代价赢得安迪特姆战役（Battle of Antietam）之后，林肯颁布了《解放奴隶宣言预告》，给南部同盟100天时间放下武器，否则他将解放奴隶。1863年1月1日，林肯正式签署了《解放奴隶宣言》，内战性质发生了变化，从一场保存旧宪政秩序、维系风摇欲坠的"统治种族的民主"的战争转变成为一场创造新美国自由和新美国民主的战争。

《解放奴隶宣言》将控制奴隶制的权力从州政府手中转移到了联邦政府手中，同时也赋予了联邦政府创造新的公民权利的权力。解放奴隶本身既是一种"权力"（联邦创造自由）的扩展，也是一种"权利"（奴隶获得自由）的扩展。林肯邀请获得解放的奴隶参加联邦军队，这一决定十分关键，为战后黑人选举权的建立做了重要的政治和法律铺垫。[1]黑人士兵穿上联邦军队制服的时候起，他们便成了联邦的"公民—战士"（citizen-soldiers），尽管他们的公民地位还没有得到联邦政府的认可，尽管他们也还没有享受到作为公民的权利，但他们已经事先承担起捍卫国家的公民责任了。

到1865年战争结束时，将近20万非裔美国人以自愿的方式加入联邦军队（包括海军）之中，另外还有30万黑人作为军需劳动力参与了联邦的战事活动。联邦将军威廉·谢尔曼（William T. Sherman）对黑人入伍的政治后果看得很清楚："当战斗结束之后，那双刚放下枪的手必须拿起选票。"[2]财政部长赛门·蔡斯（Salmon P. Chase）更是看到黑人参战对处理战后南北关系将

---

[1]　关于《解放奴隶宣言》与黑人权利的关系的最近讨论之一，参见 Eric Foner, *The Fiery Trial: Abraham Lincoln and American Slavery*, New York: W. W. Norton, 2010，特别是第7章。

[2]　谢尔曼引自 Keyssar, *The Right to Vote*, p.88。

具有特别的含义。他估计到，内战会加剧、凝固南部白人对联邦的仇恨，而南部的前奴隶人群很可能是我们在重建中"唯一能够指望的、忠诚于联邦的人群"。[1]

非裔美国人最先看到了他们的公民和政治地位将在战后发生变化的前景。就在林肯颁布《解放奴隶宣言》后不久，黑人领袖弗里德里克·道格拉斯（Frederick Douglass）便敦促黑人抓住机会，加入联邦军队，以实际行动来拥抱"美利坚民族大家庭"，但他也要求联邦政府对黑人士兵的忠诚行动予以回报，赋予他们"为政治共同体的其他成员享有的所有权利、特权和豁免权"。[2]1863年11月，林肯在《葛底斯堡演说》中宣称，美国将从内战中获得"一个自由的新生"，道格拉斯随即回应说，新的美国应该"使所有人都成为自由人，使所有自由人都成为选民"。[3]堪萨斯州的黑人也发出争取投票权的呼声。在他们看来，选举权是一种"自然的和遗传而来的"权利，"联邦团结的恢复"和"黑人地位的提升"必须同步进行。[4]1864年在纽约州锡拉丘兹举行的第一届全国黑人大会上，来自南北各地的黑人领袖所要求的首要权利便是参与政治的权利。[5]

对于黑人的选举权要求，林肯的战时重建政策并没有给予立即的回应。他的"十分之一计划"（Ten Percent Plan）于1863年12月颁布，要求前南部同盟州的白人选民（包括参与过反叛的人）重新宣誓效忠联邦，在得到宽恕之后恢复其"除奴隶之外的"个人财产；当完成宣誓效忠的白人选民达到了一州在1860年的白人选民总数的十分之一时，宣誓效忠的选民便可重组新的州政府，重返联邦。这一计划没有将前奴隶和自由黑人包括在重建的进程之内。

这种只有白人参与的重建方案招致了黑人的抗议。1864年初，路易斯安那州新奥尔良市的黑人组织起来，派代表到首都华盛顿去面见国会领袖和

---

[1] 蔡斯引自 Xi Wang, *The Trial of Democracy*, p.10。

[2] 道格拉斯引自 Xi Wang, *The Trial of Democracy*, p.11。

[3] Ibid, p.12。

[4] Xi Wang, *The Trial of Democracy*, p.12。

[5] Timothy S. Huebner, *Liberty & Union: The Civil War Era and American Constitutionalism*, Lawrence: The University Press of Kansas, 2016, pp.322–324; 另见 Xi Wang, *The Trial of Democracy*, pp.11–12.

林肯，要求联邦政府将黑人选举权作为在南部重建"共和制政府"的根本要求。他们要求参与州制宪大会，要求获得设计未来州政府的权力的权利。换言之，他们要求推翻旧的"统治种族的民主"的民主。①林肯虽然没有立刻改变自己的重建政策，但他会见了两位南部黑人代表之后，以私人名义写信给路易斯安那州军事州长，指示后者考虑将选举权赋予那些曾为联邦"勇敢战斗过"的黑人和那些"聪明"的黑人，因为他们有可能帮助我们"将自由的宝石保留在自由的大家庭中"。②一年之后，林肯会在生前最后一次公开演讲中重申这一观点，但此刻他还无法迈出这一步。

此刻的国会两院均为共和党人所把持，但绝大部分国会议员分享林肯的保守态度，并愿意打破坚守多年的宪法传统，将决定选民资格的权力转移到联邦政府手中。在国会中占少数的激进共和党人则企图将奴隶解放与赋予黑人以选举权这两个进程捆绑在一起，但他们无法在党内获得足够的支持。国会提出的重建方案在内容上与林肯的重建方案几乎相同，同样将黑人排斥在政治重建的进程之外，唯一的不同是国会将南部宣誓效忠联邦的白人人数从林肯要求的10%提高到50%。1864年末，国会在就第十三条宪法修正案的法案进行辩论时，激进共和党人试图将一揽子权利（包括选举权）加入该修正案中，但他们的同事拒绝合作。第十三条宪法修正案于1865年12月得到各州批准而生效，但它扩展的只是自由权（禁止在美国境内的任何地方实施奴隶制），而不是获得自由之后求生存、求尊严的权利。这条修正案甚至没有提及林肯在《解放奴隶宣言》中曾经承诺的权利——自由劳动、获得合理的工资、正当自卫等——更没有提及政治权利。

重建时期黑人选举权立法的制定

林肯和共和党国会的保守态度来自与宪政和政治方面的体制羁绊。宪政上，要求南部各州重建新的"共和制政府"，创建新政府的"人民"是由各

---

① Xi Wang, *The Trial of Democracy*, p.19; 同见王希：《非裔美国人与内战后宪政新秩序的建立》，载《史学集刊》，2012年第6期，第9、11页。

② 林肯引自 Xi Wang, *The Trial of Democracy*, p.19; 另见 Foner, *The Fiery Trial*, p.283。

州来决定的，林肯和国会在废除奴隶制的问题上迈出了革命性的一步，将控制奴隶制的权力转移到联邦政府手中，但在黑人选举权的问题上，他们感到难以迈出这一步。后者是一个比废除奴隶制更为复杂的问题，因为如果联邦政府可以通过联邦权力机制将选举权直接赋予南部黑人，那就意味着联邦政府也由此效法，将选举权赋予妇女或自由黑人。这种情形对于许多北部的共和党人来说，无异于一种政治自杀。

政治障碍来自共和党内不同派别在黑人选举权问题上的巨大分歧。保守派共和党人视重建为传统宪政秩序的恢复（restoration），他们希望各州能够保留除奴隶制之外的原来的其他权力（包括决定选民资格的权力）。温和派共和党人也不希望过于严厉地惩罚南部，但要求对带头反叛联邦的人予以惩罚，并希望为南部黑人提供一些权利配置和权利保护。如果说温和派共和党人寻求的是一种带有节制性的重建（constrained reconstruction），激进派追求的则可以被描述为是一场"革命"（revolution）。他们分享非裔美国人领袖的观点，视重建为一次改革美国民主的机会。所以，他们提出的重建方案通常包括了黑人的公民地位、公民权、选举权、土地权，以及对南部反叛者的政治惩罚等一大堆要求，但最重要的是政治权利，因为这不仅关系到内战成果的捍卫，而且也关系到共和党在战后南部的生长与发展。赋予南部黑人以选举权，等于将他们变成一个新的"具有政治性的人民"（political people），他们的存在对于共和党在南部的生根和发展，对于推动"自由劳动"的意识形态在南部的实施和普及非常重要。更重要的是，黑人选举权象征着美国可以建成一个跨越种族界限的民主政体。所以，他们要求将"男性普选权"（universal manhood suffrage）的建立作为南部各州回归联邦的前提条件之一。①

如果不是因为安德鲁·约翰逊（Andrew Johnson）和南部各州的重建政府对旧宪政秩序的顽强坚守，激进派共和党人也许不会有机会与温和派进行合作，并发起和推动一场伟大的宪政革命。林肯遇刺身亡后接任总统的约翰逊曾向激进派承诺，他会在制定重建方案时将黑人的权利考虑在内。但激

---

① 王希：《原则与妥协：美国宪法的精神与实践》（增订版），第262—266页。

进派看到约翰逊在1865年5月颁布的重建方案时有一种被出卖的感觉。约翰逊对南部反叛者极为宽大——除了前南部同盟的高官和大有产者需要向总统单独请求特赦之外，其他南部白人通过宣誓效忠，便可恢复除奴隶之外的财产权，并可参与新的州政府的重建。与他的前任一样，约翰逊也将南部黑人排除在政治参与之外，按他的逻辑，黑人权利应该由重建后的州政府来负责规范。

在约翰逊重建方案的指导下建立的南部州政府拒绝将选举权赋予获得自由的黑人，并以维护社会秩序和社区安宁的名义，制定出《黑人法典》（*Black Codes*），对黑人的权利和自由进行了大量的限制。为了抵制《黑人法典》的负面效果，温和派共和党在1866年初提出了两部法案——《自由民局任期延长法案》和《1866年民权法》——前者希望延长这个战时创立的联邦机构的任期（因为它在帮助南部黑人适应新的生活方面发挥了重要的作用），后者则旨在建立起统一的联邦公民资格和相应的基本权利，包括拥有财产的权利、签订合同的权利和起诉权等（共和党人相信这些权利是在市场经济中做一个自食其力者必须拥有的基本权利）。两项法案都没有涉及黑人的政治权利，但它们代表了温和派的一种真诚努力：他们希望为约翰逊的重建方案提供一种补充，同时也告诫南部各州不得企图通过限制和剥夺黑人权利的做法来挑战内战的成果。温和派共和党人以为约翰逊会理解他们的良苦用心，签署这些法案。

但约翰逊否决了这两部法案，理由是它们破坏了原始的宪政原则与秩序。处于愤怒和沮丧之中的温和派与激进派联合起来，于1866年上半年以参众两院三分之二的多数票再次通过了两部法案，否定了约翰逊的总统否决，使两部法案成为法律。与此同时，为了给南部黑人提供一种永久性的权利保护，温和派和激进派共和党人提出了第十四条宪法修正案的法案，最初的想法是将《1866年民权法》的内容宪法化，但激进派抓住机会要求加入黑人选举权的内容，共和党内为此展开了新一轮的辩论，最终达成妥协。第十四条宪法修正案第二款充分反映了这一妥协的内容：如果一州拒绝给予本州男性公民以平等的投票权，该州在国会众议院的代表名额将根据被排斥的选民人数按比例遭到削减。从宪政意义上来讲，这一条款废除了原始宪法中关于国会代表权的"五分之三妥协"（即将一州的奴隶人口以五分之三比例计算加入该州的总人口数，并以此作为分配众议院代表名额的基础），扩展了人口计算上的"平等"，但它仍然没有直接宣布联邦公民拥有选举权。这正是共和党内各派用心良苦的妥协所在：因为美国400万黑人中的绝大部分居住在南部各州，如果南部剥夺他们的选举权，各州在国会众院的代表权名额将受到削减的惩罚；而北部各州则不必有此担心，因为北部各州的黑人公民人数很少，即便剥夺了他们的选举权，也不足以影响到众议员席位的调整，可以逃避被削减的惩罚。这样的安排既对南部各州造成了威慑，又避免了直接面对北部各州的黑人选举权问题，而且也没有触动州掌握选民资格决定权的传统原则。①

从表面上看，第十四条宪法修正案第二款与约翰逊的重建方案的用心似乎是相似的，即由南部各州来决定是否赋予黑人以选举权，但两者之间的关键区别在于，约翰逊的重建方案没有任何惩罚性措施，而第十四条宪法修正案不仅有惩罚的设置，而且还宣示一种新的联邦政府权力——联邦公民享有参与政治的权利，如果这种权利遭到州的剥夺，联邦政府有权对州做出惩罚。从立法逻辑来看，这种规定与该修正案第一款所规定的对州权的限制是类似的，因此可以被解读为是国会共和党人对联邦政府"权力"和联邦公民"权利"的重要扩展。

激进共和党人立即抓住这个机会，推动黑人选举权在联邦司法管辖区域内的建立。到1867年时，国会已经成功地在华盛顿市（哥伦比亚特区）和尚未建州的联邦领地上建立起了平等选举权的原则与实践，并将此作为内布拉斯加和科罗拉多两个新州加入联邦必须满足的前提条件之一。立志不妥协的约翰逊一一否决上述立法，但同样不妥协的国会又一一推翻了他的否决。这一系列的权力博弈推动了一种新的宪政思想的产生，即当一州因为种族原因而剥夺本州部分公民（他们同时也是联邦公民）的选举权时，国会有权以

---

① 第十四条宪法修正案第二款内容如下："众议员名额，应按各州人口比例进行分配，此人口数包括一州的全部人口数，但不包括未被征税的印第安人。但在选举合众国总统和副总统选举人、国会众议员、州行政和司法官员或州议会议员的任何选举中，一州的（年满21岁）并且是合众国公民的任何男性居民，除因参加叛乱或其他犯罪外，如其选举权遭到拒绝或受到任何方式的限制，则该州代表权的基础，应按以上男性公民的人数同该州年满21岁男性公民总人数的比例予以削减。"其中"包括一州的全部人口数"即是对原宪法中所谓"五分之三妥协"的否定。引自王希：《原则与妥协：美国宪法的精神与实践》（增订版），第814—815页。

建立"共和制政府"的名义，将平等选举权（即无种族、无肤色区分的选举权）作为新建州政府必须满足的一个先决条件，并以此来衡量该州是否达到了"共和制政府"的标准。这一思想深刻地改变了原始的美国联邦制设计，改变了"共和制政府"的原始含义，也改变了组成"共和制政府"的"人民"的含义。它从战术上为国会制定《1867年重建法》做了铺垫：如果南部各州继续拒绝给予黑人以选举权，或者拒绝批准第十四条宪法修正案，国会将强迫州制造一个新的"政治人民"，并赋予这个"人民"创建"共和制政府"的权利。

围绕批准第十四条宪法修正案出现了多层次的"权力斗争"，包括总统与国会、国会（联邦）与南部州政府之间的权力斗争。在约翰逊的鼓励下，南部各州拒绝批准第十四条宪法修正案，但第十四条宪法修正案的生效至少需要37个州中28个州的批准。换句话说，除了共和党控制的21个州都批准之外，还需要至少7个南部州的批准，修正案才能正式成为联邦宪法的一部分。[1]1866年国会中期选举中，共和党再度赢得了在国会两院的三分之二的多数，这意味着只要共和党人团结一致，他们可以不受总统否决权的干扰而推进自己的重建政策。温和派与激进派共和党人因此再度联手，制定了以《1867年重建法》为标志的重建方案，于1867年3月2日开始在南部实施，开启了"激进重建"（radical reconstruction）的进程。

《1867年重建法》推翻了约翰逊批准的白人政府，将前南部同盟的10个州（田纳西州除外）划分成五个军事占领区域，在联邦军队将领的监督和掌管下，按照国会的要求重新组建州政府；各州遵循平等选举权的原则，重新组成新的州制宪大会，新的州制宪大会所产生的州宪法必须写入黑人选举权的原则，新的州立法机关必须批准第十四条宪法修正案，那些为第十四条宪法修正案剥夺了政治权利的前南部同盟高官不得参加重建。温和派共和党人最终接受了重建法的"激进"措施，是因为他们意识到，保障第十四条宪法修正案获得批准、击败约翰逊对重建的阻挠的唯一有效途径是将选举权赋予南部黑人，将他们变成捍卫内战成果的选民。由此我们看

到，黑人选举权在南部的建立是多重"权力斗争"的结果，而黑人选举权本身所产生的是国会共和党人和南部黑人在重建南部政治必须拥有的一种权力。

1867—1868年间，南部黑人第一次参加了全国和地方选举，由此产生的政治效应是巨大而深刻的。根据詹姆斯·麦克弗尔森（James M. McPherson）的研究，在10个南部州内，当年有大约73.5万黑人和63.5万白人登记成为选民，在5个州内——南卡罗来纳州、密西西比州、路易斯安那州、佛罗里达州和亚拉巴马州——黑人构成了选民的大多数。[①]但在各州制宪大会上，黑人需与白人共和党人联合起来才能构成多数，而只有在南卡罗来纳和路易斯安那两州的州制宪大会上，黑人代表自身便可以构成多数（换言之，关于黑人主导了各州激进重建的说法并不真实）。激进重建时代的制宪大会产生了19世纪美国史上最为民主、最具有进步思想的州宪法，包括（男性）全民选举权、州立学校的教育体系、为残障人开办的福利设施等成为新的州政府原则与责任。

1868年，在另外一部《重建法》（该法规定，为州制宪大会在场代表的多数批准的新的州宪法可为国会所接受）的协助下，南部有7个州完成了激进重建，制定了新的州宪法，并批准了第十四条宪法修正案，该修正案因此得以生效。1868年6月，包括亚拉巴马州、阿肯色州、南卡罗来纳州、北卡罗来纳州、佐治亚州和路易斯安那州在内的6个州被国会批准重新返回联邦，但带有一个"基本条件"，即承诺永远不会为否定黑人选举权而修订各自的宪法。弗吉尼亚州、密西西比州和得克萨斯州分别于1869年和1870年被联邦国会重新接纳。1870年，海拉姆·雷维尔（Hiram Revels）作为美国历史上第一位黑人参议员进入参议院就座，他的座位正好是他所代表的密西西比州的前参议员、前南部同盟总统杰斐逊·戴维斯（Jefferson Davis）战前曾经坐过的座位。在随后的30年内，先后一共有22位非裔美国人从南部各州被选为国会议员。另外还有1400名黑人在州和地方政府内担任不同级别的

---

① James M. McPherson, *Ordeal by Fire: The Civil War and Reconstruction*, Boston: McGraw-Hill, 2003, p.577.

政府职务。①

第十五条宪法修正案的制定

黑人选举权在南部的成功实施令激进派共和党人深感振奋，他们开始将这一原则推向全国。非裔美国人领袖和妇女选举权运动积极分子也敦促共和党人利用这个时机推动真正的跨种族和跨性别的民主改革。俄亥俄州、堪萨斯州和密歇根州分别在1867年、1868年举行了针对黑人选举权的公决，但都遭到失败。共和党因此畏缩不前，不敢在北部推动这一政策。1868年共和党的竞选纲领称南部黑人选举权是一项正义的政策，但重申"忠诚于联邦的州内"的选举权问题仍然掌握在"那些州的人民手中"。②共和党总统候选人尤利西斯·格兰特（Ulysses S. Grant）赢得了1868年的总统大选，但他获胜的幅度不如想象的大，在570万选票中所获得的多数仅为30万张，而他的民主党对手居然同时赢得了3个北部州（俄勒冈州、新泽西州和纽约州）和3个边界州（特拉华州、马里兰州、肯塔基州）。这种情形令许多共和党人感到不安和震惊。来自马萨诸塞州的激进共和党人查尔斯·萨姆纳（Charles Sumner）称，如果北部州和边界州的黑人公民可以投票，共和党人将不会失去这些州。③

除去这种政治考量之外，共和党在南北黑人选举权问题上采取的双重标准也令共和党的许多支持者深感不安。另外，南部黑人选举权的立法基础是国会的《重建法》，前南部同盟各州的迅速回归不免让共和党人担心，在重新面对旧日的政敌时，是否需要建立一种具有永久性的优势保障机制。在种种考虑和担忧之下，在格兰特就职之前，国会共和党人凭借当时拥有的占据国会两院三分之二多数的立法优势，提出了一条新的宪法修正案，希望将黑人选举权变成一种全国性权利（即全国范围内的男性黑人公民都可以享有的

---

① Eric Foner, *Freedom's Lawmakers: A Directory of Black Office-holders during Reconstruction*, New York: Oxford University Press, 1993, pp.xiv–xv.

② 引自McPherson, *Ordeal by Fire*, p.584。

③ Xi Wang, *The Trial of Democracy*, pp.40–41.

政治权利），既为南部黑人的政治权力（political power）建立一种永恒的权利保障（security of rights），也推动跨种族民主的试验延伸到北部和联邦的其他地区。

第十五条宪法修正案的备选方案最终集中在3种选择上：禁止各州以种族、肤色和曾经为奴的理由剥夺公民的选举权；禁止以种族、肤色、曾经为奴、识字能力、财产或出生地为理由剥夺公民的选举权；直接宣布所有成年男性公民都享有选举权。围绕这些备案，共和党内部以及共和党和民主党之间展开了一系列的辩论，黑人和女权运动积极分子也在国会外通过积极游说参与辩论。占多数的温和派最终决定采用第一种，也是最保守的方案。激进派为此而感到非常恼怒，因为他们希望将选举权作为美国公民的一种宪法权利予以直接、正面的宣示，堵死州政府在未来蚕食或剥夺这种权利的可能。女权主义者自然也倍感愤怒和失望。第十五条宪法修正案于1869年2月提出，由共和党控制的17个州议会迅速批准了该修正案，4个南部州——弗吉尼亚、密西西比、得克萨斯和佐治亚——被要求批准这一修正案作为回归联邦的额外附加条件。第十五条宪法修正案于1870年3月30日得到法定数量的州的批准而正式生效。①

如同第十三、十四条宪法修正案一样，第十五条宪法修正案也主要是温和派共和党人的作品。它没有将选举权作为一种权利正式而肯定地赋予非裔美国人，而只是禁止州以种族为理由剥夺联邦公民的选举权。它也没有赋予妇女公民以选举权，并继续给予州政府极为宽泛的，以识字能力、居住期限和出生地等资格来剥夺公民选举权的空间。但它的确建立起了一个重要的跨种族民主（interracial democracy）的先例，这是人类政治民主史上一个前无古人的创造，实质性地扩展了当时乃至后来人们对于政治民主的想象。

19 世纪 70 年代对第十五条宪法修正案的实施

在第十五条宪法修正案生效之际，格兰特总统宣布黑人选举权将从此不

---

① Xi Wang, *The Trial of Democracy*, p.50.

再是一个"联邦政治的问题，重建的工作已经完成了"。①事实证明，他过于乐观了。围绕黑人选举权的权力博弈远未结束，并将随着对重建宪法修正案的实施而继续展开。

联邦实施（federal enforcement）直接关系到重建宪政革命建立的宪法原则能否转化成为宪政实践，而对实施构成最大挑战的是三K党及类似组织在南部进行的政治恐怖主义活动。三K党的组织起源于1866年，主要参与者是白人种族主义者，激进重建开始之后，他们的活动变得更加猖獗，企图用暴力将新近获得选举权的黑人从南部政治进程中驱赶出去，恢复白人统治。南部州政府虽然通过了反三K党的法律，但并无执法资源和力量。与此同时，北部大城市也出现了严重的选举舞弊现象，而控制了城市移民的民主党人则乘机得利。为了保障南部黑人能够安全有效地行使投票权，同时也是为了建立一个统一的联邦选举监管机制，国会共和党人在第十五条宪法修正案生效不久立即提出联邦实施法的法案，为实施第十四、十五条宪法修正案提供行政支持。俄亥俄州共和党参议员约翰·谢尔曼（John Sherman）说，如果没有联邦政府的实施，在那些"对黑人选举持有严重偏见的州内"，第十五条宪法修正案会被视为废纸一张。②

在不到一年的时间内，国会连续通过了3部联邦实施法，其中以1870年5月31日通过的《1870年实施法》最为基础。③该法共有23个条款，将所有"由人民参与的任何选举"置于联邦政府的保护之下，尤其打击那些出于种族原因，通过武力、行贿、威胁和恐吓等方式来阻止选民登记或投票的州法或行为，对违法的州官员或平民处以罚款或监禁的惩罚；该法建立起一套前所未有的执法机制，授权联邦官员对违法分子进行调查和实施抓捕，并授权总统在必要时动用联邦军队以维持和监管投票秩序；该法同时禁止伪造选票、冒名顶替的舞弊行为。最后，该法授权联邦地区法院审理相关案件。《1870年实施法》的制定要比《1965年选举权法》早95年，它是美国联邦政

---

① 关于格兰特，引自 Xi Wang, *The Trial of Democracy*, p.52。

② 关于谢尔曼，引自 Xi Wang, *The Trial of Democracy*, p.56。

③ Enforcement Act of May 31, 1870, CHAP. CXIV. — *An Act to enforce the Right of Citizens of the United States to vote in the several States of this Union, and for other Purposes*, in Statutes at Large 16 (1870), pp.254–256.

府行使国家权力保护非裔美国人选举权的历史的开端。

1871年2月生效的第二部实施法对第一部实施法的执法细节和实施官员的职责进行了补充。[1]第三部实施法以《三K党强制法》著称，于1871年4月开始实施。它扩大了实施法律的范围，将第十四条宪法修正案的权利也纳入实施的范围之内。它允许并授权总统在必要时终止人身保护令状的有效性。该法打击的主要对象是三K党对黑人公民的侵犯和攻击，所以详细列举了20多种侵犯公民权利的非法行为，包括结伙在公共场合对参与联邦选举的选民进行威胁、恐吓和武力攻击等。该法还剥夺了三K党成员担任陪审团成员的资格，并严惩那些为三K党提供帮助的人。[2]在如此短的时间内通过这些实施法，既显示当时在南部地方所展开的黑人和白人的政治博弈的严酷性，同时也表现了联邦政府的决心——要将第十四、十五条宪法修正案转换为公民可以享有的权利。

联邦实施的早期展示了坚定、有效的特点。联邦法院和新创建的联邦司法部（1870年建立）承担起实施的主要工作。司法部长、激进共和党人阿莫斯·埃克尔曼（Amos T. Akerman）指挥联邦执法官深入南部各州，将一大批三K党分子绳之以法，带到联邦法院受审。南部的民主党人则针锋相对，在法庭审判时，竭尽全力为三K党成员辩护。在1871—1872年冬天举行的"南卡罗来纳三K党大审判"中，联邦执法官员与民主党人雇佣的律师唇枪舌剑，针对联邦《实施法》的合宪性进行了一场全国关注的辩论。[3]

共和党国会与格兰特总统也保持了相对平稳的合作。格兰特在动用联邦军队的时候显得谨慎，并带有选择性，但在司法部需要的时候，他能够及时派出军队，协助执法。仅1870年一年，为保护选举的正常进行，联邦军队就出动200多次。1871年10月，为镇压南卡罗来纳州三K党活动，格兰特还

---

[1]　Enforcement Act of February 28, 1871, Chap. XCIX—*An act to amend on Act approved May thirty-one, eighteen hundred and seventy, entitled "An Act to enforce the Rights of Citizens of the United States to vote in the several States of the Union, and for other Purposes"*, in *Statutes at Large*, XVI pp.433–440.

[2]　Enforcement Act of April 20, 1871 (the Ku Klux Force Act), Chap. XXII—*An Act to enforce the Provisions of the Fourteenth amendment to the Constitution of the United States, and for other Purposes*, in *Statutes at Large*, XVII, pp.13–15.

[3]　关于南卡罗来纳州三K党成员大审判的详细讨论，参见Lou Falkner Williams, *The Great South Carolina Ku Klux Klan Trials, 1871–1872*, University of Georgia Press, 1996。

一度终止了人身保护令状权在该州的使用。1870年底（也就是《1870年实施法》生效半年之后），司法部以该法名义起诉的案件达45起，其中有34起以嫌疑人被判有罪作为结果，另外还有271起案例等候审理。在非常原始的执法体制下，取得这样的结果非常不易。1871年，来自南部的206起《实施法》案件中有128起最终是以判罪作为结局的。随着联邦实施的力度加大，联邦实施法案件的数量在1872年增加了3倍，来自南部的案件上升到603起，其中456起以判罪为结局。1872年的总统选举中，南部的暴力事件明显减少，格兰特以压倒多数赢得了连选连任的成功。[①]

1872年选举之后，联邦实施的力度开始减弱，并显现出体制建构上的天生不足。首先，联邦实施被视为是一种短期和临时的联邦任务，缺乏稳定和长期的行政支持，经常受制于经费的匮乏和人力资源的不足。司法部长埃克尔曼在1872年被解职后，实施的力度受到很大的影响。1873年发生的经济危机将公众注意力从所谓"南部问题"转移到金融危机和北部开始大量出现的劳工抗议问题上，而南部黑人对土地分配的要求和南部白人所表现的激烈反弹也使得北部的许多支持者对"激进重建"产生了重重疑虑，导致了北部社会对黑人选举权的支持力度逐渐减弱。共和党内部的公开分裂也是重要的原因之一。自由派共和党人（Liberal Republicans）——一群自诩为具有独立立场的北部共和党人——自1872年就开始向格兰特政府施加压力，利用手中掌握的报纸杂志，鼓吹减少联邦干预、让南部回归自治（let alone）的政策。自由派共和党人对备受政治丑闻干扰的格兰特政府十分反感，对跨种族民主的前景感到悲观，认为黑人选举权已成为野心勃勃的政客们谋取利益的幌子，更多的联邦实施（包括建立有效的、资源充足的实施机制）只会导致投机专营者们对愚昧黑人选民的更多操纵。

但对联邦实施最致命的打击来自联邦最高法院的一系列判决。1873年，在对"屠宰场案"（Slaughterhouse Cases）的判决中，最高法院以微弱的多数（5：4）对第十四条宪法修正案的意义和实施范围做了一种狭义和保守的解释。根据这种解释，第十四条修正案的制定者并不企图改变传统的联邦制，也没

---

① 所有统计数字来自 Xi Wang, *The Trial of Democracy*, p.300。

有授权联邦政府去管理传统上由州政府控制的公民基本权利，所以，联邦政府管理公民权利的权力是非常有限的。[1]3年之后，最高法院将这一理论运用到对第十五条宪法修正案的解释上，并对联邦实施法的执法范围提出了严重的质疑。在1876年对"美国诉里斯案"（U.S. v. Reese）的判决中，最高法院宣布《1870年实施法》中的第三、四款有缺陷，因为它们未能清楚地将受到惩处的犯罪行为与犯罪动机中的种族因素联系起来，这种"缺陷"会导致联邦执法时侵犯州权。[2]在同年宣判的"美国诉克鲁克香客案"（U.S. v. Cruikshank）中，最高法院又将《1870年实施法》中的第六款宣布为"有缺陷"。[3]最高法院虽然没有立即宣布联邦实施法违宪，但它的负面判决实际上削弱了这些法律的有效性。而民主党在1874年赢得了国会中期选举并重新控制了众议院，共和党即便想通过新的实施法，也无法做到，因为他们不再掌握控制立法机制的优势。所有这一切都影响到联邦实施的力度和效果。1876年，联邦实施法案例的总数骤然减少到149起，最终以判罪为结局的只有3起。[4]

但压垮联邦实施事业的最后一根稻草是1876年的总统选举。这是19世纪美国历史上争夺最为激烈的一次总统选举。因为共和党人和民主党人在3个南部州（南卡罗来纳、路易斯安那和佛罗里达）势力相当，加上联邦实施法的执行受阻，共和党控制的南卡罗来纳和路易斯安那州都出现悬而未决、富有争议的选举结果，一时难以判定究竟是谁赢得了两州的选票，并阻止了选举人团票的计算，大选陷入僵局。经过秘而不宣的幕后"交易"，两党达成妥协——共和党候选人拉瑟福德·海斯（Rutherford B. Hayes）获得具有争议的所有选举人票从而能够"名正言顺"当选为总统，但作为回报，海斯需承诺当选后将撤离驻扎在南卡罗来纳州和路易斯安那州州议会大厦的联邦军队（联邦军队是根据《1867年重建法》在南部履行"占领"职责的），象征性地结束联邦军队对南部的"占领"，恢复两州的"地方自治"（home rule）。1877年4月联邦军队从两州的议会大厦撤出之后，共和党人控制的州

---

① *Slaughterhouse Cases*, 83 U.S. (1873) 36.

② *United States v. Reese*, 92 U.S. (1876).

③ *United States v. Cruikshank*, 92 U.S. (1876).

④ Xi Wang, *The Trial of Democracy*, p.300.

政府随即崩溃，民主党人夺回了州政府的控制权，完成了所谓南部"救赎"（redemption）的业绩。联邦实施法的条文虽然被联邦法律文集所保留，但实施的效果已经荡然无存。[1]

19世纪八九十年代对黑人选举权的剥夺

"1877年妥协"（The Compromise of 1877，此语被用来形容民主、共和两党在海斯当选总统问题上的政治"交易"）之前，新一波的剥夺黑人选举权的行动已经在南部展开，其中最为臭名昭著的是1875年开始实施的"密西西比方案"（Mississippi Plan）。这是一种有组织、有意识地利用政治恐怖主义实施州政府夺权的过程。白人种族主义者利用暴力、恐吓和解雇等威胁手段阻止黑人选民在投票日参与选举，以便为他们赢得选举胜利铺平道路。1877年之后，更多的方式和手段被发明出来，包括"填塞票箱"（ballot box stuffing）、盗窃选票和销毁选票等，这些都是19世纪后期南部选举常用的舞弊方式。1882年，南卡罗来纳州以整顿选举秩序、保证投票质量为名，实施了"八票箱法"（eight box law），在选举中为联邦、州和地方官员的选举设置不同颜色的选票箱，有意对不识字的黑人选民造成困扰。南部各州还相继实施了无记名投票和复杂的选民登记制度，前者的目的是禁止共和党的党工在投票现场对黑人支持者进行现场投票指导，后者则是对工作繁忙和不识字的黑人选民造成威胁和困扰。[2]

在联邦层面上，民主党人于1878年中期选举中夺得了国会两院的控制权，随即采取了一连串的立法行动，旨在废除共和党人于1870—1871年制定的联邦《实施法》。此时的海斯对自己最初实施的与南部"和解"的政策感到后悔，决心要利用总统否决权来捍卫联邦《实施法》和黑人选举权的原则。他在1879—1880年间连续7次否决了民主党国会提出的废除《实施法》

---

[1]　关于联邦实施法在1876年之后的命运，见 Xi Wang, *The Trial of Democracy*, pp.207-208。

[2]　关于南部各州对黑人选举的剥夺，见 Michael Perman, *Struggle for Mastery: Disfranchisement in the South, 1888–1908*, University of North Carolina Press, 2001; J. Morgan Kousser, *The Shaping of Southern Politics: Suffrage Restriction and the Establishment of the One-Party South, 1880–1910*, Yale University Press, 1974。

的法案，使得这些共和党的立法得以存留。1880—1884年间的联邦最高法院也改变了早些时候的保守立场，在"西博德案"（Ex parte Siebold）、"克拉克案"（Ex parte Clarke）以及"亚伯勒案"（Ex parte Yarbrough）等涉及黑人选举权案例的判决中，对国会实施第十五条宪法修正案的权力予以肯定，并重新解释了修正案的真实含义——当该修正案禁止州以种族为理由剥夺公民选举权的时候，等于将选举权赋予了获得自由的黑人。[①]然而，对于联邦实施的进程来说，所有这些都来得太迟了。在19世纪70年代后期，《实施法》虽然没有被废除，但实际效力大大减小，在《实施法》下每年被起诉的南部案持续低于100起，而判罪率则更低。与此同时，民主、共和两党在联邦层面的权力之争在1875—1888年间持胶着状态——谁都没有能够做到同时控制国会两院和总统职位。所以，联邦《实施法》既无法被废除，也无法得以有效的实施，正如选举权史学者亚历山大·吉萨尔（Alexander Keyssar）所说，这是"一个悬而未决、争斗激烈的时代，参与同排斥的努力并存"。[②]

1888年，共和党迎来了重新掌权的机会——不仅重新赢得了对国会两院的控制，而且还将本党候选人本杰明·哈里森（Benjamin Harrison）送入白宫——并再度开启为实施第十五条宪法修正案的立法努力。新的"联邦选举法案"（Federal Elections Bill）由亨利·卡伯特·洛奇（Henry Cabot Lodge）和乔治·弗里斯比·霍尔（George Frisbie Hoar）分别在众议院和参议院提出，因洛奇担任该法案在众议院辩论时的领导人，所以该法案也被外界称为"洛奇选举法案"（Lodge Elections Bill）。新的法案力图达到两个目的：对南部黑人选民行使选举权提供保护，遏制全国选举中频繁出现的舞弊行为。根据洛奇的解释，该法案的真实目标是希望建立一个全国统一的选举监管体制，确保在美国选举中做到"自由投票和公正计票"（free ballot and fair count）。该法案在整合既存联邦实施法的基础上，提出了新的体制建设内容，其中最重要的是联邦选票监察委员会的建立。法案提出，联邦政府根据选民的要求建立选票监察委员会（a board of canvassers），其成员由联邦巡

---

① *Ex parte Siebold*, 100 U.S. (1880) 317; *Ex parte Clarke*, 100 U.S. (1880) 399; *Ex parte Yarbrough*, 110 U.S. (1884) 651.

② Keyssar, *The Right to Vote*, p.108.

回上诉法院任命构成，委员会将负责监督选举、审查选民登记名单、当场质疑有嫌疑的选民，但委员会的最重要职责是签署和认可最后的选举结果。显然，新选举法的设计具有双重政治意义，它可以被理解成是共和党人的一种权宜之计（希望重新获得黑人选民的信任和选票）或在推进跨种族民主方面的一种"回光返照"，与此同时，它也表现出一种改进美国选举民主程序的理想主义，希望给予联邦政府控制联邦选举的更为细致、真实的行政和执法能力，冲破州政府以"州权"名义为阻止联邦政府保护公民选举权而设置的法律障碍。后一种企图也是70多年后的《1965年选举权法》所力图争取的目标。

"洛奇选举法案"在众议院获得通过，却在参议院讨论时接连受阻，先是为该党提出的关税法案让路——共和党参议员认为关税法可以帮助该党继续赢得1890年中期选举。当选举法案于1891年初再度提交参议院讨论时，民主党人先是通过冗长辩论的手段来阻止这一法案的表决，随后又提议将其无限期的予以搁置。在决定是否搁置的最关键的投票上，8名来自西部州的共和党参议员与民主党人站在一起，投了赞成票，导致该法案的夭折。[①]西部共和党参议员的"背叛"是为了对东部共和党人的关税和货币政策表达不满，但联邦选举法案的失败不仅终止了自重建以来共和党人为建立跨种族民主所做的努力，也为南部各州对黑人的选举权进行全方位的剥夺开了绿灯。

美国政治时常包含一种不能自已的矛盾，"进步"与"反动"相互依存，这正是19世纪末20世纪初的情形。南部剥夺黑人选举权的活动与镀金时代的改革和进步运动几乎同时进行，各州采用的手段大同小异，名义上是改进选举质量、清洗选民队伍，但实质上是要将黑人选民从南部政治进程中清除出去，恢复白人独享的政治秩序。人头税（poll tax）最初为佛罗里达州和田纳西州在1889年采用，但其他州很快在1890—1908年间相继跟进。1890年密西西比州制宪大会启用了识字能力测试（literacy test），并增加了对选民在本州居住时间的期限要求。为避免白人选民因识字能力测试

----

①   Xi Wang, *The Trial of Democracy*, pp.248—250.

而被剥夺选举权，州法律授权州官员行使任意性权力来判断选民所展示的"理解"能力，而长时段的居住年限则直接剥夺那些为了生计而不断流动的黑人劳工人群的选举权。1895年，南卡罗来纳州也采用了识字能力测试，并授权负责选举登记的州官员（几乎全部是由白人担任）做选民识字能力的裁判。该州采用的"选区改划"（gerrymandering）表面上是给予黑人选民和黑人候选人一个参与竞选的机会，但真实目的却是将黑人选举的影响力降低到最低限度。1898年路易斯安那州采用的"祖父条款"（grandfather clause）则是一种对第十五条宪法修正案的极为明显的挑战。该条款允许在1867年（即国会重建法案开始实施那一年）之前拥有选举权的白人以及他们的后代不经过识字能力的测试而登记参加选举。这种对黑人和白人选民的不同待遇也违反了第十四条宪法修正案。对那些历尽艰难最终成功登记的黑人选民，只准白人选民参加的党内初选（primary elections）会将他们再度排斥在选举程序之外。剥夺黑人选举权运动的效果是令人震撼的。1890年以后，在路易斯安那州的14万适龄黑人选民中仅有不到9000人得以登记参加选举。20世纪初，整个南部的白人选民的投票率从85%降为50%，而黑人选民的投票率则降低至个位数。当民主党人于1894年重新赢得国会两院和总统职位的时候，他们毫不犹豫地迅速废除了19世纪70年代联邦实施法的大部分条款。国会中的共和党人对此进行了顽强的抵制，但最终因为党内的分裂而无济于事。好几位共和党人与民主党人站在一起，投票赞成废除联邦实施法，其中包括曾经是第十五条宪法修正案的起草者和辩论领导人的威廉·斯图尔特（William Stewart）。

非裔美国人对剥夺黑人选举权的做法进行了顽强的抵制，但联邦最高法院并没有给予他们必要的支持。在1898年对"威廉姆斯诉密西西比州案"（Williams v. Mississippi）的判决中，最高法院拒绝否定密西西比州的选举法，坚持认为识字能力测试等相关规定是宪法准允的。在稍早的1896年，最高法院通过"普莱西诉弗格森案"（Plessy v. Ferguson）的宣判，对路易斯安那州的种族隔离乘车法表示支持，建立起"隔离但平等"的宪政原则，为种族隔离在南部实施长达半个世纪提供法理支持。这两个最高法院的判决透彻了展现了自1863年奴隶解放之后非裔美国人在19世纪后期所经历的"最低谷"的严酷现实。[1]

然而，非裔美国人并没有放弃追求和建设跨种族民主的梦想。1905年，在黑人学者杜波依斯（W. E. B. Du Bois）等的带领下，黑人知识分子发起了尼亚加拉运动（Niagara Movement），跟随1864年第一次全国黑人大会的脚步，将争取平等权利，实施第十四、十五条宪法修正案视为改变黑人二等公民地位的第一目标。1909年成立的全国有色人种协进会（NAACP）也很快加入到法庭斗争中来。该组织在1915年联邦最高法院审理"吉恩诉美国案"（Guinn and Beal v. U.S.）时提交了"法庭之友"（amicus curiae）立场意见，要求最高法院废除南部的歧视性选举法。最高法院通过此案将南部选举法中的"祖父条款"宣布为违宪。[2] 尽管非裔美国人还要等待许多年——直到《1965年选举权法》实施之后——才能真正不受威胁、不受歧视地行使选举权，但重建时代的宪政革命始终为后来的美国民主建构者提供了一种强大的历史记忆和力量源泉，推动他们为创造新的跨种族民主而携手奋斗。

（王希，北京大学历史学系教授、美国宾夕法尼亚州印第安纳大学历史系教授）

.

---

[1]　Xi Wang, *The Trial of Democracy*, pp.260–261.

[2]　*Guinn Beal v. United States*, 238 U.S. (1915) 347.

"独立劳动的小民们"自发的群体申诉

——20世纪50年代法国的一次抗税运动

郭华榕

摘要：20世纪50年代，法国发生一次抗税运动，史称"普雅德运动"，参加者为小商人与手工业者等。他们主要提出经济要求，反对"税收过重"，拒绝税收的过度"专横管控"，争取宪法保障的纳税平等。此外，他们抨击当时法国的议会与内阁，主张召开他们理解的"等级会议"——诚实人的全国会议，认为"那时法兰西才能得救"！当时，若干舆论认为他们是法西斯。数十年来，法国史学界与国际史学界关于此次运动甚少研究，本文试图对它进行初步探讨。

关键词："独立劳动的小民"　多种捐税稽查员　皮埃尔·普雅德　等级会议

关于一次抗税运动的史学研究

法兰西经受了战败，进行了抵抗，于1945年跻身于战胜国的行列。战后，国家得到恢复，并且有了一定的发展，但是国内的政治纷争也随之而起。

"法兰西，你不能成为没有自己人民的法兰西！"20世纪50年代，如此话语突然在法国社会上流传，并且引起了日益广泛的关注。1953—1958年，法国出现一个群体，他们的组织拥有约80万成员。1954年7月与1955年1月，它从外省各地分别动员了20万与10万余人到巴黎集会。1956年的议会选举中，它获得近250个席位。[1] 对于一个人口不到4300万人的国家，这些事实不该被淡忘。但是很久以来，法国史学界与国际史学界对于上述社会现象缺乏足够的重视。这里涉及的是"普雅德运动"（poujadisme）。这个运动本身不够成熟、激烈，突然出现又迅速衰飒，背后不见重要力量的支持，或许这也是人们重视不足的原因，概而言之至今研究者的评价过于简单。60余年来，有关评价经历了一个渐变的过程。20世纪50年代，这个运动遭到彻底的否定。但是后来，对于它的评价逐渐变得温和，或者回避关键性质的界定，同时人们也渐渐将它淡忘。总结起来，这个运动曾经获得如下评价：法西斯、新法西斯、反对国家、反对议会制、民族主义与排外、反对资本、反对知识分子、反对文化、保护殖民统治、反对社会主义、政治上的反动、极右……笔者根据可能获得的文献资料，尝试做一些介绍。

就笔者所知而言，对"普雅德运动"抨击最严厉的是弗维（Jacques Fauvet）。他在1959年出版的《第四共和国》一书中，认为皮埃尔·普雅德是"一个天真的法西斯主义者、反对资本主义者、反对代议制主义者、民族主义者、排外分子，以及饶舌者和粗鲁的人"。[2]同年出版的列甫年科夫（Ревуненков）的《西方国家现代史》认为：普雅德运动是"新法西斯组织"，它具有"法西斯性质"，"支持殖民统治"，"在巴黎有反对共和国的活动"。[3]20世纪60年代，雷蒙（René Rémond）曾经指出："普雅德运动实际上代表了极右的传统。"[4]反复的严厉谴责，但是未曾提供事实。依戈革尔（François Goguel）的说法，这是"系统地不满，反对现存国家的反动类型的暴动倾向"。这个运动有"一种经济和社会的基础，即因为装备欠佳与适应困难而幸存的农业，这就是该运动的基本原因"。[5]他的观察显然比弗维等人深入。

20世纪70年代，将该运动与法西斯相关连的评价逐渐减少。库蒂耶（Paul Courtier）认为，这是"以对抗税收制度和行政机制（政府）为形式的

① 不同来源的有关统计数字常有差异。如2600万张选票、94.5%等，下文其他数字也类似。如此情况在法国史学界司空见惯，通常基本数字极少分歧。Pierre Poujade, *J'ai choisi le combat*, Saint-Cérè, 1955, p.228。

② Jacques Fauvet, *La IVe République*, Paris, 1959, p.305.

③ В. Г. Ревуненков, *Новейшая история стран запада*, Москва, 1959, стр.652.

④ René Rémon, *La droite en France*, Pairs, 1968, p.309

⑤ *Revue Française de science politique*, janvier-mars, 1956. 转引自 Georges Duby(dir.), *Histoire de la France rurale*, Paris, 1956, pp.463-464。

反对国家干涉主义，尖锐地反对议会制度，排外，支持殖民统治的民族主义"。① 维诺克（Michel Winock）另有见解，认为普雅德是"一个法西斯分子，对！但他是洛省（Lot）的法西斯分子！他与传说中慕尼黑的啤酒店里由士兵们跟随的拿着手枪的那一位，毫无相同之处"。这是"一种怀旧的政治"，是"古老法兰西的喘息"。②

与此同时，还有另一方面的评价。夏普萨尔（Chapsal）与朗斯洛（Lancelot）两人不同意弗维的评语，即将普雅德视为一个天真的法西斯主义者。他们认为这是"一个闻名全国的激烈的抗税运动"。1956年1月国民议会选举时，"普雅德派的胜利成绩主要在于农村地区，而且是经济发展缓慢的地区，包括工业发达省份内的落后地区"。他们进行的"是一种反对现代社会变革的落后水平的斗争"。③

从20世纪80年代起，相关评价继续缓和。《小罗贝尔词典》的介绍较有分寸："普雅德运动表现了中小商人与手工业者的忧虑不安，他们由于经济结构的变化而受到威胁。该运动的特征自发地、经常无秩序地倾向于政治上的反动，它曾获短暂的成绩。"④ 珍妮特·科尔曼（Jeannette Coleman）持如下见解："普雅德运动于1953—1954年期间为维护自食其力的劳动者的利益而形成。"该运动"没有真正的政治目标"，只是表露不满情绪与愤怒。在该运动的初期，法国共产党曾给予"支持"。⑤ 1986年版的《简明不列颠百科全书》指出，这个运动是在"抗议征收重税"，"它促使法国南部的征收税额大大降低。1950年代，国民议会在捐税方面做了许多让步"。⑥

20世纪80年代至现在，关于普雅德运动的探索依旧相当缺乏。卡庞蒂耶（Jean Carpentier）等人的意见是，这是"抗议税收的派别，它传递着反对议会体制和排外的民族主义的信息"。⑦ 珀蒂菲斯（Jean-Christian Petitfils）先

---

① Paul Courtier, *La Quatrième République*, Paris, 1979, p.92.
② Michel Winock, *La République se meurtt, Chronique, 1956-1958*, Paris, 1978, pp.19-21.
③ 雅克·夏普萨尔、阿兰·朗斯洛：《1940年以来的法国政治生活》，全康康等译，上海译文出版社，1981年，第208—271页。
④ *Le Petit Robert*, Paris, 1980, p.1487.
⑤ 戴维·米勒等编：《布莱克维尔政治学百科全书》，中国政法大学出版社，1992年，第594页。
⑥ 《简明不列颠百科全书》，第2册，中国大百科全书出版社，1991年，第170页。
⑦ "Sous la direction de Jean Carpentier et François Lebrun", *Histoire de la France*, Paris, 1989, p.350.

后出版两本书:《法国的右翼》(巴黎,1973年、1989年)和《法国的极右翼》(巴黎,1983年、1988年)。第一本将普雅德运动归入"右翼",并指出:"左翼报刊嚷嚷说这是法西斯主义。将圣色雷(Saint-Céré)的文具商普雅德贬称作'普雅多夫'(近似德国姓氏)。""普雅德运动不能与法西斯主义或专制主义的右翼相混。""普雅德运动的拥护者在农村,即从勒阿弗尔至马赛一线以西的'贫困法兰西'地区。"这是"受到工业社会威胁的社会群体的某种现代的雅克里(Jacquerie,另译扎克雷)"。[1]第二本书也将普雅德运动与"新法西斯"分开。珀蒂菲斯不赞成迪维热(Maurice Duverger)的下述评语:"基础水平的、粗糙的、原始的法西斯主义者。"珀蒂菲斯指出:"普雅德运动产生于极右之外,为小店主与手工业者对于税收管理的烦扰与非正义所表示的自发地抗议。"这是"受到分配的新形式威胁的社会群体的现代的雅克里"。"厌恶议会制度、啰嗦的排犹主义、蔑视知识分子、怀念行会体制、要求秩序,运动具有民主的面貌。""如果更加接近地观察,便能看见普雅德运动与真正的法西斯主义不同。它没有制服,没有按节奏步法的行进,没有罗马式的敬礼。尽管有口头上的夸张,普雅德的讲演完全不是元首(希特勒)的歇斯底里的顿足踩脚或领袖(墨索里尼)下巴的动作。""普雅德派基本上面向着过去,维护一种生活方式。他们如同造反者,而不是法西斯革命者。"[2]

20世纪90年代,内昂(Hubert Néant)还如此评价:普雅德运动是"极右的一种重要倾向。它较少关注学说,其特点在于推广普通的口号,它们容易触动'群众'"。"普雅德知道(如何)动员商人与手工业者",他们担心现代化的冲击,"又动员了各种不满意见者,以及反对议会主义的易怒者"。可见,有关评价未曾取得共识。

数十年来,国际史学界未见以档案为依据的对于普雅德运动的专门研究。但是,该运动现在基本上摆脱了法西斯的政治"帽子",认为普雅德是一位"民众主义(populisme)[3]的从政人士"或"政治人物"。当代探讨者的

---

[1] J-Ch Petitfils, *La droite en France de 1780, à nos jours*, Paris, 1989, pp.109–111。Jacquerie 为农民大起义之意。

[2] J-Ch Petitfils, *L'Extrême droite en France*, Paris, 1988, pp.83, 85, 86.

[3] Populisme一词于1929年在法语中出现,"表达民众的情感","反对资产者与上流社会的精神状态"。请见 *lexis*。该词在俄语中译作"民粹主义"。又及,本文不涉及关于"运动"一词定义的讨论。

任务，主要应是根据可能获取的文献，说明这个运动的基本要求，他们爱憎背后真正的利益，说明这个运动产生的原因、它的人员构成等情况，而后做出初步评估。

抗税运动的基本要求

按照常理，为时不短、参加者甚众，又有领导人的一场运动，应该会有某种纲领。但是，普雅德运动颇为不同，他们未曾制定一份明确的、为参加者多数所接受的纲领。我们只能找到3份与此相关的重要文件：

1. "关于等级会议的宣言"（未标明时间）；

2. "致众议员与元老院成员的公开信"（1954年7月）；

3. "致共和国总统的公开信"（未说明时间）。

上述文件里，仅第一份写明"经济纲领"，其余未见说明，只有若干具体要求。此外，还应考虑其他文件与会议演讲时提出的主张。我们可以将这个运动的基本要求，大体上归纳如下，关于经济、政治、社会生活以及斗争方式：

"经济纲领"是为了"让人民富裕起来，（必须）重新推动生产的发展、开放商业、如同对待工业那样为农业打开销售市场"。他们要求"纳税的平等"，应让"宪法保障每个人纳税的平等"。"合法的要求，尤其是纳税的平等，将使人们能够依靠劳动并且有尊严地生活。"与此同时，他们的矛头指向重税与管控。"商人与手工业者遭受了纳税不平等的背信弃义。""纳税过重，（税收的）管控（contrôle）可恨。"唯一的敌人是"多种捐税稽查员（polyvalents）"，这些人被形象化为"多项偷盗者"（polyvoleurs）。"我们起来反对税收的专横与严厉的调查（inquisition ficale）。""拒绝过于频繁的超度（税收）管控。"[1]

我们不曾见到一份完整的政治纲领，他们仅仅在一些地方分散地表达出政治方面的不满与要求。由于重税及其严格的征收机制，相当长一段时间以

---

[1] Pierre Poujade, *J'ai choisi le combat*, Saint-Céré, 1955, pp.247–250, 213–230, 19–20, 129.

来，给被征收者造成了难以克服的困难，他们在合法的范围内，已无法合理地解决问题，因而数年来逐渐迁怒于当时存在的管理机构、征税人员，某些国家机关、政治体制。

"给我们恢复我们的自主权利！""我们不请求得到格外的优待、庇护、薪俸。我们请求伸张正义。"他们对总统表示："您的部长所通过的若干法律，侵犯了纳税的平等和人的尊严与自由。"因而，必须"反对法律，争取权利！"（Contre la loi, pour le droit!）。当今，"法律允许对贫困的大众实行专横的与严厉的调查，法律允许冒险家或帮凶们敛财致富。因此，应该改变法律（changer la loi）"。①

他们公开宣布："议会是聋子！"（Parlement rest sourd），"按照民主的原则，权威来自人民（autorité vient du peuple）。如果40%的选民弃权……25%随意投票，60%的人在投票时已知他们将遭到背叛，此时议会所产生的政府，便不能够成为全国性质的政府。它只是某些'垄断势力'的代理人与奴隶"。他们反对"金融垄断势力所给予腐败的报酬"。"全国的民众应该明白，人民自己负责，此外别无其他权力。"怎么办？必须召开"等级会议"（États généraux）！"必须由诚实的人来举办全国的会议，他们是工人和领工资者、手工业者、商人、农民、自由职业者与知识分子。""（召开）等级会议的唯一目的是建造一个强大的统一的法兰西。""只有这样的等级会议，能够自称为真正的民主的大多数人的代表。"那时，"法兰西才能得救！""我们的农民、职员与劳动的伙伴们，已经感觉到了祖国的最后机遇！"经过了第二次世界大战，"在法兰西（国家）获得了解放之后，应该争取法国人的解放！"②

他们力图说明，正对着"最为可耻的专制"（dictature la plus infâme）。普雅德表示："我不怀疑，法国真正的人民之敌仍然在企图干某些事情。"1954年秋冬，普雅德运动与官方的矛盾激化。此时，他们表示：如果还"相信议会"，那么"共和国便将处于危险之中！""现存的是吸血鬼国家！（État vampire）"。该年冬天，双方在马赛发生若干暴力冲突，普雅德声明：议员先生们，"由于今天警务力量按照你们的命令采取了粗暴的放纵行为，我们便不

---

① Pierre Poujade, *J'ai choisi le combat*, pp.247–250, 200–202, 131.

② Pierre Poujade, *J'ai choisi le combat*, pp.91, 247–248, 123, 241, 126.

再承担事件的责任……你们是唯一的责任人"。须知,"你们在玩火!""老议员们请走开!""法律遭到了个体民众(masse d'indivitus)的拒绝后,这些法律便不再具有效力,当政府实行这些法律时,便不再有国家(il y n'a plus d'État)!"①

与此同时,他们也曾说明:"必须回到共和国的基本原则:依靠人民!"他们仍旧坚守"共和国万岁!统一的与不可分割的共和国!"②

关于社会生活,该运动也坚持自己的看法:"斗争是为了权利和正义。""我们应该自己保护自己,即捍卫我们的权利与履行我们的义务……当然也包括维护我们的利益。""我们不想损害他人的自由,只希望保证我们的生存权利(assurer notre droit à la vie)!"③

他们在政治、社会生活方面感到困难重重,便将目光转向经济——传统的经济。"我们被一帮无国籍者与鸡奸者统治着,这不是我们的荣誉……应该由一个真正的商人、一个好的冶金工人、一个好的猪肉食品商人来管理我们。""我们将捍卫法兰西经济的传统结构。"④

此外,还有"反对外国竞争"、"(坚守)法兰西联盟",即反对法属殖民地独立等。这些主张常常仅简单提及。

法兰西的知识分子通常以积极的社会活动著称,他们不可能脱离普雅德的目光。他在著作《我选择了战斗》一书的第11章名称为"锅与锅盖",其中指出"领导者们"须知:"我国的君主直至克勒芒梭(总理),中央权力都能够对此类运动做出反应。现在,领导者们却未能采取有效措施。"例如,"由于锅底下火烧的力量,锅盖终将迸起……此时,朴实的家庭主妇虽然不是高等学校和政治与社会科学的毕业生,她也能根据制作(食物)的要求,轻而易举地把火变小或者关闭"。如果与此相反,她将使火势更加旺盛,即领导者们反应错误,事态便将"烧糊"。"显得疲乏的知识分子们说,这一切皆出自粗俗。当然是的,然而对于社会而言,宁愿与褒义的'粗俗'打交道,而不去和那些因为数字而昏头昏脑的巴黎综合工科学校毕业生们交涉。""我

---

① Pierre Poujade, *J'ai choisi le combat*, pp.205, 208, 122, 246, 91, 123.

② Pierre Poujade, *J'ai choisi le combat,* pp.124, 38.

③ Pierre Poujade, *J'ai choisi le combat*, pp.47, 111, 218.

④ Michel Winock, *La République se meurt. Chronique 1956–1958*, Paris, 1978, p.24.

的亲爱的朋友马尼曾指出：他们都是制度的'思考者'。"①

《我选择了战斗》第14章题为"法兰西的博爱"。普雅德在书中对工人、农民、知识分子强调"我们的贫困"。"这种共同的贫困与这些共同的反对者（指工人、农民、知识分子）将使法国人从下层重建博爱。如果没有博爱，将一事无成。"另有如此文字："自由职业，够格的知识分子们。他们也感觉到了危险。谁还能意识到自己的脚底下乃是法兰西的土地，谁就将表明负有同样的责任。"②

1954年11月，普雅德在《联盟报》上发表《发对法律，争取权利！》一文时，直接指出："我已在法兰西的各种讲台上充分说明：我们不是知识分子……我不是看不起那些能够获得教育与科学（知识）的人。但是，一批知识分子得到了荣誉军团的荣誉……他们时有不端行为，他们希望用其美丽的外表来魅惑我们。"③

此外，1955年1月，普雅德在《法兰西博爱》（*Fraternité française*）的创刊号上表示："我曾经谋生16年，不该由我来说你、议论你——知识分子，你是法兰西的灵魂。然而，我能够，我应该面对你，因为没有我们，你仅为一台思考的机器、一个粗俗的鼓手（*vulgaire tambour*）。当然，他在奏响着，但是（鼓）皮之下仅有风而已。"④"法兰西受到了伤害，因为拥有文凭者、综合工科学校毕业生、经济学家、哲学家、其他空想家的生产（培养）过剩，他们完全丧失了与现实世界的联系。"⑤在普雅德设想的新社会生活中，知识分子的处境可想而知。

根据普雅德的看法，知识分子虽然是"法兰西的灵魂"，更是"昏头昏脑的毕业生"，他们"生产过剩"，"完全丧失了与现实世界的联系"，是一些"仅会思考的机器"，其中某些人"行为不端"……无疑，贬损知识分子是他的主见。

如何实现上述各项经济、政治等的目标？ 1953年6月，普雅德在报上

① Pierre Poujade, *J'ai choisi le combat*, pp.117, 119, 120.

② Pierre Poujade, *J'ai choisi le combat*, pp.151–152.

③ Pierre Poujade, *J'ai choisi le combat*, p.242.

④ René Rémon, *Pour un histoire politique*, Paris, 1996, p.219.

⑤ Michel Winock, *La République se meurt. Chronique 1956–1958*, pp.24, 21.

号召"应该联合起来"（Il faut s'unir）。后来，该运动的各种文件与演讲纷纷强调联合的必要性："必须联合起来！""商人与手工业者们，应该联合起来，或者消失（Il faut s'unir ou disparaitre）。""联合，这首先是团结的行动。"他们向工人、知识分子、农民号召"重新振作起来吧！""躺下等死，起来为了活命！"（se couche pour mourir, se lever pour vivre）[1] 这些抗税运动的参加者们倾向于何种斗争方式？他们表明了自己的态度："我们的情感是和平的，但是坚定不移。""人们企图使我们消失，因此应该进行斗争，以求自卫。""我们平静地与庄重地向政府强硬地提出自己的要求。""我们是安静的、平静的，但我们是坚决的与不可动摇的。"[2] 可见，他们主张和平的运动方式。

此次运动的基本内容主要产生于当时严重的税收问题，广而言之，生活贫困。第四共和国实行税收政策时，"绳索"收得过紧，民众难以喘息，唯有挣扎反抗，于是出现一种社会运动。与此同时，具体的征税机制客观上也起了不可忽视的催化作用。当时，小民们的生存这个问题无法解决，从而迫使他们共同提出自己的要求，祈求能够实现。"我们将斗争到底，直至建立一种征税的方式：在使每个人获得自由的同时，保住他们劳动与生存的权利。"[3]

"等级议会"，实际所讲的不是大革命前的"等级"，而是"社会地位"，目的在于为"小民"争取说话的权利。普雅德等人无能力构思一个新的名词，来表达自己对议会的要求。很难说他们完全否定当时存在的现代法国的议会制度，相反他们十分积极地参加了1956年的国民议会选举，并且获得显著成绩。他们反对的是那时存在的无所作为的议会。

他们将劳动等同于体力劳动，从而排除脑力劳动以及知识分子……其实，知识分子有穷富。就当代巴黎而言，笔者亲自所见，有住在福熙大街豪宅里的记者，也有住在蒙马特高地上平民楼里的教师，他的书架及一些书刊就放在套间外的公共走廊上。

---

[1]　Pierre Poujade, *J'ai choisi le combat*, pp.15, 33, 34, 78, 159, 244.

[2]　Pierre Poujade, *J'ai choisi le combat*, pp.144, 181, 246, 250.

[3]　Pierre Poujade, *J'ai choisi le combat*, p.149.

同时，不可否认普雅德运动参与者们是赞成共和制的。他们"颂扬瓦尔米之战（1792年9月20日）的胜利，完全是共和主义的民族主义"。①他们渴求在共和制的政治框架内实际参与公共权力，因此而尽力参加了共和性质的议会选举，他们设想的共和国家的治理多由商人来执行，显然缺少农民、手工业者、自由职业者的参与！它将如同一座由商人管理的超市。

此外，他们认为，由部长通过法律，实际是议会通过法律，政府只可以公布规章、发布命令。他们认为是议员们在马赛下令镇压，实际这是治安部门的事务。他们经常在公共活动时讲粗话，如"他妈的！"，等等。尽管对议会、国家政治制度说了不少绝对否定的评语，他们"斗争到底"的最终目的只是建立一种自己追求的、能够改善生活的征税方式。其实，这些都反映出这个运动的特点——不成熟、政治概念的混乱、思想的真正幼稚。显而易见，每当涉及政治术语、经济名词、教育内容等的正确含义及表述时，他们经常陷入困境。但是无论如何，这是一个有充分起因、领导力量、明确要求、人数众多与地域广阔的群体运动，不可等闲视之，数年之内它造成了巨大的影响。

运动的起因、参与者和领导人

1953年6月普雅德在报上公开号召"联合起来"，7月，该运动真正开始了。普雅德运动有关的地理范围颇为广阔。它始于洛省的圣色雷，而后向坎塔尔、阿维隆、科雷兹、上维叶纳、多尔多尼、塔恩-加罗纳、上罗亚尔等省发展，同时波及马赛和波尔多等地。1954年5月，这个运动共涉及60个省，6月增至67个省。它的活动主要在法国的中南部比较贫困的农业地区。7月约20万人集中于首都，他们开会抗议，提出自己的要求。1955年1月24日，它动员了10余万人，到达巴黎的凡尔赛门集会……1953年11月29日，普雅德及其支持者们建立"商人与手工业者保卫联盟"（Union de défense des commerçants et artisans，简称UDCA）。当天在卡奥尔召开第一次代表大会，

---

① Michel Winock, *La République se meurt. Chronique 1956–1958*, Paris, 1978, pp.21, 19.

300名代表选举普雅德为该组织的主席，会上有人高呼"普雅德万岁！"（Vive Paujade!）此外，他们创办了一份报纸《联盟》（Union）。[1]后来，他们的集会有时人数颇多，如在蒂尔（5000）、阿维尼翁（4000）、奥利亚（3000）、卡奥尔（2000）、康塔尔（1000），等等，[2]总共召开约800次集会。1955年秋，活动达到高潮。

1956年1月2日国民议会选举，这是对于普雅德运动的真正考验，该派得到2483813张选票，占选民人数总和的11.6%。它所获选票超过了"激进党与民主及社会抵抗联盟""人民共和党"以及极右翼，又接近法共所得选票的50%。国民议会开幕时，普雅德派拥有52个席位。随后，国民议会以同一组织不得用多个组织的名称参选为由，依法取消了该派11名议员的资格。[3]他们的议会党团称"联盟与法兰西博爱"（Union et Fraternité Française），成员包括勒庞（Jean-Marie Le Pen）等。1957年部分选举时，普雅德本人遭到了失败，他领导的运动从此走入低潮。

普雅德运动一时突起，八方扩展，构成颇大的声势，震撼了法兰西和欧洲。普雅德自己对于一项2000人的活动如此记载：在科雷兹省西部的"布尔-拉斯蒂克地区，到处汽车堵塞与喇叭鸣响，各村青年人与老者，商人与手工业者都在发出警报。这如同（发生了）火灾或鼠疫！"[4]普雅德运动当时多次被称为"法西斯"或"新法西斯"，从而反映出该运动在当权者与政界主要人士的心中引起了不安，甚至惊恐。对于争夺国家权力的某些大政党而言，它显然是一种难以估量的危险。

普雅德运动产生的原因何在？为什么在数年内，一大批省份，一大波浩荡人群愿意坚持相同的要求、抗议、斗争？何况，这些小商人、手工业者由于参加社会活动，将在经济上受到损失！事态如此发展的主要原因隐藏于法国当时的社会状态之中，如社会转折、经济低迷、赋税严重、民众贫困、内阁危机、议会无能。

---

① Pierre Poujade, *J'ai choisi le combat*, pp.53–54, 216, 217, 71.
② 参见郭华榕：《法国政治制度史》，人民出版社，2015年，第530页。又见让-马里·科特雷、克洛德·埃梅里：《选举制度》，张新木译，商务印书馆，1996年，第102页。
③ 郭华榕：《法国政治制度史》，第518—519页；J. W. Friend, *The long Presidency*, Colorado, 1998, p.81.
④ Pierre Poujade, *J'ai choisi le combat*, p.78.

"二战"结束后，法国工业曾经迅速发展，但是不久受到了国家财政困难、劳动力不足、煤等原料有限与物价上涨的束缚。税收明显增加，人民生活陷入困境，工人举行罢工。"50年代初与1938年比较，纳税负担几乎增加了一倍多。"同时，为了防止逃税，"曾决定加强税收的管控"，此事与地方征税官员职务的升降息息相关。[①]民众购买力不足必然影响小商人与手工业者的收益。"这一切成为不满的核心。""农民的平均收入不及其他经济部门收入的一半。"商业与手工业、农业关系密切，必然会被波及。那时，内阁危机日益严重。1947—1958年，共更换24届内阁，平均每一届"存活"时间未超出6个月。例如，1955年2月17日的比诺政府只存在一天，1950年7月2日的盖伊政府只存在2天，1948年9月5日的舒曼政府只存在3天……人们看到法国"党派太多，党派都很弱"，政局动荡，人心躁动，中小所有者普遍不满。数十年后，若干法国人有所领悟，如此评论：尽量享受了组建党派的自由，却严重地损害了民众生活的自由。真是收之桑榆，失之东隅。

关于民众的生活问题，当时普雅德运动的若干文件有所反映。如谴责议员们"应用8月15日的邪恶的法律，对付商人和手工业者"。"他们无法面对危机，只有向国家寻找出路。"这里所指应为比内（Antoine Pinay）政府。它虽然于1952年宣布不征收新税，但是存在"多种捐税稽查员"（polyvalents）的胡作非为。又如劳动者"工资过低"，"如无国家的援助，他们无法养家糊口"。农民"无法体面地销售他们的产品"，"为了购买原料，只有向国家求助"。"本国的工业无力反对外国的竞争"，国家未能保护海外的殖民地，"青年与老年人丧失了希望"，"你们在马赛、卡斯特尔萨拉赞、图鲁兹、罗德兹等地造成了流血"。显然，"这一切是奴隶制的开端，而我们渴望自由"。"我们处于贫困之中，我们的意愿在于保护自己。"[②]对于小商人和手工业者而言，贫困引起了抗争，激发出普雅德运动这一类的群体行为，正是对于重税的愤怒，促使陷入贫困的"小民们"聚集起来，强烈地申诉自己共同的要求。

那时，法国的小商人与手工业者大约200万人，他们的群体行动无疑将

---

① М.Пеллэнк, *Франция прижатая к стене*, Москва, 1958, стр.147–149.

② Pierre Poujade, *J'ai choisi le combat*, pp.122, 143, 542, 91.

造成社会的某种动荡，当时人们颇受影响，只是后来全国多次举行的"循环性的"选举以及各时期的党派纷争更多地吸引着人们的注意力。这个自发的抗税运动逐渐离开了人们的视线，但是这一次群体的大规模行动的起因，却留在法兰西社会的仓库里。历史上，有价值的人与事的出现，好像彗星掠过天际，在它光亮的前端之后，还有我们能看见或看不见的尾巴……人的肉眼视而不见，不等于事物的不存在！运动高潮过去后，不等于普雅德运动提出的问题以及民众的情绪不存在！

普雅德运动的参加者是谁？他们属于哪些社会群体？普雅德回答：他们是"小民，无地位者"（le peuple des petits, sans grade, petites gens），"小民大众、平头百姓"（masse des petits, tondus），"独立劳动的小民们"（les petits du travail indépandant），"个体民众"（masse d'individus）或"老实人"（braves gens）。有时，他们称自己为"中小商人与手工业者"（peuple de petits et moyens commerçants et artisans）。该运动的积极参与者罗齐耶表示：对于普雅德运动的号召，"我们这些不满的群众（masse des mécontants）予以响应"。普雅德曾于1955年10月声明："我自己也是小民"（le peuple des petits dont je suis）。普雅德还另有说法，例如，他称该运动的参加者为"小店主良民"（bon peuple des boutiquiers）或"小店主"（boutiquiers）等。[1] 其实，"独立劳动的""小商人与手工业者"等比较符合该运动绝大多数参加者的实际情况。

在法国近代史中，"小民"不是初次出现于社会政治舞台。例如，大革命时期，"手工业者与小民阶级"（la classe des artisans et des petites gens）曾经给罗伯斯庇尔以大力支持，他们是帮助他走上权力巅峰的"一股社会力量"。[2]"小民"原本为法国社会结构的重要组成部分，忽略他们将使法国人制造社会历史的"工地"基础缺少一角。对法国近代历史的研究中，人们长久地关注贵族、资产者、无产者，通常很少涉及"小民"一类"不满者群众"。这是一厢情愿的简单化，也是史学的社会责任的欠缺！

---

[1]　Pierre Poujade, *J'ai choisi le combat*, pp.43, 214, 142, 183, 216, 112, 215, 123.

[2]　Albert Mathiez, *La Révolution Française III*, *La Terreur*, Paris, 1978, p.173.

普雅德们还爱如此自我评价："我们是全国各种思想的汇合处、战略地点，同时也是缓和的因素（élément modérateur）、法兰西的平衡力量（la force d'équilibre）。"[①] "普雅德分子们"集体力量的发挥，与他们的领头人的情况关系密切。

这一运动的发起人和领导人不是巴黎政治舞台上的某个著名人士，而是一个小小的书商皮埃尔·普雅德。1920年，他生于法国中南部洛省的圣色雷。父亲为建筑师，曾参加"法兰西行动"（Action Française），家中7个孩子，皮埃尔最小。"二战"前，皮埃尔曾加入多里奥（Doriot）的"青年团"（Jeunesses）。[②] 1940年，他接受了"法兰西伙伴"（Compagnons de France）的培训。[③] 1942年，德国侵占"自由区"，他经西班牙到阿尔及尔，参加英国的王家空军（Royal Air Force，即RAF），反对德国。他是一个"维希政府支持者—抵抗运动参加者"（vichisso-résistant，即转而参加抵抗运动）。战后，他回到圣色雷，从事商业活动，加入戴高乐的"法兰西人民联盟"（Rassemblement du Peuple Français，即RPF）的竞选名单，1953年当选为家乡的市镇议员。他蔑视办公室人员，仇视"托拉斯"、银行、"无国籍的金融资本"……在运动开展过程中，他曾经与左翼联系，不久转而和极右的多热尔（Dorgères）往来，后者在维希政府时期曾为"农民联合会"（Corporation paysanne）的负责人。[④] 普雅德信仰天主教。他和妻子伊维特生育5个孩子。2003年，终年82岁。

在《我选择了战斗》一书中，普雅德关于他自己战时的经历仅做出不甚明了的介绍，显然有所顾忌。先倾向左，后倾向右，终于改为独自闯荡政治江湖，这是普雅德走过的路途。如此经历既显示他对时局缺乏冷静的判断，也表明他不顾左或右，努力独自行事。

圣色雷是当地的"旅游中心"。普雅德说"我出自一个古老的农民家

① Pierre Poujade, *J'ai choisi le combat*, pp.236, 243.

② Jacques Doriot, 冶金工人，曾任法共青年团负责人。1934年被开除出党。此后，他成为法西斯主义者。1940年，他与德国占领者"合作"。

③ "法兰西伙伴"为支持贝当的组织，其领导人如Dhavernas、Tournemire。拥护贝当不等于支持德国。后来，它的部分成员投身抵抗运动。

④ "二战"前，Henri Dorgères曾组织"保卫农民"（Defense paysanne，极右政治组织，奉行法西斯主义），成员身穿绿色上衣，主张"清除"巴黎的官僚们，1939年达到40万人，曾支持贝当。R. Paxon, *La France de Vichy*, Paris, 1973, pp.198, 201.

族"。"战前，我是印刷工人。"18—25岁"曾为祖国服役7年"（即1938—1945年）。经受了"战败的苦涩"后，他逃走、在西班牙被俘、在集中营受苦、到达非洲……"战争结束了，机枪手无法为民间服务。我无法谋生，必须重新开始。"但是，普雅德处于贫困之中，"倒霉，命运注定！"（tant pis, le sort en est jeté）。后来，他在圣色雷市中心开办一家小书店-文具店，它的名称为"小玩世不恭者"（Le petit plaisantin）。他拥有一辆5马力的小旧车，到各乡镇跑生意，"所有的时候都在干活，全家人团结一致为了节约开支"。当时，普雅德已经表示"我想成为独立的人"（Je veux être intependant...）。[1]

"1953年10月7日，我向洛省各地发出采取联合行动的号召。"11月29日，商人与手工业者2000人在卡奥尔集合，"表达出他们（对我）的信任与意愿"。普雅德当时声明："谁爱我，谁便追随我！"[2]一场波及法兰西的运动逐渐展开，于是这个并非声名显赫的小城居民，竟然迅速获得了民众的支持，而且为时数年之久。

1955年，普雅德在圣色雷出版《我选择了战斗》一书，他陈述自己关于经济、社会与政治的想法，书中刊载一批文献与若干插图。普雅德另有两本著作：《正值愤怒时刻》（A l'heure de la colère，1976）与《无伪装的历史》（L'Histoire sans masque，2003）。至今，笔者未能见到这两种著述。

1981年和1988年，普雅德曾支持密特朗竞选共和国总统。1995年总统选举时，他是希拉克的支持者。人们又一次见到普雅德先左后右的政治移动！

就是这样的领导人，率领一大群"小民"，在数年之内，不断反对重税，冲击了正陷入危机的法国官方体制。普雅德个人水平有限，但是支持他的众多"小民"却意味着巨大的社会力量！

几点初浅想法

就普雅德运动而言，它的核心内容与基本要求在于反对过重的税收，渴

---

[1] Pierre Poujade, *J'ai choisi le combat*, pp.11, 17, 18, 20, 21.

[2] Pierre Poujade, *J'ai choisi le combat*, pp.216, 78.

望改变贫困的生活，这是判断该运动的关键。马克思与恩格斯在《德意志意识形态》一书中指出："我们首先应当确定，一切人类生存的第一个前提，也就是一切历史的第一个前提，这个前提就是：人们为了能够'创造历史'，必须能够生活，但是为了生活，首先就需要衣、食、住以及其他东西。"巴尔扎克曾说："税收有它的自然限度，一旦超过此限度，民众将起来为生存而奋斗，或去追寻死亡。"①

　　法国中南部较为落后地区的小商人与手工业者们拒绝沉重的税收，表达了改善生活的意愿，对此不可简单否定。第二次世界大战以后，法国的经济曾经迅速发展，但是经济的进步未能使中南各省的小生产者、小私有者增加收入与提高生活水平。相反，捐税加重，产品难以销售，出现大商业的竞争，国际资本的入侵……给这些人的经商和制作及其家庭生活带来了日益加重的困难。当时，法国的掌权者、议会讲台上的演说者、政界人士本应认真倾听"小民们"的恳求，设法采取措施改善他们的处境，从而缓和社会矛盾，但是事与愿违，改善无望。"小民们"于是自发地联合起来，集体请愿，其声势逐渐影响全国。第四共和国宪法的第二、三条规定："政府属于人民，为了人民，通过人民。""国家主权在于人民。"②"独立劳动的小民们"根据宪法拥有表达意愿、公开申诉自己要求的权利。无疑，该宪法不曾明确规定：允许多少人的集体活动，如集会、声明、前往首都等。

　　当时，普雅德运动以和平的方式展开，他们不曾直接号召采取暴力，更未见手执武器，建造街垒、攻占某一要津……在马赛等地发生某些冲突毕竟不可能代替整个运动的和缓行进。会场上从扩音器中传出的发言者的声音，无疑不是以生命为代价的枪炮轰鸣。法国人民有着丰富的筑街垒打内战的经验教训，他们能够判断一个运动是否具有暴力性质。或许正是因为未曾出现大规模的暴力，掌权者与政坛争斗者们不曾予以足够的关注，而只是加之以严重罪名，企图使该运动销声匿迹！

　　此外，还需看到，这些"小民"不曾要求在法国建立专制独裁、实行政

---

① 《马克思恩格斯选集》，第1卷，人民出版社，1972年，第32页；Pierre Poujade, *J'ai choisi le combat*, p.94.
② Présentation par Jacques Godechot, *Les constitutions de la France depuis 1789*, Paris, 1979, p.391.

治高压、强令绝对服从，以及对国外进行侵略征战，甚至幻想统治欧洲。什么是"复旧"？"小民们"为了取代当时无所作为的议会，而希望召开自己想象的"等级会议"，这说明他们在政治制度方面无法创新，只能旧瓶新装。他们的"等级会议"不是旧制度下法兰西王国的"三级会议"。什么是"现代"机制？20世纪50年代法国当时水平的议会议员、内阁、重税及其征收方式，就是"现代"的最佳或上好的机制？谴责当时的议会等同于反对代议制度？反对外国大公司就如同反对资本主义与排外？在法兰西，谁给了谁如此判断的权力？当时随处可见唇枪舌剑的议会、走马灯似的内阁、民众难以承受的重税、百姓贫困的生活、以农业为主地区的欠发达。普选产生议员和议会是为了法兰西的安定生活与蒸蒸日上，但是领导法国的人们正在力求妥善解决相关问题吗？那时，戴高乐也曾多次获得"法西斯"的罪名。事实上，正是以他为首的政治力量埋葬了第四共和国！随后，部分曾经称戴高乐为"法西斯"的议员，随即改而与他共事，即政治合作！1957—1958年普雅德运动衰落，有它自身的原因。正是1958年，第四共和国终于结束，这不是没有原因可循的现象。第五共和国（1958年至今）开始后，才出现转机。

　　普雅德运动具有什么性质？它能召集民众（数十万人），有行动（在外省、前往首都）、组织（"保卫商人与手工业者联盟"）、主张（代表作《我选择了战斗》等）、宣传工具（报纸《联盟》等）和领导人（皮埃尔·普雅德），但它仅仅是一个普通的、松散的、简单的社会政治运动。普雅德自己承认"没有著名的和不良的理论。没有准备好了的口号，没有突然插入的领导人。法国人第一次起来为自己完全明白的某种事情斗争"。[①]看来，这里的"第一次"暴露出普雅德缺乏法国历史的知识。其余各项，他所说的属于实情。这是贫困的法兰西所作的"贫困的"反抗，因为人们只能自发地请愿、集群地表达"请求"与企盼得到满足。它不曾给法兰西留下巨大而深刻的创伤，权势者受到触动后，局势却逐渐缓解，大群人体的聚会慢慢地消失。半个世纪以来，普雅德运动渐渐地淡出了法国人的视野。普雅德曾经责备："法国人，你们健忘！"尽管如此，数十万人卷入了运动，在档案与文献中仍是

---

① Pierre Poujade, *J'ai choisi le combat*, p.129.

一种现实的存在。同时，广而言之，评价普雅德运动实际上涉及如何评价法国近现代社会运动的问题。研究的价值由此可见。

无疑，普雅德运动的确表达了若干极端的主题，如完全否定第四共和国的议会和当时的政府、谴责知识分子、排外、反对犹太人、恢复法兰西传统的经济结构即对抗经济的革新等。不过，这些极端的言论是在提出基本要求的情况下，自发流露出的、过当的、扭曲的，甚至是变态的想法。这些人对于生活中遇到的问题，往往无力追究深刻的社会、经济、政治原因，而只见眼前出现的具体人物、机构、体制。如收税员、议员、部长、文凭、外国大公司、犹太人等。他们简单地面对贫与富，有权势者与小民。同时，也做出简单的反弹式的回应：让他们离去，使它们消失……除此之外，不见其他办法，更无理论解惑。显然，上述多种极端言论是错误的。

法兰西文明的复杂性又一次由于普雅德运动得以证明，该运动为探索者提供了宽阔的视野与充足的教训。此前，过激或极端的言行甚至政策，法国历史上早已有之，可谓司空见惯，涉及社会生活、国内政治、宗教信仰、对外政策诸方面。每当人们强调的重要要求（往往是合理的、自然的）无法获得满足时，他们便有意无意向前，滑向极端；或向后，求助于退却。一种是向前突进的、拼命的常态，倾向急躁，于是上升到某种失控的状态，为不满、愤怒寻找某种释放的方式——尽情发泄。另一种常态是当人们遇到不可理解与无法应对的难题时，很容易退回旧路，即早已熟悉的思想故园，采取惯用的对策，认为只有激流勇退，才能保住自己的权益。每当走投无路时，普普通通的法国人可能或迅速超越，或转身后退，常常两者兼而有之。其实，只有在正确理论的指导下，才能寻得合适的出路。普雅德运动反映了一种广泛的社会要求，但是由于缺乏正确的理论、合格的领导、凝聚的内力等而逐渐冷却。它如同巴黎郊外的一场骤雨，有力地撞击田野，而后消失于大地，留下些许痕迹！浑身淋湿者是第四共和国！

借助对于普雅德运动的了解，我们又一次看到法国史学研究的痼疾，它在近现代历史的探讨中显示得一清二楚：过度强调分歧，非此即彼，而对人与事少做辩证分析，忽略运动相关人群的主体。法国锋芒毕露的共和主义史学，与形形色色的社会主义史学，以及内部互相攻讦的君主主义史学，皆未能主动撤离这种习惯于行驶的"轨道"。

普雅德运动便是一例，它有着基本要求与若干错误言论，普雅德个人也是如此，他的历史也并非清白。他们的主张与当时法国政治舞台上的党派政见不同，甚至表现出某种对立。后者如同在1956年初国民议会选举中那样无情地对待他们，口诛笔伐，强加给他们以反动、专制、法西斯等罪名，目的在于激起社会的愤怒和仇恨，进而打击对方，以求掌握国家的权力，为本党本派谋取利益。然而，这些评论忽视了法兰西数十万人的运动的主体、民众的本身。这些人有着合理合法的基本要求，这才是该运动的社会重量之所在。普雅德个人既代表他们，也不能完全代表他们，并非每一个参加者都有错误言行。法国历史中，谋求掌权的代表与渴望改善生活的难以数计的"被代表者"这两者之间，历来不可画上等号。关注历史人物固然重要，但恐怕更为关键的在于了解与认识他们背后的群体。人物容易罩上光环，而群体基本上是赤裸的、原生态的，这也是社会的实况。忽视人类群体行动的主体，实为一种重大的失误，过分强调分歧很容易导致运动的主体被忽略，从而看不见这是广阔的农业地区人们发出的无可奈何的叹息！

非此即彼的判断，不是肯定就是否定，坚持习惯了的学术标准，否定不符合自己学术见解的人与事，断定孰优孰劣，给予赞颂或贬损。法国的史学研究中，常见此类现象。可实际上，它妨害了研究者去寻找那些不属于两头极端的却是庞大的社会因素。法国历史中，不肯属于一端者，往往态度不甚明朗，但是不符合两个极端的要求，即不表态，其实就是一种表态。他们人数众多，一旦为了治国而需要采取某种决定时，他们的基本倾向必将震动政坛，甚至改变时局。1879年，法国农民放弃波拿巴王族，改而投票支持共和国，从此保证了共和制度在法国的确立，这是重要的突出史例。农民们作为一个群体，并不属于这个或那个集团。如果非此即彼，将导致不敢、不肯面对某些严重的、有分量的社会问题。在社会转型变轨时期，社会力量的复杂性、社会现象的相互渗透等千万不可忽略。对待社会生活，不应只看跷跷板两端的简单起落，如果没有轴心及其靠近的结构，这个装置（社会）便不可能存在，更谈不上起伏翘动。作为社会运动，其本身的基本价值远远超出当时社会的过激部分，超出它的领导人的这种或那种表述。还应补充的是，法国的社会运动在谋求人类群体的利益时，从来都不是完美无缺的，这才是法兰西近现代历史的真实情景。

日常生活的窘迫、衣食住行的困难，促使"小民们""创造了历史"——普雅德运动。即使没有皮埃尔·普雅德这位小书商，也会有其他人来领头抗议。不是普雅德创造了这个运动，而是"小民们"的意愿制造了普雅德。其实也可以撇开普雅德这个人物，将注意力集中于参与这个运动的民众群体。应该抵制的是这个运动中的极端言行，而运动的主体、核心内容不可忽视。

法兰西的此类运动的社会表现与政治特征，不像左或右的政治党派那样直白到无须解读，甚至绝对与极端，因而不能以法兰西式竞选技术那样对待它们、掂量其价值。应该看清楚它们的特色恰恰在于浩浩荡荡恒河沙数，头绪纷繁之中隐藏着基本的愿望，和缓行动之中坚持着核心的要求。作为整体，主体极少移位至极左或极右。如此观察的事实可以浓缩成一句话：这本是善良的百姓们在善良地企盼改善他们的生活！研究者应冷静地探讨与认识他们，显然不能采取过度强调分歧与非此即彼的态度。

普雅德运动出现在那深陷危机的第四共和国的框架内，从欠发达的地区产生，是由生活困难的小民们自然发出的呐喊，主要渴求取消重税与改善生活，也说出了若干极端的错误言论。实际上，普雅德运动是一个抗税的运动。这个运动原则上不能代表法兰西的未来，它的迅速衰落也为第四共和国的消亡奏响一曲哀歌！

（郭华榕，北京大学历史系教授）

他者的想象：阿瑟·杨眼中的革命前法国人形象

洪庆明　崔梅霞

摘要：英国农学家阿瑟·杨的《法国游记》，呈现了大革命前夕法国乡村与城镇的世相人情，为了解当时法国社会与经济状况提供了珍贵的一手资料。本文以跨文化理论为视角，以该文本本身为对象，缕析阿瑟·杨笔下所描绘的"法国形象"，透析跨文化旅行过程中的文化想象与调适。

关键词：阿瑟·杨　《法国游记》　跨文化旅行　大革命　法国特性

18世纪英国著名农学家阿瑟·杨（Arthur Young）分别于1787年、1788年（考察法国的西南部）和1789年（主要考察东部一些区域）三次游历法国，由此记录下来的笔记构成了两卷本的《法国游记》。该书第一卷以日记的形式生动而简洁地记载了他在法国游历期间的所见所闻，虽然叙事简略，但灵活生动，呈现了革命前夕法国城镇与农村的种种世相。第二卷对法国自然和人力资源等方面进行了深入的考究和调查，因"专业性强且缺乏趣味性"，通常读之者鲜，但他以专业的农学家的身份，对18世纪法国农耕状况、产业经济的记述和评论，却为研究革命前法国农业和社会经济状况提供了珍贵的一手材料。直至今天，《法国游记》仍然是研究旧制度与大革命重要的参考文献之一。本文无意以该文本为依据，研究革命前后法国的社会经济状况，因为法国诸多史学大家对这个主题早有细致深入的研究，[①]而是试图另辟蹊径，以跨文化理论为视角，将游记文本本身作为研究对象，通过缕析游记所载的所见所闻所感，呈现出这位英国旅行者跨文化目光下的"法国形象"，以及行程中的文化碰撞与想象构建的互动。

信息闭塞的无知民族

在游历过程中，英国经验及其内蕴的认知和价值，始终是阿瑟·杨审视和评判其在法国所见所闻的依据。作为英国大农场主义理论的忠实信徒，他对法国的小农经济嗤之以鼻；习于英国乡绅自治介入社区事务的传统，他对法国领主沉浸于城市剧院和聚会社交觉得不可思议。其中对法国民情风俗的描述，非常典型地反映了18世纪英法不同政治社会体制在国民面貌塑造中的作用。阿瑟·杨的记录，不仅为我们了解18世纪法国社会文化提供了一扇窗口，而且有助于解释英法自18世纪中期以降在政治、经济与社会现代化进程中的道路分殊。

杨在其游记中多次提到，与他之前想象的不一样，他一直以为法国人是健谈的，但是观察下来，无论在什么场合，法国人总是沉默寡言，表现出一副"好脾气"。甚至是在政见的讨论和交流中，他们都始终保持好脾性，保持谈话的高雅姿态。杨常被法国人谈话内容的寡淡无味所震惊，因此他在游记里感慨道："我应该赞扬他们的是镇静平和，但要批评他们的是寡淡无味。所有的思想活力似乎都被排除在表达之外，乃至才华与浅薄之征相伴相行：驯服与优雅、寡淡无趣与彬彬有礼，这种思想交流的混杂性，既没有进攻的力量，也没有说教的力量。有金玉其外必有败絮其中；如果既不提出看法，又不进行讨论，那么要交谈做什么呢？好脾气和习惯性的闲适是私人领域首要的组成要素，但智慧、知识或原创性，必须打破表面深入到情感的波澜起

---

① Marc Bloch, *Les caractères originaux de l'histoire rurale française*, Paris : Librairie Armand Colin, 1956; Ernest Labrousse, *La crise de l'economie francaise a la fin de l'ancien regime et au debut de la revolution*, Paris: Presses universitaries de France, 1944; Fernand Braude & Ernest Labrousse, *Histoire économique et sociale de la France*, 4 Tomes, Presses universitaries de France, 1970–1982.

伏处，否则谈话就像是在一望无际的平地上的旅行。"①

在法国餐桌上吃饭，保持长时间沉默是对来客的礼貌，他们通常惜字如金，几乎从不主动开口说一句话，除非是回答客人的问题。在法国的各种聚会上，他们的谈论话题总是离不开时尚、女人，而对时事政治漠不关心，在需要人发表意见的时候，他们总是保持缄默。甚至在法国大革命爆发的时候，他们也是"一片平静"。杨记述了他在克莱蒙的经历：②

> 我和二三十位商人、小贩、官员等一起吃过5次午餐或晚餐；要说这毫无意义，即谈话浅薄无味，对我来说确实颇感为难。值此轰动性的政治事件敲击着每个人的心房之时，竟然难以听到有关政治的只言片语。这些人的愚昧无知绝对令人难以置信；英国的木匠和锁匠们在热烈争辩和分析的事件，在他们国家发生已经不止一周了。取消什一税、废除盐税、破坏财产和废止封建权利的运动，在它们发生的6天内，就成了英国人热议的法国话题，它们的影响、联动反应、结果和变革之处是英国每个小镇杂货店、食品店和鞋垫商的主要谈资。但是在法国，人们认为这样的话题不值得他们讨论，除了一些私人谈话。为什么？因为私人谈话常常需要一点知识就够了，而公开交谈则需要很多学识。因此他们沉默不语。

对于产生这种现象的最浅表的原因，杨归咎于法国人的"愚昧无知"。这种看法囿于就事论事，显然失于简单化。但实际上，造成法国人愚昧无知更深一个层次的原因，杨在游记里也曾再三提到，即法国新闻传媒的不发达。1789年6月28日，杨从巴黎革命的烟火中逃离，踏上去南日（Nangis）的旅程。在旅途停留用餐的地方，他发现那里的人对巴黎发生的事情完全不了解。③7月27日，他来到贝桑松，看到的是一片凄惨景象：城堡被焚毁或劫掠，领主被吊死，他们的妻女遭强奸，地契文书被付之一炬，土匪遍地，流氓横行。他长篇大论地描述了当地的信息流通情况，其间夹杂着深深的焦

① Arthur Young, *Travels during the Years 1787, 1788, and 1789*, Vol.1, London, 1794 (2nd edition), pp.26–27.

② Arthur Young, *Travels during the Years 1787, 1788, and 1789*, p.176.

③ Arthur Young, *Travels during the Years 1787, 1788, and 1789*, p.140.

虑，也充满着不理解：[①]

> 惨剧正到处渗透，预期它们将蔓延整个王国。在有关心智的一切
> 事务上，法国的落后毋庸置疑。从斯特拉斯堡直至现在，我根本买不到
> 一份报纸。我在这里问人哪里有文学阅览室？没有。哪里有报纸？咖啡
> 馆里。回答很容易，但找起来可不容易。什么报纸都没有，除《法兰西
> 公报》（*Gazette de France*）外，这时候稍有常识的人都不会为它付一文
> 钱。去另外四家咖啡馆，有些压根儿没有报纸，哪怕是《信使报》。在
> 军事咖啡馆，《欧洲邮报》（*Courrier de l'Europe*）是两星期前的。穿着
> 得体的人谈论着已经过去两三周的事情，他们的言词表明，他们对当前
> 的事情一无所知。整个贝桑松城都未能给我提供《巴黎日报》，或详细
> 描述国家转变的任何报纸。但这可是一个省的省会城市，它差不多有英
> 国6个普通城市那么大，拥有两万五千多人口，在这样的城市里邮差差
> 不多3个星期来一次，这是相当奇怪的。而且，在这样一个多事之秋，
> 尽管政府对报社也没有任何执照相关的要求和任何限制条件，各个省份
> 竟然没有一份巴黎时事报纸在市面上流通，告诉当地人民巴黎的任何消
> 息，这就导致了人民普遍的无知，他们的革命口号也显得空洞无力。这
> 里的迹象显示，法国的民族是由密码集团或者是资本文化圈来构成，他
> 们并不是通过人民智慧的觉醒、思维的接收和整合来行动的。

杨在法国各地寻找报纸的经历更是让他感到绝望。为了读报纸，杨走了
好远才找到穆兰城中最好的一家咖啡馆里："那里至少有20个座位，但是我想
要得到一张报纸，可能要比找一头大象慢得多。"[②]

由于缺乏高效的大众传播媒介，在重大的危急时刻，仅有的政府宣传
媒介不能得到社会公众的信赖，这样谣言就会主导大众的情绪。[③]谣言刺激
下民众的躁动，在权威崩溃的情势下会极大地推进整个局势的恶化。众所周

---

① Arthur Young, *Travels during the Years 1787, 1788, and 1789*, pp.160–161.

② Arthur Young, *Travels during the Years 1787, 1788, and 1789*, p.170.

③ 高毅：《法兰西风格：大革命的政治文化》，浙江人民出版社，1991年，第223—252页。

知，大革命爆发之初，法国谣言到处流传，成为促动外省城乡普遍暴动的重要原因。阿瑟·杨的经历很好地证明了这一点。他写到，在法国，任何观念在他们的头脑扎根之前，必须要变成一个传说，这个传说既荒诞又幼稚，但是跟他们的想象、恐惧和希望很契合。①据此你可以判断一下他们的政治理解力：他们虽然在了解时事方面很慢，但总是对一些不可能发生的事情反应过激，②而且他们对所有事情的认识都是晦暗的。③杨在克莱蒙的时候被人拦住，人们要把一个给他指路的妇女投入监狱，因为有几个人觉得，杨是受了王后的委托来铺设炸弹以炸毁整座城市的，然后把所有没炸死的人送去服苦役。④6天之后，杨穿过勒皮伊（le puy）的时候，虽然带着通行证，城市卫兵还是在晚上11点把他抓了起来，向他宣读：他肯定与王后、阿尔图瓦伯爵和当地的大地主昂特拉戈伯爵策划的阴谋有关；这些人派他来当土地丈量员，为的是翻倍税收。⑤

事实上，新闻传播媒介的不发达固然是法国民众愚昧的直接根由，但造成民众蒙昧的原因是系统性的，其中最主要的因素就是绝对主义君主制。它对信息和文化思想的垄断功能，极大地阻碍了18世纪新闻出版业的发展。更重要的是，正如托克维尔在半个世纪之后所说的那样，中央集权的行政君主制对政治的垄断，造成了民众对政治事务的疏离和经验缺乏。

公共意识缺失的社会

法国中央集权化的进程，摧毁了传统自由赖以支撑的中间阶层，使社会沦为君主之下人人平等的原子化状态，彼此疏离、漠不关心，缺乏公共意识，每个等级、每个个人都只关心自己的一己之私。这种看法，不仅是托克维尔在《旧制度与大革命》中着力论述的一个主题，而在《现代法国的起源：旧制

① 伊波利特·泰纳：《现代法国的起源：旧制度》，黄艳红译，吉林出版集团有限责任公司，2014年，第386页。
② Arthur Young, *Travels during the Years 1787, 1788, and 1789*, p.164.
③ 伊波利特·泰纳：《现代法国的起源：旧制度》，黄艳红译，第387页。
④ Arthur Young, *Travels during the Years 1787, 1788, and 1789*, p.175.
⑤ Arthur Young, *Travels during the Years 1787, 1788, and 1789*, pp.180–181.

度》里，泰纳也以恨铁不成钢的笔调进行了长篇描述。那些本应该代表民族的法律和精神权威，都只是为了自己，每一种权威的运用都只是为了自己。①

社会"中间组织"的扫除，公共意识的缺乏，使政府成为社会唯一的组织者和管理者，是社会有秩序地运转的唯一动力。因此，当政府权威在1787—1789年的一系列危机冲击下崩溃后，社会旋即陷入原子化状态，重组异常艰难。杨敏锐地观察到专制政府一旦失去权威的混乱和无能状态："在这些天的政府危机中，我听到的只有不安。其实这时候是最尴尬的，因为基本上每一个人都承认这里已经不存在政府机构了，王后都宣称自己属于太子党，所有的一切都充满着疑惑，王国现在只有一个希望，就是做出对的事，但是没有那些决策机构帮助他处理危机，他显得手忙脚乱，因为他根本不知道怎样处理危机。"②

社会精英阶层面对冲击与动荡同样手足无措："法国的贵族在遭到人民攻击的时候，根本不懂得反抗，只是像绵羊一样地忍受，根本没有做出一点努力来还击。这简直不可思议，因为他们手中差不多掌握15万人的军队，即使有部分士兵不听从他们的指挥，大多数还是听的。如果他们稍微有一点点智慧，懂得联合的话，就不会像现在这样一败涂地。"③结合英国的经验现实，杨认为法国贵族的悲惨结局主要源于他们长期对"公共人"的模糊性认识，"一方面他们过多地诉求自然权利，想法太理想化；另一方面他们对保障人民生活没有任何稳定的计划。在与大部分地主和贵族的谈话中，我了解到，他们仍不愿意放弃原有的权力，也不让位于自由，支持平等地交税"。④杨的分析无疑是正确的，在等级制的法国社会中，等级与特权紧密联系在一起。在被剥夺了政治自由之后，残存的等级特权成为身份地位的唯一标志，因此，他们愈发恼怒地躺在这些特权上不肯作丝毫让步，乃至在三级会议召开后、革命爆发前夕，贵族等级仍然在衣饰和队列次序等细枝末节问题上纠缠不休。杨没有提及的更深层次的原因，是法国君主制中央集权的进程剥夺了贵族的政治参与权力，使他们失去了获得处理复杂政治事务所需的经验。19

---

① 伊波利特·泰纳：《现代法国的起源：旧制度》，黄艳红译，第63、66页。
② Arthur Young, *Travels during the Years 1787, 1788, and 1789*, pp.122—123.
③ Arthur Young, *Travels during the Years 1787, 1788, and 1789*, pp.160—161.
④ Arthur Young, *Travels during the Years 1787, 1788, and 1789*, p.119.

世纪的法国历史学家和思想家托克维尔和泰纳非常敏锐犀利地洞悉到了这一点，在他们看来，这是造成现代法兰西民族苦难历史的重要根源之一。

法国旧制度中央集权体制独断的运作机制——正如托克维尔所言，哪怕是最微末的事务也须经过官僚机构拖沓冗长的审批，毁灭了市民社会生成的可能性，国家与社会之间缺乏良性的互动关系。杨的观察突出地反映了政治体制与社会发育之间的关系。在旅行的过程，法国人常常会对杨的农业调研感到诧异，他们弄不明白在没有政府资助的情况下，他为什么还要做这种调研："到达贝尔格（Berg），一群士兵将我包围起来，拷问各种问题，他们认为我很有嫌疑，因为他们想象不出来一个萨克福农民会走到这里，更不明白竟然有人会奔赴万里只是为了进行农业调查。这样的旅行是他们难以想象的。"英国经验和法国游历，两种体验使杨清晰地认识到公民自由带来的创造性。"在英国，如果你愿意申请资助，政府对于任何农业调研和农业计划都愿意给出资助，无论是辉格党还是保守党执政都没什么差别，因为农业利益群体从来都不站在这两党的任何一方。"[1]而在法国的专制政府体制下，公共事务掌握在政府手里，政府是推动公共事业的唯一动力来源，民间没有自主性，因此也就难以生成公共意识和创造性。"私人在没有公家出资的情况下为公共利益奔走，法国人没有这样的观念"，而"在英国，任何事情都做得好好的，那些由公帑资助的事情除外"。[2]

法国漫长的集权主义统治留下的后遗症，在革命重组的进程中显露了出来。无论上层还是下层，法国人缺乏政治经验，不知道如何在妥协的基础上有秩序地组织公共事务。1789年6月15日，代表们就三级会议是否改名为国民议会展开了讨论，杨见证了这次会议的全过程，他发现一个奇怪的现象："在整个过程中，有两种氛围是比较缺乏的：一是严肃的议会氛围。坐在会议大厅观众席上的人可以通过鼓掌打断发言人，也可以通过其他引人注目的和嘈杂的方式表示对方案的赞许，这是不得体的，也是很危险的，因为如果他们被赋予表达赞同的权利，他们也应该有表达反对观点的权利，这就有点喧宾夺主了，进

---

[1] Arthur Young, *Travels during the Years 1787, 1788, and 1789*, p.101.

[2] Arthur Young, *Travels during the Years 1787, 1788, and 1789*, p.106.

而干涉到整个会议讨论的进程。二是井然有序的氛围。会议厅的人很多，主讲人往往很难维持秩序。每个人都会因为自己的利益和立场对不同的提案提出不同的观点，这样就会导致无休止的争论。"7月26日，他来到山林密布的外省小镇鲍姆勒达姆（Baume Les Dames），由于未戴象征第三等级的帽徽，他被一群怀疑他是逃跑的领主的乡民围住。在喧嚣混乱中，他向民众讲述了英国的税收制度，借此证明自己是一个英国旅行者，而不是伪装逃跑的领主。"教区神甫先生刚才说，缴纳捐税必须像以前一样。但是我要说的是：捐税是肯定要交纳的，但并不是像从前那样，必须像英国那样交纳税款。我们有很多你们所没有的税项，但是人民不需要交纳，各种税款必须由富人承担。在英国，人们依据窗户的多少来交税，但是房子窗户不足6个的家庭就不用交税；领主缴纳二十分之一税和军役税，但小土地所有者不纳分文，富人要为他的车马、仆人纳税，小资产者与所有捐税一概无关。不仅如此，我们英国还有一项税是由富人缴纳用来救济穷人的。"①本来行为很不友好的民众听到他这番有利于第三等级的话，遂对他友好起来，给了他拥抱和新的帽徽。

重表演轻实用的日常行为

在游记中，阿瑟·杨还观察到集权主义国家一种重要的日常行为方式，即重表演而轻实用。实际上，这种集体心态的形成，也与法国绝对主义君主制的发展密切相关。路易十四时代曾将凡尔赛宫打造成熠熠生辉的表演舞台，在建筑风格上追求庄严对称，象征皇家的规范与庄严；在日常生活方面高度戏剧化，日复一日地展示王权的荣耀。在宏大辉煌的宫殿之内，则是居住生活的不便和肮脏的卫生状况。②

宫廷文化的仪式、符号及其内蕴的价值观，通过各种媒介缓慢地渗透到社会，演化为社会习俗和心态模式。凭借异域的眼光，杨敏锐地注意到了这

---

① Arthur Young, *Travels during the Years 1787, 1788, and 1789*, pp.159–160.
② 西方学界对这方面的研究和描述很多，有关路易十四传记和路易十四时代的著述，多提及凡尔赛宫廷的表演文化，尤其是20世纪晚期的社会文化史和日常生活史研究，更是侧重于这方面。可参洪庆明：《路易十四的文化控制策略》，载《史林》，2011年第6期。

种"法国性"。在法国，不论是华丽雄伟的公共建筑，还是高雅的艺术表演，都是为了满足统治者显示国家强盛的假象的需求。甚至连农民都不考虑自己的生活水平，而是更着迷于浮于表面的身份认同事物，缺乏实用思维。

杨参观法国展览会的时候，发现法国大部分展示物都没什么实用性，只是突出其稀有性。"这在法国却很正常，但是在英国就不是这样的，我希望在这个展览会上能够展开一番鞭辟入里的农业讨论……但是大家谈论的似乎都是那些不熟悉的漂亮女人的装扮。"[1]

公共领域的旨趣如此，私人领域的观念亦不例外，待客的餐桌文化往往是一个民族风俗与民情显见的标示。一方面，法国高度发达的餐饮业让杨叹为观止，"对于法国的烹饪，我只有这样一种观点：如果想要准备一场盛宴，要不你就去找一个法国厨师准备，要不就完全按照法国厨师方式来准备。我承认，这一方面法国确实远远超过我们国家……不可能找到比巴黎更好的牛肉了，基本我在法国大型的宴会上都会吃到这种大块的牛肉。而且同样的食物经过法国厨师的手，所变出来的花样之多也是令人极为震惊的，他们可以用一百种方式摆出一百种花式餐盘，大部分都很完美，所有的蔬菜都色香味俱全"。[2]另一方面，两国的餐桌文化也有很大的差异："在英法两国大型的餐桌上，他们的差异不是很明显，但是在英法两国普通民众的小型餐桌上，这种差异就很明显。英国平民家庭在招待邻居吃饭的时候，餐桌上很少能有肉和布丁。但是同样的情况下，法国家庭则至少会准备四样菜，比英国要好很多。在英国一些稍大的餐桌，或者一些中型正式的聚会上，准备饭后甜点是正常的。但是在法国，无论是大型的聚会还是平常的餐桌，甜点是必备的。之前在英国人的脑海里，总以为这么贫穷的法国人在餐桌上可能只是喝一到两杯啤酒，这是大错特错的。在法国，主人都会在餐桌的各个角落准备一些干净的大杯子，和比较贵重和稀有的葡萄酒，以便客人在餐桌上随意畅饮。法国整个国家的人民都非常注重个人卫生，他们拒绝使用别人用过的杯子。在法国的木匠之家，基本每一个座位上都会准备一个杯子。法国的餐布也比

---

[1] Arthur Young, *Travels during the Years 1787, 1788, and 1789*, pp.92–93.

[2] Arthur Young, *Travels during the Years 1787, 1788, and 1789*, p.290.

英国的要干净和漂亮很多，因为他们经常更换。对法国人来说，餐桌上没餐巾是荒谬的，但是在英国如果是没钱的家庭，没餐巾是正常的，而法国人使用餐巾就如同使用餐叉一样频繁……"[1]法国人这种精致的餐桌文化让杨大吃一惊，因为在法国旅行的过程中，他看到的是无处不在的贫困和悲惨，穷困潦倒的法国人民更是让杨印象深刻。长期陷于贫困的法国人常常处于饥饿状态，"他们吃的东西通常只有英国人的一半"，[2]但他们却能用这么精致丰富的宴席来招待客人，杨认为这种生活哲学是法国人重表轻里的重要体现。

　　英法两国不同的住房文化也是杨分析这种缺失的重要方面。杨观察到，英国尤其重视房屋的装饰和整洁，他们花在装饰房屋的资金大大超过法国，"红木在法国很少用，但在英国却很普遍"。[3]法国人对住房没有很多的讲究，从杨在法国住过的旅馆的糟糕程度以及法国的大家庭混居模式便可窥视一斑。"当大儿子结婚了，他就把他的妻子带到他父亲的房子，如果他的女儿没有嫁给另一个家庭的大儿子的话，她也会把自己的丈夫带回娘家。"[4]尽管经济因素对这些现象的产生起了很大的作用，但是也不能完全归结于此，这在一定程度上反映了法国人的住房观念。与脏乱的住房形成鲜明对比的就是法国人对个人卫生的极度重视："在法国，坐浴盆是公寓基本的生活必备品，就如同脸盆是用来洗脸的一样，浴盆的普及也是他们重视个人卫生的体现。但是他们的住房却很乱，习惯在房间乱吐口水，不论是上层贵族还是下层贫民，普遍都是这样的。我曾经看到一个乡绅就在一位公爵夫人的衣服旁边吐口水，离得太近以至于我一直盯着他看，他却很淡定，好像一切都很正常。"[5]

　　在杨看来，法国人对于个人整洁的过分讲究和对居住环境的忽视是很奇怪的。但结合法国的制度实情来看并不奇怪，一方面，宫廷文化凭借其醒目的地位和强势的传播手段，渗透并塑造着社会民俗；另一方面，也就是本文第二部分讨论的主题，即在专制权威垄断一切事务的情况下，民众长期处于被管教和被呵护的"幼儿"状态，公共意识得不到发展。

---

[1]　Arthur Young, *Travels during the Years 1787, 1788, and 1789*, p.290.

[2]　Arthur Young, *Travels during the Years 1787, 1788, and 1789*, p.57

[3]　Arthur Young, *Travels during the Years 1787, 1788, and 1789*, p.291.

[4]　Arthur Young, *Travels during the Years 1787, 1788, and 1789*, p.291.

[5]　Arthur Young, *Travels during the Years 1787, 1788, and 1789*, p.291.

《法国游记》的视角评析

阿瑟·杨《法国游记》对革命前夕法国形象的描述，许多地方尖锐地切中了 18 世纪法国社会与政治体制的弊害。他的观察力正是来自异域的经验和思维赋予他的眼光。

首先，当行游者从一个熟悉的文化环境转到另一个陌生的文化环境中时，总会产生一种文化失落感。而行游者的文化失落常常不是导致对异文化的迅速适应而是对自身原有文化的顽强固守，这种文化固守的精神与心态最鲜明的外在表现就是对异国文化的非难和贬斥，这是本土视角产生的根源，也是侨居异乡的人总是显得更爱自己故土的心理机制。因此，阿瑟·杨在跨入相对陌生的国家——法国的时候，本土的经验与思维是他最常用的参照，是他思考和评价异乡所见所闻的根本依据。

1787 年他来到法国，在加莱登陆上岸的那一刻，他立即感觉到英法的差异。随着旅行的深入，他开始慢慢发现，这里的一切跟他想象中的法国是不一样的：他发现之前的一些习见是不对的——他遇到的法国人大多数是沉默寡言的而不是活泼健谈的（他之前如此认为）；他对凡尔赛宫很失望，跟他想象中相差太多。他在游记中这样写道："当我看到它的时候，我没有任何激情和活力……对我来说，它没什么伟大可言"；[1] "道路和驿站作为连接两个城市的重要枢纽，反映了整个国家以及城市间的交流问题……这是个政治性症结，折射出文化交流的滞后"，[2] 等等。这些记录把他想象的变化轨迹完美地呈现在我们的面前。从他的游记中，我们看见了杨对伟大的凡尔赛宫殿的"失落"，听到了他对破旧不堪的法国城市建设发出来的"叹息声"，感受到了他对专制腐败的政府体制的猛烈"抨击"，更体会到了他对法国民族的文化"思索"，但是在这个想象变化过程中，本土视角始终是杨对法国进行想象和思索的主要基点，也是杨"失落、叹息、抨击和思索"的主要根源，更是阿瑟·杨对英国本土文化的不断确认。

其次，旅行的意义又不仅仅在于寻找异国与本国的不同，它还应该包括

---

[1] Arthur Young, *Travels during the Years 1787, 1788, and 1789*, pp.83–84.

[2] Arthur Young, *Travels during the Years 1787, 1788, and 1789*, p.54.

一个更广阔的空间比较，主要指的是比较两国的不同点和相似点，这才是游记的核心所在。只有通过这样的比较，旅行者才能得到一些真正的发现，从而进行一些更深层次的文化反思。阿瑟·杨的这本《法国游记》不但是对法国大革命前夕社会状况各方面的描绘，而且还是对英法文化不断进行比较的记录。作为一个土生土长的英国乡绅阶层，杨从小受到英国文化的熏陶（将近46年），他在英国所感受到的是个人的极大自由，经济的高度发达，因此来到法国，他不免对这里的事物感到"新奇"，甚至是"震惊"。

游记的各种比较式记录更是将这种碰撞体现得淋漓尽致。譬如他在目睹法国外省乡镇报纸如此稀缺时写道："在英国，人类的伟大智慧普遍流通，从英国的一边传到另一边，使一些志趣相投和相同处境的人联合在一起，而这种环境在法国则不存在，因此可以这样说，国王、法院、地主、贵族、军队和议会的倒下得益于思想需要快速传播的需求。"[1]"这里连张旅游报纸都看不见，这样的社会怎么能得到自由呢？这是多么可笑的事情啊。对于一个长期生活在充满活力、财富和思想自由的环境下的英国旅行者来说，很难用语言表达法国的荒谬和可笑。"[2]接着他感慨道："这就是国家落后、人民愚昧无知和贫困的主要特点。这样一个省会城市，在这样重要的时刻，竟然没有任何报纸来告诉人民当前的时事发展进程，这样的人民怎么能发动革命呢，又怎么能获得自由呢？永远都不可能……"[3]

对于混乱嘈杂的法国议会，杨也从他的英国经验进行了否定性的评价："虽然有时候一些违背自由原则的行为往往有利于国家的发展，但是这时候的法国似乎对向往已久的自由的使用有点肆意妄为了……与法国相比，英国的议会开会原则和有条不紊的辩论秩序至少可以比法国议会少用四分之一的时间。"[4]在他看来，法国人对议会进程的随意干涉完全是从自己的个人利益出发，表明法国公民比任何其他地方的公民都缺乏共同行动、相互支持的精神准备。[5]

---

① Arthur Young, *Travels during the Years 1787, 1788, and 1789*, pp.160–161.

② Arthur Young, *Travels during the Years 1787, 1788, and 1789*, p.145.

③ Arthur Young, *Travels during the Years 1787, 1788, and 1789*, p.170.

④ Arthur Young, *Travels during the Years 1787, 1788, and 1789*, pp.125–126.

⑤ 托克维尔：《旧制度与大革命》，冯棠译，商务印书馆，2012年，第118页。

再次，旅行既是在文化间跨越、转换，同时也是文化的深化。旅行是跨越空间与时间的运动，是离开本土相关经验的书写，同时也是跨越文化差异而展开的文化实践。杨在异域的探索过程，其实也是一个不断融合英法文化的过程。最开始杨对法国一味地抨击，随后逐渐打破了对本土文化盲目赞同的迷思，促使其对英法文化的反思，最后他试图融合英法文化，寻找更适合社会发展的文化表达方式。法国文化让杨看到了落后政治体系所产生的腐败和落后，促使他对政治制度的思考。因此，随着旅行的深入，他不再一味地抨击法国的一切，而是更多去思考法国落后的深层次原因，进而对自己的民族英国进行反思。最终，《法国游记》中所塑造的栩栩如生、丰富多彩的"法国形象"，不仅照亮了法国文化深处那些暧昧不清、无法把握的心灵图像，同时也成为他反思英国本土文化传统的一面独特的"他者之镜"——一面观照自我形象、确认自我身份认同的镜子。

综上所述，阿瑟·杨对法国社会的政治、文化、思想等各方面进行了一种印象式的速记。通过游记，他表达了他对法国社会的一个整体的认知和判断，对英法文化的思考既独特又发人深省。细读法国游记，我们不难发现：杨在对法国文化进行思考，对英国文化进行反思，对民主政治制度进行探索的过程中逐渐形成其特有的文化观，这一过程其实是一个不断接近异域"形象"，从而正确认识"自我"的过程。因此，研究《法国游记》不仅能帮助我们更好地了解异国文化特质，还为我们进行文化反思打开了一扇窗。总之，阿瑟·杨的《法国游记》内涵十分丰富，并非一篇论文就能穷尽，还有许多研究有待加深。国内对他的研究方兴未艾，还有很多未知领域留待我们去探索，希望本文可以起到抛砖引玉之功，为对阿瑟·杨的研究提供更为广阔的视野。

（洪庆明，上海师范大学世界史专业教授；

崔梅霞，上海师范大学世界史专业硕士，上海师范大学附中闵行分校历史教师）

法兰西第三共和国时期的公民投票理论^①

孙一萍

摘要：法兰西第三共和国时期，几乎所有的政治派别都反对公民投票制度。在此情况之下，共和党人卡雷·德·马尔伯尔重新提出公民投票理论，认为公民投票是代议制发展的必然结果。卡雷·德·马尔伯尔的观点具有重要的理论意义，是对第三共和国时期绝对议会主义的审慎反思，但这一理论缺乏现实维度的思考，因而无法付诸实践。

关键词：法兰西第三共和国 绝对议会主义 公民投票 卡雷·德·马尔伯尔

现代意义的公民投票制度始自法国大革命时期，法国在这一时期曾分别在1793年、1795年和1799年就批准宪法问题举行过3次公民投票活动（référendum）。两个帝国时期也就宪法等问题举行过人民投票活动（法兰西第一帝国举行过4次、第二帝国举行过3次），但由于这些活动主要是为波拿巴家族个人的政治权力谋求合法性，与大革命时期的公民投票有着本质的区别，学界通常把这些投票活动称作全民投票（plébiscite），以示区别。两个帝国的全民投票活动对法国历史产生了重要的负面影响，第三共和国时期甚至出现了"谈

---

① 【基金项目】本文是国家社会科学基金项目"法国宪政研究"（11BSS020）阶段性成果。

公民投票色变"的情况，当时的绝大多数政治派别都不同意把公民投票制度写入宪法，他们甚至不同意就批准宪法问题举行公民投票。

第三共和国时期公民投票理论的提出

第三共和国时期的共和派认为大革命时期的公民投票活动和波拿巴时期的全民投票活动基本上都是反民主的，共和派的治国信条是议会的绝对主权，这一观点逐渐发展为第三共和国时期的绝对议会主义。另外，第三共和国时期布朗基民粹主义在法国的兴起使人们对公民投票制度更加充满偏见。加之，第三共和国时期仍有一些坚决拥护君主制的理论家，他们强烈反对与波拿巴主义密切相关的公民投票，认为公民投票制度就其本质而言与他们所持有的君主制信条是背道而驰的。

反对者中还有社会主义派别，如社会主义者全国代表委员会主席埃米尔·孔布（Emile Combes）在下院的讲坛上曾明确宣称议会主义与公民投票是水火不相容的，他说："公民投票是对我们政治原则的一种否定，而这一原则是我们的政治生活赖以组织、运行的基础。我们的政治原则是通过把权力委托给代表来实施国家主权。代表们就他们所提出的议案向国家负责。……这样一种责任感约束着代表们，而且能够使他们对于自己的职责保持清醒的认识，他们采取的所有违背自己职责的措施都会损害国家利益。"[1]孔布在下院的这番言论，没有遇到来自任何党派的反对意见。

支持公民投票制度的政治派别寥寥无几。少数公开支持公民投票制度的人大多是两个帝国的"遗老"，即所谓帝国理论家。他们对那些持反对态度的政治派别进行攻击，把两任波拿巴皇帝对"人民主权"理论的"尊重"与第三共和国对公民投票的拒斥态度相比较，指责第三共和国从来也不敢直接就他们所希望建立的社会制度交给全体人民投票表决。[2]言下之意，第

---

[1] Francis Hamon, "L'idée de démocratie directe de la Révolution à nos jours", *L'héritage politique de la Révolution française*, P.U.L., Paris, 1993, p. 84.

[2] Jean-Marie Denquin, *Référendum et plébiscite: essai de theorie générale, Librairie générale de droit et de jurisprudence*, Paris, 1976, p. 62.

三共和国惧怕人民的监督，拒绝人民参政议政，因而其民主性大有可质疑之处。

直至第三共和国末期，共和党人、著名的法学家卡雷·德·马尔伯尔（Carré de Malberg）开始支持公民投票制度，[①]认为公民投票制度与代议制不仅不会相互冲突而且可以互为补充，并指出人民创议权（l'initiative populaire）可以矫正在法国出现的"绝对议会主义"（le parlementarisme absolu）趋势。马尔伯尔的看法在当时并没有产生多少实际的政治影响，却具有重要的理论意义。

虽然"绝对议会主义"在第三共和国时期一度盛行，推动了议会制度的极大发展，但就理论层面而言，人民主权观念，即人民拥有最高权力的思想在当时仍然居于主导地位。此种情况下，马尔伯尔重新研究了公民投票制度与代议制的关系，驳斥了当时各主要政治派别对公民投票制度的一味否定态度。他认为人民拥有动议权的公民投票制度与代议制之间并不存在冲突，相反，二者的结合是民主制度发展的必然结果。受法兰西第一、第二帝国全民投票活动的影响，当时很少有人认可马尔伯尔的观点。[②]然而，绝对议会主义的缺陷逐渐显露，如政府在政治问题上的无能、部长的频繁更迭、公民对议员代表性不足的质疑等。一些理论家如安德烈·塔迪约（André Tardieu）等把人民称为"被囚的最高权力拥有者"。人民虽然拥有非常庄严的名号，却无法按照自己的意愿行使在理论意义上被赋予他们的最高权力。因此，安德烈·塔迪约指出公民投票制度对人民或多或少是有利的，因为"一部分人民意愿可以成为抵制议会滥用权力的一种制衡力量"。[③]另有一些学者和政治反对派开始重新审视公民投票制度的价值，对马尔伯尔关于公民投票理论的研究加以肯定。[④]

[①] Carré de Malberg, La loi, expression de la volonté générale : Etude sur la conception de la loi dans Constitution de 1875, Sirey, Paris, 1931; Carré de Malberg, "Considérations théoriques sur la question de la combinaison du référendum avec le parlementarisme", Revue du droit public, No. 1 (1931).

[②] Laurence Morel, "France: towards a less controversial use of the referendum?", The Referendum Experience in Europe, edited by Michael Gallagher, New York: St. Martin's Press, 1966.

[③] André Tardieu, La réforme de l'Etat : les idées maitresses de "L'heure de la décision", E. Flammarion, Paris, 1934, p. 97.

[④] Francis Hamon, Le référendum: Etude comparative, Librairie générale de droit et de jurisprudence, Paris, 1995, p. 78.

卡雷·德·马尔伯尔公民投票理论的主要内容

公民投票是代议制发展的必然结果

卡雷·德·马尔伯尔首先从"议会主权"（la souveraineté parlementaire）的提法入手对公民投票理论进行了分析，他认为议会主权的某些原则实际上与这一主权本身是相互抵牾的。按照议会主权理论，议会应该拥有最高权力，这是因为：第一，议会的议员是由人民选举出来的；第二，议会的议员能够代表所谓的"公意"，也就是说，全体公民的意愿是通过这些议员的活动得以形成并被表达出来的。在马尔伯尔看来，既然议会拥有最高权力是因为这一权力来自人民，那么议会主权就产生了一个深刻的内在矛盾：究竟是代表人民的议会拥有最高权力，还是人民本身拥有最高权力？他认为"只有公民投票才能够对议会主权的提法做出满意的解释。代议制的核心问题是通过选举产生的代表们的看法其实就是全体选民的看法。所以，实践议会主权就必将产生这样一个结果，即必须重新赋予选民们这样的权利，使他们能够随时反对以他们的名义行事的代表们所提出的观点，这一点是至关重要的"。[①]在代议制度中，应保留全体公民对于经代表们投票表决产生的法律表示不信任的权利。这样，马尔伯尔得出的第一个结论是，议会主义迟早会与人民拥有动议权的公民投票相结合，并为此提供论据说："第一次世界大战之后，好几个国家的宪法就已经显示出这样的发展趋势，其中，魏玛宪法就是一个非常明显的例证。"[②]

细考究之，马尔伯尔的公民投票理论在法国大革命时期就已经出现，只不过那时的理论家在处理代议制与公民投票的关系时更为激进。例如，孔多塞（Marquis de Condorcet）在1792年8月9日发表了一篇题为《行使主权权利须知》的文章，他认为"主权属于公民全体，他们只是把主权的行使托付给

---

① Carré de Malberg, "Considérations théoriques sur la question de la combinaison du référendum avec le parlementarisme", p. 233.

② Carré de Malberg, *La loi, expression de la volonté générale; Etude sur la conception de la loi dans la Constitution de 1875*, Sirey, Paris, 1931, p. 225.

了自己的代表"，但"即使在这方面，人民也仍旧保留着把交出去的权力收复回来的权利"。①孔多塞在谈到如何确认人民的意愿这一问题时，也谈到了使用公民投票方法。他提出"应该分两步走：（1）人民的每一部分都可以表达收回它所托付出去的权力的意愿，只是这一意愿在公意尚未得到确认之前仍然服从法律;（2）立法机构在收到这些局部的要求后，得予以接受，并召集所有初级议会付诸公民投票"。②本文认为，马尔伯尔的理论基础与孔多塞的立论依据其实并无多少实质性差别。不过，身处大革命时期的孔多塞所提出的观点具有更加浓厚的激进色彩，而马尔伯尔则特别强调从公民投票与代议制度之间的互补性入手，更多关注人民及其代表在国家权力运行过程中如何相互制衡的问题。

公民投票是限制绝对议会主义的手段

卡雷·德·马尔伯尔强调理论家们必须提出一种现实可行的办法来限制议会的权力，正如过去的绝对君主制必须退出历史舞台一样，应该以一种缓和的议会制度来取代绝对议会主义。他认为比较有效的办法就是实施公民投票制度，以解决法兰西第三共和国由议会权力至上而导致的诸多问题。"公民投票制度使人民能够拥有直接参与公共事务的权力，直到现在，人民的这一权力还是被代议制度或议会代表们所排斥。实施公民投票制度后，议会制度及代表制度还是会照样存在下去，但议会不再拥有所有的立法权。它将受到新制度的限制，这一制度的优点是试图把议会主义与民主结合起来。"卡雷·德·马尔伯尔认为这样做的最大益处，在于议会不再拥有最高权力，也就不再独占形成民意的权力。与议会共同合作的全体公民可以通过人民拥有动议权的公民投票来行使立法权。因此，"上下两院所做出的决议已不再具有最终的决定意义，议员们的决定只有在被人民采纳的情况下才能被执行。人民采纳这些决定的方式有两种：或者是通过比较明确的公民投票方式来批准，或者是在人民没有要求就某项议会决议举行公民投票的情况下被视为是

---

① 高毅:《法兰西风格：大革命的政治文化》，第90页。
② 高毅:《法兰西风格：大革命的政治文化》，第91页。

对这一决议的默认。"①可见，公民投票是限制议会权力的手段。有一点需要特别注意，马尔伯尔一再强调"人民拥有动议权的"公民投票，只有这种自下而上的公民投票形式，才有可能在议会和人民之间形成一种稳定的权力制衡关系。

马尔伯尔认为，上下两院的立法权与人民拥有动议权的公民投票可以在一个国家中并行不悖。人民通过接受或者拒绝议会所做出的决议从而获得了最终决定权。由此可知，他的公民投票理论与当时的绝对议会主义在立论基础上是完全相反的。在绝对议会主义那里，最高权力应该归于议会，而在马尔伯尔这里，最高权力则归属于人民。议会的权威不再具有决定意义，很自然地，议会自身也就不能够以"公意"自居。议会实施立法的目的只不过是为了更好地把公意表达出来，议会能够在如何表达民意这个问题上寻求合适的方法以及提出合理的建议，议员们的职能与普通公务员没有什么本质的区别。②在马尔伯尔看来，人民由于拥有法律手段来做出最终决定而成为最高权力的拥有者。对于议会所做出的各项决定，只有人民能够宣布这些决定是否与全体人民的意愿相一致。最高权力与公意被认为是同一事物，无论最高权力还是"公意"，二者都内在于人民。这样的结论显然受到卢梭的人民主权理论的影响。

马尔伯尔认为，公民投票制度的出现是代议主义发展的必然结果。虽然第三共和国的理论家都反对公民投票制度，但马尔伯尔当时就颇富前瞻性地指出了绝对议会主义的不足。当然，马尔伯尔也并没有矫枉过正地走到反对代议主义的道路上去，他的理论边界是公民投票是代议主义的一种有益补充，而补充的这一部分其实正是绝对议会主义所表现出的不足。最终的落脚点是代议主义与"民主"能够并存，而民主的体现就是马尔伯尔极为重视的公民投票，而且必须是人民拥有动议权的公民投票。人们此前一直想当然地认为代议主义是排斥人民主权的，因而是排斥民主的。但马

---

① Carré de Malberg, "Considérations théoriques sur la question de la combinaison du référendum avec le parlementarisme", pp. 228–229.

② Carré de Malberg, "Considérations théoriques sur la question de la combinaison du référendum avec le parlementarisme", p. 228.

尔伯尔反驳说，多个国家所颁布的宪法都规定了同时运用这两种权力，因此，把议会权力与人民权力对立起来的理论已经在现实面前证明了自己的失败。

关于议会的权力，马尔伯尔这样说："需要指出的是，引入诸如在全国范围内举行公民投票这样的制度，并没有取消议会权力在政治生活中所发挥的作用，议会还是一个代议机构，正如在君主立宪政体中国家元首还在名义上保留着国王的称号一样。"[1]他的理论中虽然没有提出如何制约人民的权力，但他却注意到相反的方面，那就是如何看待议会的地位，他一方面强调"在增加了公民投票制度的议会体制中，议会只能在尊重人民最高权力的基础上来行使自己的代表权"，但他同时又认为"议会并没有被剥夺代表人民的权力，这一权力只是受到了限制，或者更准确地说，议会更多地受到了它所代表的人民的制约"。[2]可见，限制绝对议会主义的发展是马尔伯尔极力提倡公民投票制度的一个重要考量。在他看来，代议制与公民投票制度并不矛盾，相反，通过加强人民对议会权力的限制会促使代议制进一步合理化。

公民投票制度是权力制衡的手段

马尔伯尔认为，在代议制基础上引入公民投票制度之后，一个最大的变化就是人民而非议会是国家最高权力的拥有者。除此之外，公民投票制度还起到了维持议会与政府权力平衡的作用。他这样写道："在与政府的关系中，议会权力因为这一新变化而受到了严格的限制，这就很好地解决了议会与政府之间的权力制衡问题。如果没有一个在这二者之上组织起来的权力机构，那就很难在议会与行政权力之间建立哪怕模糊的权力平衡。而在它们之上的这一权力机构必须有能力在议会与政府之间做出选择，使二者之间能够重新尊重对方所拥有的权力，并在这种二元性的基础上保证整个国家必要

---

[1] Carré de Malberg, "Considérations théoriques sur la question de la combinaison du référendum avec le parlementarisme", p. 229.

[2] Carré de Malberg, "Considérations théoriques sur la question de la combinaison du référendum avec le parlementarisme", p. 229.

的统一性，同时又使议会与政府各司其职，保持各自的相对独立性。当人民取代议会拥有最高权力的时候，它通过直接投票的方式就立法问题或者政府政策问题做出决定。人民所拥有的至高无上的权力同时控制了议会与政府这两个部门的权威，这种制度是完美的。议会和政府都能够就它们相互之间存在冲突的问题提交给人民来做出最终决定。在这种情况下，行政部门的权限将会扩大，而议会的权力得到了进一步限制，同时又避免了行政部门拥有过分膨胀的权力。"① 通过公民投票，人民成为政府与议会之间的第三方力量，这一权力能够发挥独特的制衡作用。"总而言之，在这样一种新型体制中，人民拥有最终决定权，而人民拥有的这一权力对于维持权力平衡是必不可少的。"②

就其本质而言，马尔伯尔在他的公民投票理论中强调的是人民主权原则。公民投票制度的实施虽然没有取代代议制，议会也只是"不再拥有所有的立法权"；但在他的推理里，议员们虽然是由人民选举出来的，但议员们的意愿已经不能够完全代表人民的意愿，议会本身的立法也成为民意表达的手段之一，这就是说，他们所做出的决定并不是民意自身。人民对于议会所做出的决定拥有最终的决定权。可见，在把议会与民意二者剥离之后，马尔伯尔很自然地把"公意"与人民联系起来，认为公意内在于人民，而拥有公意表达权的人民自然也就拥有最高权力。人民拥有的最高权力成为制衡政治权力的一种有力工具，而实现这一制衡的手段就是公民投票制度，这样，马尔伯尔顺理成章地突出了公民投票制度与代议制之间的互补关系。

卡雷·德·马尔伯尔还讨论了公民投票制度与第三共和国时期政党政治的关系问题。在政党理论中，人民的真实意愿并不是由个体的代表间接表达出来的，而是通过政党来表达，政党参与代表的选举，而代表们是分属某个政党的。那么在政党、代表与人民之间，哪一种表达人民意愿的方式更具有

---

① Carré de Malberg, "Considérations théoriques sur la question de la combinaison du référendum avec le parlementarisme", pp. 239–240.

② Carré de Malberg, "Considérations théoriques sur la question de la combinaison du référendum avec le parlementarisme", p. 240.

合法性呢？马尔伯尔认为："执政党的意愿即为最高权力的思想带有典型的压迫色彩，显然，这一点令人无法容忍。"[1]只有公民投票制度，尤其是人民拥有动议权的公民投票才能最好地表达人民的意愿。但又不能把公民投票制度绝对化，造成"多数人的暴政"局面，即公民投票制度必须与代议制度相结合，人民的权力必须与议会的权力相制约。

然而，在马尔伯尔的理论链条中，有一个重要的问题值得学界特别注意：公意是否内在于人民？大革命时期，西哀耶斯（Emmanuel Abbe Sieyes）曾专门讨论过公意与人民的关系问题。西哀耶斯并不怀疑公意的存在，相反，他认为公意是至高无上的，但是，公意并不内在于人民，因为公意并不是能够随时随地被轻易发现的事物，它不是指那些具体存在的个人所拥有的情感或观念。公意只有经过长期的大量而艰苦的思考过程才能形成并被恰当地表达出来。很明显，这即是说只有人民的代表们才能胜任这项工作。[2]有意思的是，马尔伯尔与西哀耶斯虽然在公意与人民的关系问题上持截然相反的观点，但他们却殊途同归地得出了相同的结论，即人民的意愿与代表的意愿应该是高度统一的。但二人在这个统一点上又迅速走向了分歧。西哀耶斯据此反对公民投票制度，认为代表们能够胜任形成公意的任务，代议制本身已是一项完备的制度，而卡雷·德·马尔伯尔则认为应该由公民投票制度来补充代议制的不足。

马尔伯尔的公民投票理论，特别重视"人民主权"的实施问题。在这个问题上，他与法国著名思想家贡斯当（Benjamin Constant）的观点有异曲同工之处。贡斯当认为应该对抽象的人民主权加以限制，因为"世上没有不受限制的权力，不管是人民的权力，还是那些自称人民代表的人的权力，不管是拥有什么称号的国王的权力，还是——最后——根据统治方式不同而表达着人民意志或君主意志的法律的权力，都要受到权力得以产生的同一范围的约束"。[3]马尔伯尔的公民投票理论，其出发点正是对抽

---

[1] Carré de Malberg, "Considérations théoriques sur la question de la combinaison du référendum avec le parlementarisme", p. 243.

[2] Jean-Marie Denquin, *Référendum et plébiscite: essai de theorie générale, Librairie générale de droit et de jurisprudence*, p. 30.

[3] 邦雅曼·贡斯当：《古代人的自由与现代人的自由：贡斯当政治论文选》，阎克文、刘满贵译，商务印书馆，1999年，第61页。

象的"人民主权"进行限制，使人民的权力与代表们的权力形成相互制约的关系，这样，议会便无法独占形成"公意"的权力。正是基于这样的认识，马尔伯尔提出公民投票是代议制发展的必然结果，也是这一制度的有益补充。

反对公民投票制度的理论

马尔伯尔提出把代议制与公民投票制度相结合的理论时，同时代的法学家与政治家竭力反对。其中，比较有代表性的是第三共和国的法学家与政论家阿戴玛尔·艾斯曼（Adhémar Esmein）。他提出了如下几个看法：首先，人民在参加公民投票活动时，会接受他们并不赞同的法律议案。出现这种情况的主要原因是人民没有能力区分他们自己真正希望制定的法律条文，因此也就无法在投票时做出正确的选择。其次，公民投票提出问题的方式使它无法真正地反映人民的意愿。比如公民投票的动议者会在一次公民投票中提出两个甚至多个问题，这两个法律议案虽然在同一次公民投票中被表决，但它对于人民而言却有着完全不同的影响。这种情况发生时，人民很有可能在投票时表现出盲目性。例如：当一项法律不得人心的时候，另外一条符合人民利益的法律也同时失去了人民的支持。第三，人民在最终决定拒绝某项法律议案时常常会出现这样的情况，一些次要的因素在他们眼中却有着无比的重要性，他们因此而忽略了真正要解决的问题。第四，公民投票活动经常会出现非常高的弃权率，通常情况下，公民投票中的弃权率比选举中的弃权率要高得多，高弃权率使人们有理由怀疑公民投票结果的合法性。而如何处理选民投票率与投票结果的法律效力之间的关系呢？艾斯曼毫不客气地指出这几乎是一个无解的难题，因为它受到太多因素的制约，很难提出一个现实可行的解决方案。最后，艾斯曼认为公民投票制度存在一个无法弥补的缺陷，它使代议制政府信誉扫地。虽然公民投票制度没有废除代议制度，但议会已经失去了它的权威。变化无常而又不具备专业知识的大多数人常常会取消由上、下两院经过认真讨论和投票表决后而做出的决定，而这些代表们又是经人民选举出来的。那么，人民在投票选举这些代表的时候到底应该把哪些权力授予给代表呢？①显然，艾斯曼的最后这段话是针对马尔伯尔观点的有力诘问，他并不认为公民投票能够成为代议制的有益补充，相反，二者存在着无法协调的内在冲突。

另外，反对公民投票制度的代表人物还有约瑟夫·巴泰勒米（Joseph Barthélemy）和保罗·迪耶（Paul Duez）等人。他们认为公民投票是对自由的一大危害，而就公共财政问题所举行的公民投票甚至是极端危险的举措。公民投票制度反而会促进专制体制的产生，公民投票因此会非常容易地转变为波拿巴式的全民投票。这种投票形式只是为了提升当权者个人的威望，投票结果也仅是为当权者个人所制定的政策寻求合法性。而且，波拿巴式全民投票的结果会对政治生活产生重大的负面影响："如果人民拒绝了一项由上、下两院投票表决的法律，国家行政首脑就会利用这一点来反对议会，他们的借口就是要保障人民的自由。"他们得出结论说："这样一种逻辑是滑稽可笑的。奇怪的是，虽然打着保障人民自由的名义，但此举其实侵犯了人民最基本的自由：使人民在最为重要的事情上没有得到自由表达意愿的权力。"②对马尔伯尔所提出的人民拥有最高权力这一说法，他们也针锋相对道："人民难道不会滥用自由吗？公民投票会不会使财政陷于无序甚至瘫痪状态？"③

与马尔伯尔的理论相比，反对公民投票的理论在第三共和国期间一直居于主流地位，这与法兰西第一、第二帝国的全民投票所产生的影响不无关系。另外，第三共和国时期绝对议会主义的发展也是不容忽视的客观因素。从根本上说，这两种理论的分歧点主要集中在人民主权（souveraineté populaire）理论与国家主权（souveraineté nationale）理论之上。重视人民主权理论的马尔伯尔认为公民投票制度是代议制的有益补充，因此人民应该被赋予权利来制约议会代表，在立法权方面，人民拥有最终决定权。但强调国家主权理论的艾斯曼等人则更加注意公民投票制度本身的缺陷。公民投票不能够保障人民的自由，而且，这一制度还使经人民选举产生的议会信誉扫地，对代议制造成严重破坏，他们甚至怀疑到人民自由本身。由此看来，公民投票的反对

①　Adhémar Esmein, *Droit constitutionnel*, 3ᵉ édition, Larouse, Paris, 1903, p. 287.

②　Joseph Barthélemy, *Paul Duez, Traité de droit constitutionnel*, Dalloz, Paris, 1933, p. 126.

③　Joseph Barthélemy, *Paul Duez, Traité de droit constitutionnel*, p. 126.

派在理论上更显极端化。

马尔伯尔的理论在当时没有得到多少人的认可，但他的观点是对第三共和国时期绝对议会主义的一种急切拷问。在他的两部主要著作中，[①]卡雷·德·马尔伯尔着力强调1875年宪法大大强化了议会的权力，而人民的意愿受到忽视。分析这一情况产生的原因，他认为是法国大革命时期的思想首先导致了绝对议会主义。一方面，正由于是通过选举产生的，议会才获得了权威，在反对君主专制的斗争中获得了合法性。议会政治力量的源泉是坚持人民的意愿。而如何表达人民的意愿呢？代议主义随之产生，通过议会来表达人民的意愿，而议员们成为人民意愿的代表。因而，议会所通过的法律之所以如此重要，是因为它体现并代表了全体人民的意愿。[②]这样一来，也就形成了所谓"纯粹议会主义"。纯粹议会主义自1789年大革命以来就已经形成并逐步发展，而公民投票制度也是这一理论发展的必然结果。在代议制度中，当公民认为有必要的时候，他们就会收回已经交付给议会的权力，自己就某一议题动议举行公民投票。可以说，如果没有绝对议会主义在第三共和国的迅猛发展，公民投票在后来的法国及在全世界的发展也不会如此迅速。由此看来，第三共和国绝对议会主义的产生，某种程度上促进了公民投票理论的发展。

卡雷·德·马尔伯尔的公民投票理论，虽然在当时并未引起理论界的高度重视，但这一理论，显然是对第三共和国时期绝对议会主义的一种审慎反思。由于缺乏现实维度的考虑，卡雷·德·马尔伯尔的理论很有可能会在实践中走向自身的反面，但它无疑具有极高的理论价值，并在法兰西第四、第五共和国时期受到理论界的高度重视。这一理论关于公民投票制度与代议制关系的解读，体现出理论家对于人民主权与国家权力运行机制间关系的深层思考。这是卡雷·德·马尔伯尔对于现代民主理论的重要贡献。

（孙一萍，山东大学历史文化学院教授）

[①] Carré de Malberg, *Contribution à la théorie générale de l'Etat*, Sirey, Paris, 1922 ; *La loi, expression de la volonté générale*, Sirey, Paris, 1931.

[②] Carré de Malberg, "Considérations théoriques sur la question de la combinaison du référendum avec le parlementarisme", pp. 225–226.

历史语境中的历史行为

——以 1792 年法国国民公会选举为例 [①]

张　弛

摘要：语境主义不仅是史学研究的基本原则，也是史家应具备的基本意识。唯有准确把握历史语境，才可能探明历史行为的真实意义。本文以1792年国民公会选举为例，探讨革命选举的内在张力，进而说明历史语境对分析历史行为的作用与意义。

关键词：语境主义　历史语境　1792年选举　法国革命

语境主义理论源自人类学的研究领域，同时也受文学批评和哲学思想的影响，强调唯有结合背景，言语与行动的意义才能得到解释。[②] 很明显，语境主义带有相对主义的味道。不过，它并不只是为了强调意义的相对性，而是要寻求意义与特定语境之间的系统性的关联。从这一点来看，语境主义又带有结构主义的色彩。自20世纪70年代以后，语境主义影响到了历史学科，为欧美

---

① 【基金项目】本文是国家哲学社会科学基金青年项目（13CSS012）；教育部哲学社会科学研究重大课题攻关项目（13JZD037）。

② 关于哲学中的语境主义，参见 A. W. Price, *Contextuality in Practical Reason*, Oxford University Press, 2008；关于思想史的语境主义研究最新成果，参见 Darrin M. McMahon & Samuel Moyn (eds.), *Rethinking Modern European Intellectual History*, Oxford University Press, 2014；政治哲学方面的代表作参见 Jonathan Floyd & Marc Stears (eds.), *Political Philosophy versus History?: contextualism and real politics in contemporary political thought*, Cambridge University Press, 2011。

史学界超越社会史研究范式提供了思想资源，并带来了研究方法的变革。[①]

语境主义与历史解释

从历史观和治史方法来看，语境主义本质上就是历史主义，大体上包含以下几层预设。首先相信过去的世界是可以理解的，这是历史阐释的基本前提。若非如此，历史阐释就是不可行的。因此，从认识论的角度来看，历史语境的差异仅仅是相对的，现代学者可以理解逝去的时代。其次，历史阐释的目的是阐明过去与现在的差异。正如英国史家巴特菲尔德（Herbert Butterfield）所言，史家应用过去解释过去，而不是用当下解释过去，也不是在过去中寻找现在。[②]故而，从方法论的角度来看，历史语境的差异又是绝对的。再者，历史阐释的任务是为历史构建出一个意义图景来。只有在这样一个意义图景中，历史事件才能变得可以理解，史家也不至于望文生义，曲解史料。由此看来，这个图景既是理解历史的入口，同时也限制了历史阐释的唯一性。对于这个意义图景，不同的史学流派有不同的称呼。年鉴学派称其为心态世界，文化史家称之为意义图式，而20世纪80年代兴起的新文化史家则称之为政治文化。最后，语境主义坚持，意义是公共的，是所有人共享的。如果你不知道什么是眨眼示意，或不知道如何抽动你的眼皮，你就不能眨眼示意（或模仿眨眼示意）。这一立场既受文化人类学的影响，也与维特根斯坦以降对意义私有化的哲学批判思潮有关。[③]

语境主义预示了历史研究方法的创新。正因意义是共享的，所以史家可以借由一则农夫的故事，进入18世纪法国人的心态世界。这也消解了整体与个体、全局与局部的二元对立。因此，在语境主义的视野中，任何"历史残片"都具有同等重要的研究价值，因为它们承载了过去的意义，是进入陌生

---

① 所谓社会史危机的最初症状，参见 Elizabeth Fox-Genovese & Eugene. Genovese. "The Political Crisis of Social history, A Marxian Perspective", *Journal of Social History*, Vol. 10, No. 2 (1976), pp. 205–220; Gareth Stedman Jones, "From Historical Sociology to Theoretical History", *British Journal of Sociology*, Vol. 27, No. 3, (Sep., 1976), pp. 295–305; Tony Judt, "A Clown in Regal Purple: Social History and the Historians", *History Workshop*, No. 7 (Spring, 1979), pp. 66–94.

② 巴特菲尔德：《辉格党式的历史阐释》，李晋译，生活·读书·新知三联书店，2013年。

③ 参见 Stephen Greenblatt, "The Touch of the Real", in Sherry Ortner (ed.), *The Fate of Culture: Geertz and Beyond*, Berkeley, 1999, pp.14–29. 克利福德·格尔茨：《文化的解释》，韩莉译，译林出版社，1999年，第14页。

世界的入口。这要求史家首先是位优秀的讲故事的人，可以依据一则故事，一条材料，怀着"同情之理解"，抱着"必敬以恕"的态度，刻画逝去的世界。①这与社会史对待史料的态度大相径庭。社会史惯用教区登记册、税收花名册、人口数据、识字率、遗产登记册、契约租约等类型的史料。这类材料的特点是，每则材料本身的内容十分单薄，叙述模式又十分雷同，无法逐一分析。比如史家难以根据一份教区签名作文章。但如果把大量同类材料，通过量化统计方式，组建成均匀的、可进行比较的单位，并以特定的时间间隔来衡量历史事实的演进，那么原本零散的材料就构成了系列史，具备了解释的价值。②

根据研究对象不同，语境主义的史学研究大致可分为"释义"与"释事"两类。"释义"是思想史家之所长，意在结合过去的智识语境，解析概念术语的应有之意，如伯纳德·贝林（Bernard Bailyn）倡导的语境史学和斯金纳（Quentin Skinner）领导的剑桥学派。传统思想史抑或关注思想家的论著，或梳理核心观念的演变。语境主义的"释义"与这一传统有所不同，关注的是"意义"。美国史家贝克对此这样评述，思想史应是研究意义的历史，而意义是一切社会行动所共有的维度。所以，融合了语境主义的思想史不再仅仅是历史学的一个分支，而是所有历史研究应有之组成部分。③

"释事"为文化史家所长。如达恩顿缕析的1749年"十四人案件"，玛莎分析的"砖石项链事件"，法日尔讲述的"巴黎儿童绑架案"，再如美国史家史密斯的著作《热窝当的怪兽》。④此类"奇闻轶事"颇受文化史家的青睐。故事越荒唐，不仅越吸引人，也更有解释价值。因为荒唐本身就预示着古今

---

① 参见李剑鸣：《历史语境、史学语境与史料的解读：以弗吉尼亚州批准美国宪法大会中一条材料的解读为例》，载《史学集刊》，2009年第5期。

② 雅克·勒高夫等主编：《新史学》，姚蒙编译，上海译文出版社，1989年，第112页。

③ Keith Michael Baker, *Inventing the French Revolution: Essays on French Political Culture in the Eighteenth Century*, Cambridge University Press, 1990, p. 13.

④ Robert Darnton, *Poetry and the Police: communication networks in eighteenth-century Paris*, Cambridge: Belknap Press, 2010; Sarah Maza, *Private Lives and Public Affairs: the causes célèbres of prerevolutionary France*, University of California Press, 1993; Arlette Farge & Jacques Revel, *The Vanishing Children of Paris: Rumor and Politics before the French Revolution*, translated by Claudia Miéville, Harvard University Press, 1991. 史密斯著作的中文书评参见汤晓燕：《"全景式"文化史研究的新尝试：评史密斯新作〈热窝当的怪兽：野兽的形成〉》，载《史学理论研究》，2013年第4期。

两种历史语境之间的隔阂。文化史家要让陌生变得熟悉，让荒唐变得可以理解。① 与此不同，文本将要阐释的事情，乍看起来并不陌生。对现代人来说，选举至少不像巫术那样让人觉得是来自前现代社会，带着某种独特文化心态印记的现象。而正是这种切近感使得许多史家在解释1792年法国国民公会选举时不自觉地产生时代错置的问题。

关于1792年法国国民公会选举的观点

本文所分析的选举发生在1792年8月10日革命之后。这是法国革命的关键转折之一。1792年4月立法议会向波西米亚和匈牙利宣战。然而，法军在各条战线上却连连失利。国内的贵族和拒绝宣誓效忠宪法的顽固派教士乘势作乱。西部与东南地区骚乱频仍。此外，殖民地也相继爆发独立运动，致使蔗糖等生活必需品无法运入法国，经济危机开始波及城市。与此同时，国王频频动用"否决权"，接连否决了立法议会提交的多部治安警戒法令。法国面临存亡之险。"否决权"本是1791年立宪君主制宪法赋予国王的合法权力。因此，在1792年夏天，号召废除宪法、限制王权逐渐成了激进政治舆论的主调。这便是8月10日革命爆发的背景。

这场革命不仅废除了君主制，而且带来了普选。革命次日，立法议会便下令，废除了积极公民与消极公民的区分；规定，凡是年满21岁的法国人，在本地定居一年以上，且不是家仆，只依靠自己的劳动为生，就享有选举权。法国历史上第一次普选由此开始。选举依旧采取两级复选方式。各地初级选举议会统一于8月26日召开。选出的代表组成省选举会议，于9月2日开始投票选举国民公会代表。②

1792年这场选举决定了国民公会的政治格局，对革命的激进化和恐怖统治的降临都有根本影响。因此，厘清选举中各派势力之间的角逐，尤其是雅各宾派的激进立场是否影响到了这场全国选举，这对理解革命的政治走势至

① 罗伯特·达恩顿：《屠猫记：法国文化史钩沉》，吕健忠译，新星出版社，2006年，第80页。
② M. J. Mavidal and M. E. Laurent (eds.), *Archives Parlementaires, première série (1789 à 1799)*, Tome XLVIII, Paris, 1896, pp. 29–30.

关重要。此即本文所要阐释的问题。

对于这个问题，欧美学者并无根本分歧，几乎一致认为雅各宾派对选举并无明显影响。不过，他们的理由各有不同。革命史权威马迪厄（Albert Mathiez）认为，雅各宾派未能影响选举，是因为巴黎这些激进分子的名望还未远播内陆，而当选的吉伦特派人数较多，是因为他们占据了立法议会的讲坛，且有自己的机关报，控制了舆论。[①]所谓的机关报指的是布里索办的《法兰西爱国者》和孔多塞的《巴黎纪事》。实际上，马迪厄的解释与他亲雅各宾派的政治立场有关，他实际上是在指责吉伦特派虽有民心，却有负重望，龈龈计较，念念不忘与雅各宾派的宿仇。相反，雅各宾派自知人数很少，而能团结不分裂，勇于担负革命使命。

澳大利亚女史家帕特里克对国民公会的政治史研究具有开拓性贡献。在代表作《法兰西第一共和国的人》中，她坚信地方选举议会以温和立场为主，很难发现1793年雅各宾派与吉伦特派冲突的预兆。通过分析1792年选举中的小册子"宣传战"，帕特里克认为雅各宾派选举"失利"的原因是他们未能有力地宣传自己的政治主张。[②]

法国史家葛尼菲在革命研究修正派代表人物孚雷（François Furet）的指导下，完成了第一部关于选举的专门研究。他的观点与上述两位学者没有本质区别，认为在1792年时，雅各宾派尚未形成明显的"党派"意识，故此选举政治宣传也就无从谈起。[③]

马迪厄将雅各宾的失利归结于客观原因，后两位学者挖掘了主观原因。计量史则提供了客观科学的证据。[④]英国史家克罗克的研究结合了两类统计研究的成果。其一是20世纪80年代，以布捷为首的一批法国学者历经多年，全面统计了革命各阶段，各市镇雅各宾俱乐部的发展情况。第二项统计是关

① 马迪厄：《法国革命史》，杨人楩译，商务印书馆，1958年，第184—185页。另一位革命权威乔治·勒费弗尔并不关心选举政治，在其《法国革命史》中对1792年选举只字不提。

② Alison Patrick, *The Men of the First French Republic: Political Alignments in the National Convention of 1792*, The Johns Hopkins University Press, 1972, pp. 139, 155, 170.

③ Patrice Gueniffey, *Le nombre et la raison: la Révolution française et les élections*, Paris: Editions de l'EHESS, 1993, pp. 453-458.

④ Malcolm Crook, *Elections in the French Revolution: Apprenticeship in Democracy, 1789-1799*, Cambridge University Press, 1996, pp. 79-82.

于省选举议会的出席情况。克罗克比照了这两项统计结果，发现在1792年普选中，雅各宾俱乐部分布相对密集的地区，选举议会的出席率很低，相反，在俱乐部分散的东部地区，选举投票参与度反而很高。比如，瓦尔省和下阿尔卑斯省有40多个俱乐部数量，但是选举议会出席率不到15%，相反，夏朗德省选举议会出席率是32%，但是该省只有29个俱乐部。阿韦龙省选举议会出席率超过20%，但该省只有9个派俱乐部。基于这项发现，克罗克认为，在1792年的普选中，雅各宾派在宣传方面比较消极怠工，故此才未能调动民众的选举热情。

以上解释看似都十分合理，又兼有数据支撑，牢不可破，但完全忽视了革命时期的历史语境，偏离了历史的本意，并不合情。这个问题与革命选举研究的发展情况有关。所以，在复原选举语境之前，首先需要了解革命选举研究的现状。

革命选举研究的现状与问题

众所周知，法国大革命研究不仅历史悠久，而且相关论著数量惊人，用"汗牛充栋"来形容也毫不为过。但是，革命选举研究却相对较为薄弱。借用孚雷的说法，该问题是革命历史编纂学里的"穷亲戚"。[①]第三共和国时期曾出现过一批论著，但是基本以地方选举研究为主。[②]20世纪60年代以后，该问题才逐渐受到学界关注。究其原因有二。

首先与现代化理论的兴起有关。这套理论假设，现代化乃是一个波及全世界的，且不可逆转的过程，始于18世纪的欧洲，本质上是从传统社会过渡到现代社会。而传统性与现代性的对立体现在人的价值、观念和政治行为等诸多方面。选举作为一个现代社会重要的政治行为，自然是考察传统向现代转型的重要问题。美国学者埃德尔斯坦以"选举社会学"作为理论模型，以

---

① François Furet, "La monarchie et le règlement électoral de 1789", in Keith Baker et al (eds.), *The French Revolution and the Creation of Modern Political Culture*, Tome I, Oxford: Pergamon Press, 1987, p. 375.

② 比较有代表性的如Ch. Chassin, *Les élections et les cahiers de Paris en 1789*, 4 Tomes, Jouaust et Sigaux, Paris, 1888–1889; François Rouvière, *Le mouvement électoral dans le Gard en 1792: recherches pour servir à l'histoire de la révolution française*, Nîmes: Peyrot-Tinel, 1884。

法国革命时期弃权问题作为主要研究问题，意在分析民众对政治的态度，试图证明尽管较之旧制度，民众的政治觉悟和政治参与皆有明显发展，但是总体上法国革命依旧只是政治现代化历程的起点。①

革命选举受关注的另一个原因是，该问题便于进行统计研究。革命时期的选举档案异常丰富，包括各类选民登记册、会议纪要、选举结果、投票记录等。投票者的职业、年龄、籍贯与政治立场，缺席率和出席率的地区差异、农村和城市政治参与的不同等几乎所有问题都可以进行统计。所以，在计量方法如日中天的年代，选举问题自然受到那些热衷计算的史家的青睐。那个年代的论著中，表格和曲线是最常见的两块内容。这不仅让政治史家对于放弃比如"略有增加""发展较快"一类模糊的表述方式，也推动历史学的科学化。

上述两项动因具有内在联系。现代化本质上是一种通过将传统性与现代性截然分立，而构架起来的二元进化理论，以传统性的衰减和现代性的上升这两种并立的曲线，标识消退与进步的趋势。量化方法则为这种理论提供了一种"可见"的文本化方式。同质的事实经由统计，被组织成可比较的要素，并以图表的方式展现出来。事实便幻化为曲线或数字。由此，要素之间的关系映现为一种视觉印象，具有比文字叙述更可靠的说服力。②以本文分析的问题为例，当克罗克把雅各宾俱乐部地域分布与选举缺席的曲线叠加到一起的时候，此二者之间的反比关系便跃然纸上。这样一来，政治现代化的趋势便可以通过视觉印象加以证实。而史家的任务便是说明这样的趋势何以发生。

现代化提供了理论框架，量化统计提供了研究方法。20世纪中叶以后，革命选举研究的发展便受这方面的推动。不过，问题也随之产生。现代化和量化统计都带有非历史主义的倾向，要么在过去中寻找现代社会的痕迹，要么是用现在去解释过去。过去本身的价值都遭到了忽视。历史的多样性和复杂性皆为数据曲线勾勒的进步趋势所抹杀。那么，这样的解释即便是客观合

---

① Melvin Edelstein, "Vers une 'sociologie électorale' de la Révolution française: la participation des citadins et campagnards (1789–1793)", *Revue d'histoire moderne et contemporaine*, Vol. 22, No. 4 (1975), p. 529.

② Carrard, *Poetics of the New History*, p. 151.

理的，但可能完全不符合历史语境，不符合当时的情理。实际上，这也是革命选举研究最突出的问题之一。

对于历史解释而言，合理与合情皆不可少。简单说来，合理的解释只是提供了一套符合逻辑的因果说明。但是，因果关系本身也应当是历史性的。同样的一组变量，在某时代可能呈现正相关的关系，而在另一语境下很可能毫不相关。举例来说，19世纪的法国，政党关系推动并强化了阶级认同，而在同时代的美国，这两个因素之间毫无关系。之所以会有这样的差异，原因在于两国工人阶级的阶级认同发展有别。所以，历史语境决定了因果关系的具体表现方式。

从这个角度来看，量化研究和现代化理论都不能引出一个合乎历史语境的提问视角。就本文涉及的问题而言，上述史家之所以认定雅各宾派宣传不力，与选举影响不大，是因为他们都假设了竞选与宣传必定会调动民众的参与热情，也会为本党派拉拢更多选票。在现代政党政治下，这样的情况或许合情合理。但是，放在一个前现代的语境下，是否还能行得通，这个问题有待考察。

革命选举的历史语境

1793年初，马赛市镇选举的这个例子有助了解革命选举语境的特殊性。这次选举是为了改选市镇官员，马赛的雅各宾俱乐部不仅积极地起草了候选人名单，而且派出成员前往马赛各区进行宣传，游说选民。此番竞选活动为雅各宾派的候选人赢得了不少选票，但是随后便遭来了大批选民的反对。约有150名公民联名向省府上书请愿，要求此次选举结果作废，重新进行选举。他们认为，雅各宾派的竞选是不合适的，非法的，是在操控选票，甚至有威胁选民意愿的嫌疑。[①]言下之意，他们认为合适的选举，应顺其自然，由选民自由表达他们的意见。

---

① Paul Hanson, "The Federalist Revolt: An Affirmation or Denial of Popular Sovereignty", *French History*, Vol. 6, No. 3 (September 1992), p. 340.

当然，市民的抗议与马赛市镇内部的政治分歧也有一定关系。市府渐为雅各宾派控制，政治上趋向激进，而市镇各区的区委会立场较为温和。这份请愿书的出现可能与此有关。不过，从根本上来说，这番言词透露了一种特殊的历史语境，那就是将现代的竞选行为看作是不正当的政治干涉。此种心态始于旧制度，贯穿了整场革命。

在旧制度末年的语境下，真正的选举被看作是应当如同显而易见的真理一样压倒一切。当时的政治家马布里（G. B. De Mably）说到：把众人聚合起来，共同意见很快就产生了。选举便是这样一种聚合行为，选举的结果应当能反映公意。公意的诞生应是个自然而然的过程，而任何其他力量的介入都被视为对这一过程的阻挠。竞选行为以及设立候选人等方式皆是不可取的，因为这是一种强行引入政治区分，并假设某人优于他人的做法。1791年的一份材料写道："在我国的风俗中，一个人如果恬不知耻到了自己向人民要求选票的程度，最终是不配获得这些选票的。"同样，共和六年《风月法令》第四条规定，对于一个共和主义者来说，坦率的自荐是最光明正大的方式，且无论从哪个角度来说，这种方式都要比阴谋诡计或野心驱使下的暗箱操作好得多。[1]共和六年的一份《取消候选人名单制度的特别委员会报告》表达了与马布里类似的看法："通过选票，把合适的人扶上权位，这种想法最先只是在每个选民心中萌芽，只有到了选举会议上，这样的想法才会成长、开花，一种难以言状的多种因素聚合成的精神电流最终结出硕果：共同的选择产生了，如此公正的选择是任何单个选民所无法完成的。"[2]

在罗桑瓦龙看来，这正是法国式自由主义的体现，即认为自由便是符合自然的，而任何人为的干涉便是扭曲了这个自然过程，是滋生压迫与专制的根源。这种思想最初在重农学派那里得到了最完整的阐述，随后又在抨击行政专权的思潮中获得了动力。重农学派代表人物利维耶尔提出，显而易见的道理是经自由而自然诞生的意志的集合，是政府的指针，可以制衡专制与主

① 皮埃尔·罗桑瓦龙：《法兰西政治模式：1789年至今公民社会与雅各宾主义的对立》，高振华译，生活·读书·新知三联书店，2012年，第48页。
② Patrice Gueniffey, *Le nombre et la raison*, pp. 512–513. 另可参见皮埃尔·罗桑瓦龙：《法兰西政治模式：1789年至今公民社会与雅各宾主义的对立》，高振华译，第47页。

观看法。[1]

可见，任何竞选活动与这样一种政治文化格格不入，本质上被视作一种应受指责的"乞票"行径。除了这层主观原因之外，客观上，革命的选举方式和选举环境等客观原因对此也有影响。

革命时期的选举保留了传统的形式，投票是在一个选举议会上进行。选举会议的召开时间往往定在农忙时节，会影响农民的生活。比如1790年第一届市镇改选定在12月初，但是安省山区的男性公民以往都要在每年11月前往阿尔萨斯打工。所以，农村的选民只参加头几天讨论与投票便离去的情况十分常见。[2]各届议会坚决不允许以地方特殊性为借口，更改法令，在他们看来，这无异于搞分裂。更何况，会期时常持续半月有余，这意味着偏远地区的选民必须要在城里住上两周。吃住都是一笔不小的开销，也是让选民不愿参加选举的原因之一。在地方选举议会的材料中，关于此类问题的争论屡见不鲜。[3]再者，选民需要进行公开讲演，陈述自己的政治态度与立场。但事实上，这项要求难倒了不少选民。即便对那位《百科全书》的出版商庞库克来说，这也不是一件轻松的事。他觉得，只有用英语讲演才自如，因为能听懂的人不多。[4]最后，议会法令从未规定读写能力是履行选举权的前提。而很多选民根本连自己的名字都不会写。比如布兰市拥有110名符合选举资格的积极公民，其中会写字的仅有13人。[5]为了不在选举议会上遭歧视，半途退出选举的人也不少。[6]

这些客观因素看似琐碎，但都会影响民众参与选举的热情。更重要的是，新的选举制度和政治制度虽然确立了，但是旧制度的政治心态并没有消

---

[1]　皮埃尔·罗桑瓦龙：《法兰西政治模式：1789年至今公民社会与雅各宾主义的对立》，高振华译，第58—59页。

[2]　Jules Viguier, *Les débuts de la révolution en Provence*, Paris: L. Lenoir, 1895, p. 85.

[3]　可参见*Département de l'Yonne: Procès-verbaux de l'administration deépartementale de 1790 à 1800*, Tome V, Auxerre, 1903, p. 32; Pierre Duchemin, *Le Canton de Motteville (Yerville) et les Districts de Caudebec-Yvetot et Cany pendant la révolution (1789-1800)*, A. Bretteville, 1897, p. 40。

[4]　Lettre de M. Panckoucke, *a messieurs le président et électeurs de 1791*, C. Simon, 1791.

[5]　Alison Patrick. "French Revolutionary Local Gouvernment, 1789-1792", in Colin Lucas(ed.), *The French Revolution and the Creation of the Modern Political Culture vol. II: The Political Culture of the French Revolution*. p. 412.

[6]　Fernand Evrard, "L'esprit public dans l'Eure (Juillet-Septembre 1792)", *La Révolution Française*, Vol. 66 (1914), p. 409.

散。新划的选区形同虚设，选民依旧以原有的教区作为选举协商的基础，而协商的目的是要推选委托人，代替他们行使选举权，之后自己便不再参与选举。①这表明，在民众心中，选举与其说是践行个人权利的方式，不如说是一种不被压迫的手段。他们宁愿上街游行，或是向各级政府递交陈情书或请愿书。这也正是何以1791年颁布的限制集体请愿权的分立如此难以令人接受的原因。革命时期著名的法学家勒沙伯里耶的讥讽之言实则道出了制度与现实之间的差距，他说人人都在批评那部把法国人分为两类公民的法律，实际上只有不到十分之一的人出席选举会议。②

除此之外，还需要考虑革命时期的政治环境。尤其是在1792年之后，国内政局异常复杂，各种反革命势力甚嚣尘上。各地的选举无疑是各派势力角逐的良机。小册子、传单掀起一波又一波舆论战。其中，既有革命者散发的"疑犯名单"，告诫选民这些人不宜进入选举议会，③也有贵族和其他反革命分子散发的传单，试图恐吓选民，或是煽风点火，乘机作乱。1792年普选中，瓦兹省克雷皮选区就出现了大量流亡贵族和领主引发的小册子。④这些真假难辨的信息致使原本就十分复杂的地方政局变得更为复杂。面对这些宣传，本来就对选举热情不大的选民更会选择退出选举，置身事外，以求自保。奥恩省的卡尼选区选举中漫天散播的嫌疑犯名单就吓退了不少选民。⑤

综合上述几方面原因，可以得出以下结论。首先，革命时期的选举政治文化始终反对任何人为的干涉。与现代社会不同，竞选是遭人厌恶的不当行为。其次，各种现实因素使民众的选举态度十分消极。再加上实际政治氛围日趋紧张，致使选举宣传反而会让民众心生厌恶之情，甚至退出选举。这三方面的原因便构成了理解革命选举的历史语境。在这样的语境下，选举中的

---

① Patrice Gueniffey, *Le nombre et la* raison, pp.216–217.

② Étienne Charavay, *Assemblée électorale de Paris*, Tome II, D. Jouaust, 1894, p. 517. 勒沙伯里耶所谓的两类公民，即积极公民与消极公民。

③ 如里昂、瓦兹省卡尼选区、瓦兹省克雷皮选区、下塞纳省的许多市镇。可参见 Guerre, *Histoire de la Revolution de Lyon. suivie de la collection des pieces justification*, De l'Imprimerie de Regnault, 1793, 书信第 Ⅷ 封，无日期；Désert. *La Révolution Française en Normandie: 1789–1800*. p. 161; Pierre Duchemin, *Le Canton de Motteville (Yerville) et les Districts de Caudebec-Yvetot et Cany pendant la révolution (1789–1800)*, p. 37.

④ Henri Baumont, "Les Assemblées primaire et électoral de l'Oise", *La Révolution Française*, Vol. 47, 1904, p. 147.

⑤ Gabriel Désert, *La Révolution française en Normandie: 1789–1800*, Toulouse: Editions Privat, 1989, p. 161.

宣传与竞选活动很有可能对选举很不利。

在1792年选举中，塔恩省与伊泽尔省的情况能支持上述结论。在塔恩省，卡斯塔尔地区的雅各宾俱乐部在选举中不仅到处张贴告示，还派出专员，教育各阶层公民正确的选举方式，告诫选民应当选举什么样的代表。[①] 同样，伊泽尔省格勒诺布尔雅各宾俱乐部成员强行要求选民佩戴小红帽，以示爱国立场。[②] 但是，雅各宾派并未从选举中胜出，在两省各自入选国民公会的9名代表中，支持雅各宾派的都仅有两人。[③]

塔恩省和伊泽尔省的情况并不特殊。1792年之前，法国有7个省的雅各宾俱乐部数量超过40个，即下阿尔卑斯省、罗讷河口省、吉伦特省、埃罗省、加尔省、洛特-加龙省和瓦尔省，主要分布在法国西南与南部地区。[④] 而在这次普选中，除了罗讷河口省以外，其他6省的选举中，雅各宾派都没有取得明显优势。[⑤] 从另一方面来看，当选的国民公会代表中，约有一半以上的雅各宾派代表集中于14个省，并且在其中每个省，雅各宾派代表占本省代表总人数超过三分之二。换言之，这14个省的选举基本可算是雅各宾派的胜利。[⑥] 但是，这14个省的雅各宾俱乐部都不算多，平均不到20个，总数仅占全国雅各宾俱乐部的18.4%。[⑦] 其中四分之一俱乐部是1792年新建的，未必有足够的声望吸引会众，影响地方选举。

可见，在雅各宾俱乐部分布相对密集的地区，选举会议出席率反较其他地方更低，这并不是雅各宾派选举力度不够所导致，而恰恰是因为雅各宾派进行了选举动员，才导致选民不愿投他们的票。帕特里克、克罗克等学者的解释似乎完全背离了历史语境的本来面目。当然，雅各宾派的当选或落选，

---

① P. Duperon, "Etudes sur la Société populaire de Castres d'après les procès-verbaux de ses séances", 1897, pp. 209–210.

② Jean Nicolas, *La Révolution Française dans les Alpes, Dauphiné et Savoie*, Toulouse, 1989, p. 134.

③ Alison Patrick, *The Men of the First French Republic*, p. 189.

④ 下阿尔卑斯省42个；罗讷河口省57个；吉伦特省有60个；埃罗省48个；加尔省55个；洛特-加龙省47个；瓦尔省60个。见 *Atlas de la Révolution Française (VI): Les société politiques*, pp.102–103.

⑤ 关于雅各宾派与吉伦特派在各省的分布，参见 Alison Patrick, *The Men of the First French Republic*, p. 189.

⑥ 即下莱茵河省、杜省、科多尔省、索恩-卢瓦尔省、瓦尔省、多尔多涅省、多姆山省、旺代省、萨尔特省、瓦兹省、北方省、马恩省、卢瓦尔-谢尔省、安德尔-谢尔省。共提供93名雅各宾派代表，占这些省代表总数的67%。

⑦ 根据布捷等学者的统计，截至1792年底，法国共有雅各宾俱乐部1561个。

也可能与其他一些偶然因素有关，地缘政治和地方内部政治关系也会造成一定的影响。上述分析并非要穷尽影响选举结果的所有原因，而只是试图说明革命选举竞选与选举宣传的影响有其特殊的历史语境，如果偏离了这个语境，那么得出的解释即便逻辑上说得通，也是站不住脚的。

余论

对现代人来说，选举不是一个陌生的现象，它从未被历史尘封，而选举中的宣传、竞选、投票等方式也被当作选举政治与生俱来的固有的组成部分。这和屠猫不一样，既不会引人发笑，也不会让人觉得荒唐，以致人们都觉得选举一事向来如此，既无历史性，也无情景性。而面对法国大革命这样一个被称为现代政治文化之母的历史事件，类似的质问更显得多余了。

本文证明现代选举的诞生远比人们所设想的要复杂得多。在法国革命时期，尽管新的选举制度已经确立，呼吁个人权利的小册子和陈情书也不计其数，但是团体政治文化的心态已然根深蒂固，以致践行个人权利还是一件有待学习的事情。制度与实践之间存在很大的差距，而政治话语也决不能看作对现实的真实反映。实际上，这都反映了法国革命特有的内在张力，即一个现代政治空间与一个依赖于传统心态的社会之间的张力。选举无疑是公民权发明的场所，但同时也是现代原则与传统社会交锋的舞台。本文梳理并分析的现象与问题本质上反映了传统社会对个体权利民主的抵制。[1]历史语境是理解这些矛盾与张力的出发点。

（张弛，浙江大学人文学院历史系副教授）

---

[1] Patrice Gueniffey, *Le nombre et la raison*, pp. 216–217, 226.

重新书写法国反革命的历史
——《1789—1799 年法国的反革命、大革命和国民》及其他

李　倩

　　对法国大革命的抵制和反抗伴随大革命的始终。然而大革命爆发两百多年来，法国人撰写的严肃的反革命史学术作品却寥寥无几。根据法国第一位对反革命现象进行整体考量的史学家雅克·戈德肖（Jacques Godechot）的统计，19世纪至20世纪上半叶，法国学界从整体上考察反革命的著作仅有两部。[①]在左翼史学长期具有主导影响的20世纪法国，反革命的历史一直处于大革命史学的边缘地带，只有一些赞同和拥护反革命的人在偏执地谈论它。尽管对反革命的轻视、忽略或贬低从未停止或消失，20世纪下半叶以来，一些大革命史学家试图扭转这种倾向，并且取得了一定的进展。[②]在这股史学

<hr>

[①]　1924—1925年埃马纽埃尔·万特利尼（Emmanuel Vingtrinier）的两卷本著作《反革命：第一阶段（1789—1791年）》（*La Contre-Révolution: Première période, 1789–1791*）叙述了大革命初期的政治反革命活动，但是未谈论革命思想，而且由于作者的去世只写到1791年3月。1935年路易·马德兰（Louis Madelin）的《大革命期间的反革命》（*La Contre-révolution sous la Révolution*）谈论了1789年至1815年间法国反革命政治活动，后世的史学家对它的评价普遍偏低，认为它肤浅又平庸；此外，关于反革命思想，马德兰也是只字不提。参见 Léon Lévy-Schneider, "Emmanuel Vingtrinier, La Contre-Révolution. Première période. 1789–1791", *Revue d'histoire de l'Église de France*, Volume 11, Numéro 53（Année 1925）, pp. 545–550; Jacques Godechot, *La contre-révolution : doctrine et action, 1789–1804*, Presses Universitaires de France, 1961, p. 1.

[②]　1961年雅克·戈德肖的《反革命：学说和行动（1789—1804年）》（*La Contre-Révolution: doctrine et action, 1789–1804*）出版。以往的法国左派和共和派史学家不研究反革命，戈德肖此著可谓前无古人。不过，有学者批评该著忽略了宗教反革命，见 Émile Poulat, "Jacques Godechot, La Contre-Révolution (1789–1804)", *Archives de sciences sociales des religions*, No. 60/2 (1985), p. 255. 斯特凡·里亚尔（Stéphane Rials）的论文集《19世纪的革命和反革命》（*Révolution et Contre-Révolution au XIXe siècle*, 1987）广泛探讨了19世纪的政治运动，并且提请读者应重新发现法国右派的历史。《反革命或令人绝望的历史：政治思想史》（*La contre-révolution, ou, L'histoire désespérante: histoire des idées politiques*, 1989）的作者热拉尔·让博（Gérard Gengembre）受到孚雷《思考法国大革命》一书的影响和启发，立志于"思考反革命"，不过他仅仅书写反革命思想，而且过于抽象地把反革命解释为一种同义反复："与他者（l'Autre）相对抗，反革命（下转）

新潮流中，法国大革命史学家让-克莱芒·马丹继续推陈出新，其《1789—1799年法国的反革命、大革命和国民》（以下简称为《反革命》）[①]问世至今已经成为一部里程碑式的著作。《反革命》一书正文部分300页的篇幅不算十分厚重但是浓度很高，作者在吸收前人研究成果的基础上，探讨了1789年至1799年整整十年间纷繁复杂的历史。此著不仅力图突破以往大革命传统史学贬低甚至妖魔化反革命的旧习，亦与30多年前戈德肖把反革命思想和行动完全分开的叙述模式截然不同。它开创了反革命史研究的新方法和新视野，面世以后对有关法国乃至整个西欧地区的反革命史的书写产生了重要影响和引领作用。

在很长时期内，反革命都被视为具有统一意识形态的一个整体运动，因共同的保王主义立场而保持一致。即便是戈德肖研究反革命的经典著作，仍然承袭了传统史学的观点，即反革命是18世纪80年代贵族反叛的逻辑延续，在革命的辩证法里，它是统治阶级抵抗的必然结果，也是无法避免的。[②]马丹在序言中明确反驳了反革命在行动上和思想上的统一性。不过，正如20世纪60年代以来的部分研究进展所显示的，承认反革命的复杂、异质和多元，导致了相关研究越来越趋于碎化。那么，能否以及如何从整体上综合阐述这样一个多维度的现象？

反革命在字面上与大革命相对立，但似乎与大革命不对等，因为它看起来只是对大革命的被动反应或者反动。法国大革命两百周年前夕，美国修正主义史学家唐纳德·萨瑟兰在《1789—1815年的法国：大革命和反革命》一书中表示，在学术研究中应该赋予反革命与大革命同等的重要性。[③]在《反革

（上接）不知疲倦地一再重复着自我（le Même）。但是这个自我是从他者转化而来的。"让·蒂拉尔（Jean Tulard）主编的论文集《反革命的起源、历史和后续》（*La contre-révolution. origines, Histoire, postérité*, 1990）展现了18世纪末到19世纪上半期反革命的政治、思想、行动及其复杂性，马丹指出此书仍然强调了反革命在思想理论上的统一。

① Jean-Clément Martin, *Contre-Révolution, Révolution et Nation en France, 1789–1799*, Paris : Seuil, 1998.

② Clarke Garrett, "The Myth of the Counterrevolution in 1789", *French Historical Studies*, Vol. 18, No. 3 (Spring, 1994), pp. 784–800.

③ Donald M. G. Sutherland, *France 1789–1815: Revolution and Counter-revolution*, Oxford University Press, 1986.

命》中，马丹开门见山地提出，"大革命不是一个孤独又疯狂的拳击手进行自我搏击的拳击场"，"大革命和反革命无法离开对方而存在，然而后者却处于前者制定的思考框架之外"。①他明确表示，反革命史的构建必须突破既有的史学范式，"摒弃史学记忆"。②不再遵循以往僵化的善恶二元划分，马丹提出："大革命和反革命具有相同的文化进程和政治进程"，③两者无法彻底割裂。不理解反革命，就无法理解大革命，反之亦然。这个方法和思路令人耳目一新。需要补充的一点是，尽管马丹把大革命与反革命置于同一个解释框架内，他并不认为反革命代表了"大革命的精确的反面"④。

反革命在行动上、思想上的异质特点，不可避免地产生了一个定义和鉴别的问题。反革命史研究的对象和范畴是什么？如果说，至少在一定时期内，存在一个关于革命者的最低定义，即拥护1789年原则的人，那么，给反革命者下一个这样的定义则困难得多。⑤"革命者"这个词的反义词是什么：抵抗革命的人？非革命者？改革的反对者？彼此之间强烈敌对的反革命者？被当作革命者的实际上的革命者？⑥大革命200周年纪念后不久，法国修正派史学家朗·阿雷维在一篇短文中指出，反革命不仅是与大革命敌对的一种话语，它亦是被大革命使用的一种话语。⑦与阿雷维的观点相近，马丹更加明确地摒弃了以往单向度的研究视角。他指出，"反革命"过去常常被理解为流亡贵族、天主教和保王主义思想家、旺代起义军以及朱安党人等组成的一个非道德的敌对联盟，如今他的研究对象不再局限于这些狭义上的反革命者。鉴于所有抵制过大革命的人都曾经被冠以"反革命"之名，英国史学家诺曼·汉普森（Norman Hampson）等人因此甚至质疑反革命本身是否真的存在。马丹不赞同英语世界的修正派史学家把反革命神话化的倾向。他提

---

① Jean-Clément Martin, *Contre-Révolution, Révolution et Nation en France, 1789–1799*, p. 11.

② Jean-Clément Martin, *Contre-Révolution, Révolution et Nation en France, 1789–1799*, p. 11.

③ Jean-Clément Martin, *Contre-Révolution, Révolution et Nation en France, 1789–1799*, p. 9.

④ Jean-Clément Martin, *Contre-Révolution, Révolution et Nation en France, 1789–1799*, p. 9.

⑤ Ran Halévi, "La contre Révolution", *Histoire, économie et société*, 10e année, Le concept de révolution, No. 1 (1991), pp. 29–32.

⑥ Pierre Serna, "J.-C. Martin, Contre-Révolution, Révolution et Nation en France, 1789–1799", *Politix*, Vol. 12, No. 46 (Deuxième trimestre 1999), pp. 167–173.

⑦ Ran Halévi, "La contre Révolution", pp. 29–32.

出，1789—1799年间的反革命逐步把法国社会分割为两大阵营，而反革命者的范围不断扩大且彼此各不相同，所以他要研究的，恰恰是大革命的这些不同反对者们被定性为"反革命"的每一个特定时刻，是"反革命"的定义发生变化的每一个时刻。通过仔细考察十年间革命与反革命的复杂对抗和动态演变，马丹试图以中立的态度"从历史的角度理解一群模糊不清的来自各个方面的对大革命的'抵制'是如何被揭发、被认定，然后得到承担，直至展现为一场清晰的运动"。①

鉴于大革命期间"反革命"的内涵不断扩大，"直至最为革命的斗士也被裹挟进来"，②马丹首先以近乎语义学家的专业态度对"反革命"一词的用法进行了考察。③他强调，语义上的争论在革命政治进程中至关重要，因为这个进程具有非同寻常的革新意义："当所有政治和社会关系都被推翻，尤其为了赋予事件以意义而必须重新创造政治和社会关系的时候，词语的含义却与事件脱离了。然而，正是这些事件本身使用了这些词。"④大革命期间"反革命"含义的多变和难以界定似乎令人感到无从着手予以研究。对此，马丹提出了一个独到的见解。在他看来，词义的模糊并非理解的障碍，恰恰相反，这种模糊是与当时的冲突状态相对应的，而正是那个冲突状态孕育产生了法国持续至今的政治体系。由此马丹也部分地回答了为什么要重新研究反革命这一根本问题：研究反革命，有助于"理解1789—1799年间法国出现的新的政治形态"⑤。

在法语语境下，"革命者"（révolutionnaire）的反义词有时是"anti-révolutionnaire"，有时则是"contre-révolutionnaire"，⑥两个词在中文里都可译为"反革命者"。大革命史学界对二者的争论可以追溯到20世纪70年代至80年代。与以往那种从个人立场出发为反革命辩护的研究取向不同，这一时期的史学家试图客观地看待和审视反革命。然而令一些史学家尤其左派史

---

① Jean-Clément Martin, *Contre-Révolution, Révolution et Nation en France, 1789-1799*, pp. 9-10.

② Jean-Clément Martin, *Contre-Révolution, Révolution et Nation en France, 1789-1799*, p. 302.

③ Jacques Guilhaumou, "Jean-Clément Martin, Contre-Révolution, Révolution et Nation en France, 1789-1799", *Annales, Histoire, Sciences Sociales*, 58ᵉ Année, No. 1 (January-February, 2003), pp. 247-249.

④ Jean-Clément Martin, *Contre-Révolution, Révolution et Nation en France, 1789-1799*, p. 10.

⑤ Jean-Clément Martin, *Contre-Révolution, Révolution et Nation en France, 1789-1799*, p. 12.

⑥ Jean-Clément Martin, *Contre-Révolution, Révolution et Nation en France, 1789-1799*, p. 10.

学家感到困惑的一点是，当研究法国南部和西部普通民众对大革命带来的变化做出的反应和抵制时，他们发现，与那些从一开始就公然拒绝大革命的流亡贵族不同，绝大多数外省民众曾经对1789年春夏季的革命事件表示了欢迎，对路易十六被审判和处死也没有多少反应。[①] 这些随后转而反对大革命和共和国的人显然并不想恢复旧制度，"只不过他们也不想接受大革命对旧制度做出的取代"。[②] 鉴于此，英国史学家科林·卢卡斯、理查德·科布纷纷提议，不带有确切的意识形态含义的"anti-révolution"一词，以及"counter-terror"（反恐怖）、"counter-Jacobinism"（反雅各宾主义）等术语，比"counter-révolution"更适合描述外省对大革命的抵制及其"朴素起义"之特征。[③] 1985年9月法国西北部城市雷恩召开的主题为"对大革命的抵抗"的学术研讨会再次谈到了"anti-révolution"概念。克劳德·马佐里克提出："contre-révolution"一词表达的是针对大革命的计划或政治策略；民众的"anti-révolution"则是各种互不一致敌对的总和，这些反抗出现于大革命的不同时刻，产生自特定的形势或动机。[④] 雷恩会议的与会学者反对把反革命理解为对大革命的简单否定或单纯的反动，提出要还原这些"抵抗"的多样性、复杂性和意义。此次会议以及随后出版的论文集，如同文集编者所说，构成了大革命史学史上"一个真正的历史事件"。[⑤]

　　概念上的这一细微差别有助于区分大革命反对者的动机和行为，也有助

[①]　Clarke Garrett, "The Myth of the Counter revolution in 1789", *French Historical Studies*, Vol. 18, No. 3 (Spring, 1994), pp. 784–800; Ran Halévi, "La contre Révolution", *Histoire, économie et société*, 10e année, No. 1 (1991), Le concept de révolution, pp. 29–32.

[②]　William Doyle, "Revolution and Counter-Revolution in France", E. E. Rice (ed.), *Revolution and Counter-Revolution*, Oxford, 1991, p. 101, 转引自 Clarke Garrett, "The Myth of the Counterrevolution in 1789", *French Historical Studies*, Vol. 18, No. 3 (Spring, 1994), pp. 784–800。

[③]　Colin Lucas, "Résistances populaires à la révolution dans le Sud-Est", *Mouvements populaires et conscience sociale, XVIe—XIXe siècles*, Paris, 1985, pp. 473–85; Richard Cobb, *Reactions to the French Revolution*, London, 1972, pp. 8–16, 转引自 Clarke Garrett, "The Myth of the Counterrevolution in 1789", *French Historical Studies*, Vol. 18, No. 3 (Spring, 1994), pp. 784–800; Jean-Christian Petitfils, "Les origines de la pensée contre-révolutionnaire", Jean Tulard (dir.), *La contre-révolution. origines, Histoire, postérité*, Paris : Librairie Académique Perrin, 1990, pp. 15–34.

[④]　Claude Mazauric, "France révolutionnaire, France révolutionnée, France en Révolution : pour une clarification des rythmes et des concepts", *Annales historiques de la Révolution française*, No. 272, 1988, pp. 127–150.

[⑤]　François Lebrun, Roger Dupuy, *Les Résistances à la Révolution: actes du Colloque de Rennes,* (17—21 septembre, 1985), Paris: Imago, 1987.

于远期地评估反革命运动的失败原因。[①]但也有学者对使用"anti-révolution"一词来指代民众对大革命进程的抵制陆续表示了不同程度的质疑。让-克里斯蒂昂·帕蒂菲斯明确表示，由于大革命本身复杂多变，把"contre-révolution"定义为"anti-révolution"，必然就等于清空了这个词的全部含义。[②]马丹的态度更加谨慎，他不反对"anti-révolution"一词的提出和使用，但他主张不要急于给两种反革命归类，"因为要等到随后的年月才合适"[③]。

对反革命史的书写一般以1789年为开端，如同英国史学家威廉·多伊尔所说："作为一场运动，一旦有一场革命可以反对，反革命就开启了。"[④]马丹则继续向前追溯，从旧制度末期的历史中寻找反革命的渊源。第一章以"反革命起初就存在"为题，指出虽然"反革命"一词基本上到1790年或1789年秋季才出现，但是反革命的"政治事实早已有之"[⑤]。大革命期间排斥异己的传统早在前革命时代就已经存在，而且不止一个来源：一是君主制时代"驱逐新教徒、迫害冉森派以及镇压卡米扎尔起义"的传统，旧制度末期的贵族重新利用了它；另一个传统来自卢梭的社会契约理论，它得到反革命者和革命者的共同认可。[⑥]从旧制度末期围绕特权、改革的矛盾冲突中，反革命诞生了。与戈德肖的看法不同，马丹认为反革命从一开始就已经输了：它起初以自由之名动员了民众，却在1788年三级会议筹备之际又抛弃了他们。[⑦]特权者中间最激进的教士出于对三级会议转变为制宪议会的厌恶而走到一起，组成了议会里的"黑党"（les Noirs）。"贵族"（aristocrate）一词具有了新的政治含义，它与"爱国派"之间的二元对立将分裂1789年的法国。[⑧]

①   Michel Biard, Pascal Dupuy, *La Révolution française: dynamique et ruptures, 1787–1804*, Paris: Armand Colin, 2008, p. 222.

②   Jean-Christian Petitfils, "Les origines de la pensée contre-révolutionnaire", Jean Tulard (dir.), *La contre-révolution. origines, Histoire, postérité*, Paris : Librairie Académique Perrin, 1990, pp. 15–34.

③   Jean-Clément Martin, *Contre-Révolution, Révolution et Nation en France, 1789–1799*, p. 103.

④   William Doyle, *The Oxford History of the French Revolution*, 2nd edition, Oxford University Press, 2002, p. 297.

⑤   Jean-Clément Martin, *Contre-Révolution, Révolution et Nation en France, 1789–1799*, p. 15.

⑥   Jean-Clément Martin, *Contre-Révolution, Révolution et Nation en France, 1789–1799*, pp. 30–31.

⑦   Jean-Clément Martin, *Contre-Révolution, Révolution et Nation en France, 1789–1799*, pp. 38–44.

⑧   Jean-Clément Martin, *Contre-Révolution, Révolution et Nation en France, 1789–1799*, pp. 44–52.

第二章以"在anti-révolution和contre-révolution之间（1789年8月—1791年6月）"为题，首先分析了大革命初期中间道路的失败和妥协的不可能，革命政治的激进程度也解释了为何中间派难以立足。保王主义者在巴黎和地方上组建起反革命俱乐部策划一系列阴谋，出版报刊进行舆论宣传和煽动，国外流亡者的反革命团体与法国地方上的反革命也建立起千丝万缕的联系。这些缺乏统一的抵制显示出，保王主义者内部的分裂和困局导致他们往往采取了"最糟糕的政治"①。自1791年起，公开的反对派被禁止，反革命的含义由"大革命和爱国派的敌人"转变为"国民的敌人"②。与作为政治运动的反革命相比，反革命在哲学领域对大革命的抵制最有成效。不过，马丹特意指出，在事实层面，诸如柏克的看法并没有获得英国政府的重视和采纳。③鉴于反革命在思想层面的影响——尤其到1814年和1815年以后——更为持久，有学者甚至表示："整个19世纪，或者说几乎整个19世纪，都是反革命的。"④马丹则认为不应该把反革命思想的影响绝对化，他在全书的结语部分再次提到了这一点。

第三章"观点的激进化和转变（1791年6月—1792年9月）"，从国王逃跑事件写起，直至国王被废黜。随着政治两极化的不断加剧，"激进主义反革命"出现了，包括国内的保王主义报刊、保王主义联络网，以及法国以外人数迅速增加的流亡者、流亡者的军队、间谍网。另一方面，更加令反革命者而非令革命者感到意外的是，乡村的抵制行为赋予反革命民众基础。"反革命"的含义随之再次发生了改变。⑤这一时期出现了大革命的又一个重要转折，即法国对外战争的爆发。战争的意识形态原则与法兰西国民之间的共生关系，导致"国民的定义转变为狭隘的民族主义，普世主义转变为对反对派的消灭，革命语言凝固为一种注定会持久的善恶二元主义"。⑥伴随着1792年政治暴力的释放，最初以国民的名义反对王权的改革派显贵们由灾难的始

---

① Jean-Clément Martin, *Contre-Révolution, Révolution et Nation en France, 1789–1799*, pp. 65–85.

② Jean-Clément Martin, *Contre-Révolution, Révolution et Nation en France, 1789–1799*, p. 96.

③ Jean-Clément Martin, *Contre-Révolution, Révolution et Nation en France, 1789–1799*, pp. 98–102.

④ A. B., "Jean Tulard (dir.), La contre-révolution", *La Revue administrative*, 43e Année, No. 257 (Septembre-Octobre, 1990), p. 482.

⑤ Jean-Clément Martin, *Contre-Révolution, Révolution et Nation en France, 1789–1799*, pp. 113–127.

⑥ Jean-Clément Martin, *Contre-Révolution, Révolution et Nation en France, 1789–1799*, pp. 128–136.

作俑者转而成为暴力的目标。[①]

第四章"反革命的扩大化和工具化（1792年9月—1793年10月）"指出，这一时期反革命持久不息的同时，亦被革命者工具化，成为政治斗争的手段，这个词由此"获得的额外含义至今也未从法国消失"[②]。审判和处死国王，一方面促使流亡的亲王们获得欧洲国家的支持，从而给大革命带来更多的外敌，另一方面则加剧了吉伦特派与雅各宾派之间的冲突和对抗。革命者内部的分裂使得联邦主义运动也进入了反革命阵营。法国史学界对地方上的反革命已经有不少研究成果，马丹本人就是研究旺代问题的专家。他指出，各地乡村民众进入反革命阵营的原因各不相同，况且这些运动也"未能创建一个统一的动力"，它们所体现的"更多是一种怀旧和对参与的拒绝"[③]。联邦主义危机过后革命者一方变得更加团结和强大，而反革命的事业经过旺代的短暂辉煌之后陆续垮台了。

第五章"有关反革命的侧滑（1793年7月—1794年12月）"，聚焦恐怖。当反革命的边界吞噬了所有革命群体，马丹表示，历史学家与其沉溺名实是否相符之辩，不如去解释有关反革命的谴责为何以及如何"抵达了革命机制的核心"[④]。与修正学派的看法不同，马丹认为大革命并非单纯地由思想支配和操纵，他也不赞成把法国大革命与极权国家的诞生联系在一起。在他看来，"恐怖更多的是误入歧途的民主实践的结果，而非国家的操纵手段"[⑤]。热月政变凸显了革命内部的斗争，它同时伴随了一个进程的完成，即"大革命的合法性逐渐被缩减为一套学说和一个由若干个人组成的不断缩小的核心，进而失去对社会现实的所有控制"。马丹认为，正是这个进程的完成，而非命运，解释了原本占据了革命中心的罗伯斯庇尔的突然失势[⑥]。在革命政治的另一极端，以德迈斯特为代表的极端反革命对大革命的谴责是一种反人道主义的谴责，而"恐怖时期共和国要构建的是一种博爱的、具备美德的人道主

---

① Jean-Clément Martin, *Contre-Révolution, Révolution et Nation en France, 1789–1799*, pp. 137–144.
② Jean-Clément Martin, *Contre-Révolution, Révolution et Nation en France, 1789–1799*, p. 147.
③ Jean-Clément Martin, *Contre-Révolution, Révolution et Nation en France, 1789–1799*, pp. 163–164.
④ Jean-Clément Martin, *Contre-Révolution, Révolution et Nation en France, 1789–1799*, p. 197.
⑤ Jean-Clément Martin, *Contre-Révolution, Révolution et Nation en France, 1789–1799*, pp. 203–207.
⑥ Jean-Clément Martin, *Contre-Révolution, Révolution et Nation en France, 1789–1799*, pp. 233–236.

义，以此来取代旧制度时代君主制和等级制度下冷酷无情的关系"。所有反对这一革命蓝图的人，包括反革命者在内，都成为"人类的敌人"①。

第六章概括叙述了1795年至1799年"反抗大革命的反革命"。热月政变以后，反革命的定义不再模糊难辨，也不再不停变化，仅仅指代那些参加过明确的反革命活动的人。这一时期的反革命由上层进行组织并且尝试了三次夺权行动，不过均以失败告终。②即便1796年反革命者赢得了选举，由于内部的分裂和衰弱无能，他们无法把胜利转化为对立法权的有效控制。③1799年标志着新的历史阶段的开启，波拿巴以国民团结的名义终结了革命和反革命在国家生活中的根本对立。④

除了反革命和大革命，"国民"作为第三个主题被纳入进来，构成了《反革命》的另一个独特视角。马丹坦言，大革命与反革命的对立并不能涵盖和解释当时的全部历史，但是这个对立有助于阐释和理解二者之间"排斥的螺旋"如何以大革命的名义把一切反革命对手陆续从国民中排除出去，以此试图构建一个统一团结的国民。马丹总结了反革命在法国国民创生过程中所起到的作用："反革命参与了法国社会大众的政治化。它既非一种附加现象，也不是一种附属物，而是长期引发争论的一个对等物。"⑤因此，对反革命史的研究不可或缺且至关重要。

如同马丹的其他专著，《反革命》一书也保持了严肃的学术性。不过，它还与特定的学术史背景密切相关。马丹自20世纪80年代初便致力于对旺代历史的研究，然而从80年代中期起他遭遇了一位学术上的宿敌——雷纳德·赛榭（Reynald Sécher）。后者受到汉娜·阿伦特以及法国修正史学的影响，阐述了一个关于旺代战争的新观点：这是一场由革命政府组织的"种族灭绝"。赛榭还创造了一个新词"mémoricide"（意为"记忆灭绝"），提出应该捍卫有关旺代的记忆。赛榭的一系列著述在法国引发了很大的争议。马丹

---

① Jean-Clément Martin, *Contre-Révolution, Révolution et Nation en France, 1789–1799*, pp. 211–216.

② Jean-Clément Martin, *Contre-Révolution, Révolution et Nation en France, 1789–1799*, p. 245.

③ Jean-Clément Martin, *Contre-Révolution, Révolution et Nation en France, 1789–1799*, pp. 275–285.

④ Jean-Clément Martin, *Contre-Révolution, Révolution et Nation en France, 1789–1799*, pp. 245–246.

⑤ Jean-Clément Martin, *Contre-Révolution, Révolution et Nation en France, 1789–1799*, p. 13.

陆续撰写了多篇学术批评文章，其中指出，赛榭缺乏研究旺代问题所需的知识储备，因为后者使用的史料片面又局限，许多引述也存在明显的断章取义，而且，赛榭的著作中还存在着诸如人名的拼写错误、单复数的错误、年代日期的错误以及统计数据的不准确等各种理应避免的低级错误。[1]马丹始终反对把旺代战争定性为一场种族灭绝，他不否认旺代战争给法国带来的创伤，但是他认为旺代战争与诸如20世纪犹太人遭受的种族灭绝不可混为一谈，因为前者本身不存在国家的逻辑。在马丹看来，赛榭的作品很难算得上"科学的历史学"著作，赛榭通过旺代问题试图全盘否定法国大革命的做法也是站不住脚的。了解这一史学争论背景，有助于理解《反革命》一书行文即将结束时，马丹的笔调为何变得更具论战色彩。

在结语中，马丹强调不应该忽视政治传统所属的历史背景的重要性，并且进一步指出，"历史背景充满了矛盾和意外，它更多地由偶然和冲突而非由思想所构建。"[2]这个看法部分地体现出作者对修正史学以意识形态决定论解释大革命进程的扬弃。按照作者自己的说法，他撰写的反革命史更多地聚焦责任而非因果关系。他并不赞同对反革命者进行事后诸葛亮般的指责，但他认为"有必要超越那些从这种制度的本质或者那种理论的功效中寻找解释理由的徒然争论"。[3]他提醒读者，不要忽略和忘记极端反革命在大革命的激进化过程中应负的责任："最早煽动了排斥妥协的集体思想框架的人，是激进的反革命者，他们诱发了激进革命者的反击并且使之长久不息"，[4]从而加剧了法国的政治和社会斗争的极端程度。马丹的结论之一是，最顽固的而且最无视自己的选择后果的那些反革命者，对大革命进程尤其对恐怖负有重大责任。[5]这是一个重要的别具一格的观点。可以说，作者书写了一部由个人对自己的选择负责的责任史，由此既潜在地纠正了修正史学从革命政治内部的动力机制中寻找对革命暴力和恐怖的解释的做法，也反驳了赛榭借用极权主

---

① Jean-Clément Martin, "Reynald Sécher, Le génocide franco-français, la Vendée-Vengé", *Annales, Économies, Sociétés, Civilisations*, vol. 41, No. 5 (1986), pp. 1009–1012.

② Jean-Clément Martin, *Contre-Révolution, Révolution et Nation en France, 1789–1799*, p. 306.

③ Jean-Clément Martin, *Contre-Révolution, Révolution et Nation en France, 1789–1799*, pp. 307–308.

④ Jean-Clément Martin, *Contre-Révolution, Révolution et Nation en France, 1789–1799*, p. 300.

⑤ Jean-Clément Martin, *Contre-Révolution, Révolution et Nation en France, 1789–1799*, p. 307.

义理论先验地考察和评判大革命之价值取向。然而这个观点难免带有另一种激进色彩。或许马丹自己也意识到这一点，所以在全书的结尾又附上一句解释，坦然承认了自己并不超然的立场："把这部分责任归结到历史的参与者头上"，跟历史书写者对当下的感受有关。换句话说，"对过去的叙述，首要目的在于以历史上的参与者来构建当下"。[1]这个解释重新回到了克罗齐有关"一切历史都是当代史"的那个古老话题，同时也显示出法国左派史学传统在历史阐释方面仍然根深蒂固的影响力。

尽管史学家的中立态度只能是相对的，从马丹这部著作亦可看出，其思考的深度和学术贡献并没有因此受到全然的损害。与《反革命》的结语中稍显矫枉过正的措辞相比，2012年，在一篇直接针对赛榭的论战文章里，马丹进一步陈述了应该坚持严谨的历史编纂和书写之主张：历史学家的解释扎根于历史的实际中，"事实的构建没有报酬，也不需要报酬，它本身已足够"。[2]

由于使用的研究方法、提出的观点、得出的结论都具有新意，《反革命》甫一问世就迅速在大革命史学界引发广泛关注。此著代表了大革命史领域的一个新趋势，对于重新思考反革命在法国大革命中的角色和作用具有重要转折意义。《反革命》一书问世至今，对反革命史的研究不断涌现新观点、取得新进展，显示出蓬勃的生机和活力。

对两类反革命的区分继续引发争议。首先，史学家们常常感到很难对二者做出明确的区分：没有资料显示出这些人自己意识到属于这个或那个范畴；恰恰相反，他们的动机往往令他们觉得是在为相同的事业而战斗。[3]如果把目光投向19世纪，诸如米什莱（Jules Michelet）这样的大革命史学家已经在交替地使用这两个词。[4]其次，有学者对使用"抵抗"一词是否合适

---

[1] Jean-Clément Martin, *Contre-Révolution, Révolution et Nation en France, 1789–1799*, p. 308.

[2] http://www.causeur.fr/vendee-ou-est-le-genocide-19698.html

[3] Michel Biard, Pascal Dupuy, *La Révolution française: dynamiques et ruptures, 1787–1804*, Paris: Armand Colin, 2008, p. 222.

[4] Loez André, Offenstadt Nicolas, "Un historien dissident? Entretien avec Arno J. Mayer", *Genèses*, 4/2002, No. 49, pp. 123–139.

提出了公开质疑。美国史学家阿诺·梅尔在一次访谈中表示，1985年雷恩会议的与会者以复数形式的"抵抗"（résistances）部分地取代了"反革命"（contre-révolution），这个做法在他看来无异于对反革命现象的美化。梅尔指出，在法国，没有什么比这个产生于第二次世界大战法国抵抗运动的"抵抗"（résistance）概念更加崇高了。"反革命"一词显然在政治上更加令人厌恶。[①]

另一方面，对两类反革命的讨论不断深入。2000年至2008年间马丹出任巴黎法国大革命史研究所所长，这期间（2001年）他主编出版了一本会议论文集《18至19世纪欧洲的反革命：政治和社会现实，文化和思想共鸣》。1999年10月，继14年前著名的雷恩研讨会之后，欧洲多国史学家齐聚法国西北部的绍莱市（Cholet），召开了一场新的学术会议。与会学者在总结过去20多年来学术成果和研究路径的基础上，广泛探讨了长期在欧洲历史话语中缺席的或主流或边缘的各类反革命。其中讨论的一个重点是南欧地区的反革命。有新观点认为，葡萄牙农民的活动超出了"anti-révolution"的范围却又未达到"contre-révolution"的程度，进而提出，即便"anti-révolution"的概念也不足以甚至不适合分析葡萄牙的复杂情况，因为那里的反革命中间存在着对改革的普遍期待。[②]近年来有学者指出，热月政变后的法国除了那些可识别的反革命者，还存在一群谨言慎行的沉默人士。他们或许是不愿发声，或许是不能发声。对史学家而言，这些脱离政治时代、以"非革命"（l'a-révolution）或者"去革命"（la dérévolution）进行自我定位的人，很难归类。许多居民尤其乡村居民试图走这条路，他们默默关注着革命事件的进展，并且与之保持了距离。[③]如此看来，"反革命"的界定问题仍然有待于未来史学家的进一步探讨，反革命史的研究范围也将继续扩展。

一个新的研究倾向是，不再纠结于争论两类反革命之间的差别。马丹在《反革命》的结语部分已指出，反革命在地方上力量的壮大令它失去了精英

---

① Arno J. Mayer, *The Furies: Violence and Terror in the French and Russian Revolutions*, Princeton University Press, 2000; Loez André, Offenstadt Nicolas, "Un historien dissident? Entretien avec Arno J. Mayer", pp. 123–139.

② José Tengarrinha, "Paysannerie et Contre-Révolution au Portugal", Jean-Clément Martin (dir.), *La Contre-Révolution en Europe, XVIIIe—XIXe siècles, Réalités politiques et sociales, Résonances culturelles et idéologiques*, Presses Universitaires de Rennes, 2001, pp. 279–290.

③ Michel Biard, Pascal Dupuy, *La Révolution française: dynamique et ruptures, 1787–1804*, Paris: Armand Colin, 2008, p. 230.

主义的特点,却也赋予它一个扩大了的社会基础,学术界对这个社会基础的研究仍然是不充分的。[1]2011年马丹主编的《反革命词典》在巴黎问世,作者们试图超越论战或拥护者的立场,以全新的视角全面考察法国、欧洲甚至世界范围内的对1789年遗产的抵制。该词典试图指出,反革命作为一场历史运动,两个世纪以来在社会、政治、哲学、宗教、文学、文化等领域扮演了重要的角色。[2]

反革命史研究领域里这些存在争议或者仍待解决的问题,为史学家们寻求新的突破提供了契机。

(李倩,华东政法大学科学研究院助理研究员)

---

[1] Jean-Clément Martin, *Contre-Révolution, Révolution et Nation en France, 1789–1799*, p. 301.

[2] Alan Forrest, "Jean-Clément Martin (éd.), Dictionnaire de la contre-révolution, XVIIIe au XXe siècle", *Revue d'histoire moderne et contemporaine*, 2/2014, No. 61–62 , pp. 241–242; Antoine de Baecque, "Contre-Révolution : vérités et contre-vérités", *Le Monde des Livres*, paru dans l'édition du Monde du, 25/11/2011.

古代埃及与轴心时代 [①]

金寿福

摘要：本文试图借助德国学者阿莱达·阿斯曼和扬·阿斯曼的文化记忆理论，分析雅斯贝斯轴心时代理论的局限性并阐述它迄今具有的现实意义。文章首先介绍了雅斯贝斯提出轴心时代理论的时代背景和这一理论蕴含的历史内涵和哲学维度，然后以古代埃及作为参照探讨了轴心时代理论对历史和文明研究的指导作用，强调了雅斯贝斯洞见历史走向和评判文明进程的敏锐性和前瞻性。

关键词：雅斯贝斯　轴心时代　古代埃及　文化记忆

前　言

"轴心时代"这个概念由德国哲学家雅斯贝斯提出。[②]在轴心时代，"不同寻常的事集中发生。在这个时期的中国生活着孔子和老子，中国哲学的各个流派都在此时发端，其代表人物有墨子、庄子、列子等人。在印度，《奥义

① 【基金项目】本文是国家社科基金项目"古埃及人的来世观念与官吏制度"（批准号11BSS003）的阶段性成果。
② 雅斯贝斯于1946年在日内瓦召开的欧洲知识界会议上提出了"轴心时代"这一概念，在1947年出版的《关于罪责问题》一书中再次论及这个概念，在1949年问世的《论历史的起源与目标》中做了进一步论述。"轴心时代"的德文词为Achsenzeit，英语译为axial age, axial period, axis-time, pivotal age 等，见 J. Arnason, "The Axial Age and its Interpreters: Reopening a Debate", in J. Arnason et al (eds.), *Axial Civilizations and World History*, Leiden: Brill, 2005, pp. 31–32。

书》诞生了，佛陀也生活在那个年代，如同在中国，哲学上的各种可能性，从怀疑论到唯物论都被探讨。在伊朗，查拉图斯特拉传授富有挑战性的世界观，认为世界上善恶两种力量在交战。在巴勒斯坦，涌现了许多先知，从以利亚到以赛亚，从耶利米到以赛亚第二。希腊则造就了荷马和巴门尼德、赫拉克利特、柏拉图等哲学家，还有悲剧家和修昔底德、阿基米德。在几个世纪内，与这些名字相关的一切几乎同时在中国、印度和西方这三个互不知晓的地方发展起来。"[1]

在雅斯贝斯眼里，历史始于轴心时代，所以历史这个概念构成了他的名为《论历史的起源与目标》一书的核心成分。历史始于轴心时代的中国、印度和以色列／希腊，[2]与这三个文化区域不相关的人与事则处在历史范围之外，因此未能保留下来。很明显，轴心时代理论并非单纯涉及历史问题，面对战痕累累的欧洲大地和纳粹犯下的罪行，雅斯贝斯意识到黑格尔的历史哲学已经走到了尽头，因为按照黑格尔的理解，以普鲁士为代表的欧洲历史进程象征了人类发展的理想轨迹。[3]根据雅斯贝斯，在公元前800至前200年的时段里，人类在精神领域感受到了前所未有的张力，他们对以往司空见惯和被认为理所当然的东西提出了质疑，创造了能够指引现代人走向历史最终目标的文化遗产，他相信一个社会和一个时代的有识之士会借助这些遗产带领所有的人到达目的地。

当"二战"之后的欧洲人尤其是德国人对人性和社会进步的可能性深感怀疑和绝望之际，雅斯贝斯试图寻找人类历史共同的发展轨迹，克服西方人之前坚信不疑的欧洲中心论和基督教核心说，他的轴心时代理论无疑发挥了积极的作用。在全球化浪潮正以前所未有的强度席卷整个世界的今天，我们应当如何看待雅斯贝斯的轴心时代理论，我们又应当如何对待自己的过去和

---

[1] K. Jaspers, *The Origin and Goal of History*, New Haven, Yale University Press, 1953, pp. 14-15. 雅斯贝斯这部著作的德文名称为 Vom Ursprung und Ziel der Geschichte，题目中的 vom 明显具有"论述""探讨"之意，而英文译本以及基于此的中文译本均未表达这个意思。这个理解得益于刘家和先生于2014年在首都师范大学文明区划研究中心召开的"轴心时代与世界历史"学术研讨会上的报告。

[2] 众所周知，古代印度人并没有发展出很强的历史观念，而且古代以色列人和希腊人的历史观念也相差很远。

[3] 在推崇基督教中心或者欧洲中心论的黑格尔等人眼里，基督降临人世无疑是历史的转折点；雅斯贝斯试图克服黑格尔历史观的局限性，承认轴心时代历史文化多线条发展。他认为基督教只是一种信仰，不是人类唯一的信仰，因而基督教神学历史观只能适用于虔诚的基督徒，见 K. Jaspers, *The Origin and Goal of History*, p. 19。

全人类的历史？雅斯贝斯虽然摒弃了黑格尔以基督教为核心的历史哲学，但是继承了黑格尔视世界历史为一项工程的观念，即人类历史起源于辉煌的过去，因而必将走向伟大的未来。[①]作为历史学家，我们考察轴心时代主要是为了了解过去，而不是为了预言未来。[②]古代埃及人曾经创造了辉煌的文明，但是这个文明后来在波斯人和马其顿人统治过程中逐渐灭亡，被雅斯贝斯排除在轴心时代以外。因为这个原因，探讨古代埃及为何没有被纳入轴心文明当中的问题，有助于我们深入理解雅斯贝斯理论的现实意义及其局限性，也有利于我们正确看待文明的起源、兴旺、衰亡等重大问题。

轴心时代理论的局限性

在雅斯贝斯提出轴心时代理论很久以前，已经有多人意识到雅氏所指的时代的不同寻常之处。雅斯贝斯在上面提到的书中引用了德国汉学家斯特劳斯和德国古典学家拉索的论述。[③]之后不久，宗教学家西贝克（H. Siebeck）和印度学家戴维（R. Davids）在各自的论著中谈到了人类在大约公元前5世纪前后所经历的思想上的飞跃。[④]阿尔弗雷德·韦伯（Alfred Weber）于1935年出版了《作为文化社会学的文化史》一书，把公元前9世纪至前6世纪的时间描写为"世界同化时代"[⑤]。此外，马克斯·韦伯、布塞（W. Bousset）、特勒尔奇（E. Troeltsch）等人也都注意到了希伯来先知的活动时期与其他文明中

---

① 在阿莱达·阿斯曼看来，雅斯贝斯似乎想摆脱和克服欧洲或西方中心主义，但是最终仍然落入了俗套。她称雅氏的路径是"中心视角"（Zentralperspektive），即只强调个别，而忽略了其他，见A. Assmann, "Jaspers' Achsenzeit, oder Schwierigkeiten mit der Zentralperspektive der Geschichte", D. Harth (ed.), *Karl Jaspers: Denken zwischen Wissenschaft, Politik und Philosophie*, Stuttgart: Metzler, 1989, pp. 187–205。

② 哲学家和社会学家关注轴心时代这个理论是因为它涉及现代性的根源问题，参见J. Assmann, "Cultural Memory and the Myth of the Axial Age", R. N. Bellah and H. Joas (eds.), *The Axial Age and its Consequences*, Harvard University Press, 2012, p. 366。

③ 在众多的论著中，斯特劳斯（V. v. Strauss）于1870年出版的老子《道德经》的译注本和拉索（E. v. Lasaulx）完成于1847年的著作《关于希腊和罗马文明的发展轨迹与当下德国人的生存状态》特别值得一提。

④ M. Riesebrodt, "Ethische und exemplarische Prophetie", H. G. Kippenberg and M. Riesebrodt (eds.), *Max Webers Religionssystematik*, Tübingen: Mohr Siebeck, 2001, pp. 193–208.

⑤ 他在书中写道："从公元前9世纪至前6世纪人类经历了大迁徙，在这个时段的后半期，近东-希腊、印度和中国三个文明区域的先哲们开始从宗教和哲学的角度探讨普世的问题。"与阿尔弗雷德·韦伯一样，雅斯贝斯也强调这个时期对人类精神产生的巨大作用，但是他并没有完全把动因归结到物质文明的发展上。

诞生圣哲的时间大致相当，他们用"先知的时代""共时的时代"等名词来称呼雅斯贝斯的"轴心时代"所指的那个人类历史上的特定时代，即几个文明在几乎相同的时间展现了相似的特征。①

轴心时代最为核心的特征究竟是什么？按照雅斯贝斯的观点，中国、印度和西方三个文化区域的人在轴心时代开始意识到自身以及自身的独立性和局限性，也就是说，人们学会了从远距离观察世界和人世；在之前的年月里，人类被局限在自然、政治机构和社会三合一的格局中，到了此时才开始借助自身的认知能力逐渐摆脱这个格局对他们的束缚。②雅斯贝斯进一步认为，这种自我意识使得人们认识到意识的存在，或者说，思维促进了思维，轴心时代的人们以质疑的眼光审视之前下意识地接受的观念、习俗和条件。③

美国汉学家史华慈（B. Schwartz）把公元前800年至前200年的时段称为"超验的时代"④，即一个有关超验的观念层出不穷的年代，在这个时段，世俗的领域和先验的领域之间开始出现裂痕，人们持一种批判和反思的究问态度。超验的概念涉及绝对的、无条件的真理，所以人们对传统提出了颠覆性的质疑，其结果是在东地中海的东部形成了一神教，而在东地中海的西部产生了哲学。⑤按照莫米利亚诺的理解，上述年月应当被称为"批判的时代"⑥，因为在这个时期，曾经被认为天经地义的东西都受到了质疑。人们意识到自身的存在和自身的局限性，他们体验到了世界的丰富性和自身的渺小，他们开始提出激进和根本性的问题，如自由和救赎。维特罗克则认为，把超验视为轴心时代的主要特征未免以偏概全或者说未能抓住要点，在他眼里，更加

---

① R. Müller, "Die Frage nach dem Preis des Forschritts: Kulturkritik in der antiken und in der neuzeitlichen Aufklärung", *Sitzungsberichte der Leibniz-Sozietät*, Vol. 92, 2007, p. 109.

② 这个时代的人们开始对原来浑然构成整体的世界加以区别和分类，见E. Voegelin, *Ordnung und Geschichte*, vol. 1, München: Wilhelm Fink, 2002, pp. 17–18。

③ K. Jaspers, *The Origin and Goal of History*, p. 2.

④ B. I. Schwartz, "The Age of Transcendence", *Daedalus*, Vol. 104, 1975, pp. 5–6. 史华慈与雅斯贝斯一样视所说的轴心时代不同凡响，但是他不赞同雅氏用若干"概念"概括这个时期不同文明的成就，因此强调各个轴心文明获得突破的形态及成因的重要性，见B. I. Schwartz, "Transcendence in Ancient China", *Daedalus*, Vol. 104, 1975, p. 64。

⑤ R. Bellah, "What is axial about the Axial Age?" *European Journal of Sociology*, Vol. 46, 2005, pp. 72–73.

⑥ A. Momigliano, *Alien Wisdom: The Limits of Hellenization*, Cambridge University Press, 1975, pp. 8–9.

重要的是人类不断增强的反思和克服时空和社会局限性的能力。[①] 人具有了自主性，文化不再被视为神赐给人的礼物，而是人的造物，因此人应当负起相应的责任。[②]

艾森施塔特认为，轴心时代最为重要的特征是政治领域的世俗化，其结果是君主需要向神负责，接受神的评判。因为超验的秩序与尘世的秩序之间出现了张力，人们开始以抽象的概念表述这种张力，并且把这种张力机制化。[③] 艾森施塔特相信上述变化的推动者是一群"独立的智者"。按照艾森施塔特的理解，雅斯贝斯等人所说的轴心时代具有以下三大特征：一是人与周围的世界有所疏远并获得自主性；二是人们的视野和观念跳出原来地理和族群的局限；三是上述三个区域表现出惊人的同时性。此外，艾森斯塔特试图从世俗君主与神之间的关系中判断前轴心文明与轴心文明之间的差别。他认为，原先被奉为宇宙与人间秩序的维护者的"天子"（King-God）不再存在，君主要向神负责，从而促进了法律自主领域与权利思想的诞生。[④]

前面已经说明，雅斯贝斯的轴心时代理论在第二次世界大战之后的年月确实有其积极意义，但是它的局限性和片面性显而易见。首先，雅斯贝斯的理论看起来是否定了以往的欧洲中心主义理论，好像把欧洲的历史思维建立在普世的基础之上，但是事实上，他依然未能摆脱文明传播论的老框架。他把几个文明中心描写成"茫茫人世中的几许亮点"，其中最为辉煌的莫过于古希腊和古代以色列，而之前只是不值得一提的蒙昧或者野蛮状态，此后，历史将沿着一条直线发展。[⑤] 这个解读模式说明他本质上并不认为人类文明是多级的。

按照雅斯贝斯的理解，轴心时代与之前的时代之间横亘着一条巨大的裂

① B. Wittrock, "Cultural crystallization and civilization change: axiality and modernity", E. Ben-Rafael and Y. Sternberg (eds.), *Comparing Modernities: Pluralism versus Homogenity*, Leiden: Brill, 2005, p. 112.

② J. Thrower, *The Alternative Tradition: A Study of Unbelief in the Ancient World*, The Hague: Mouton Publishers, 1980, pp. 5-8.

③ 雅斯贝斯强调公元前一千纪这个特定的时间，相反，艾森施塔特把重点放在社会形态方面，见 S. N. Eisenstadt, "The Axial Age in world history", H. Joas and K. Wiegandt (eds.), *The Cultural Values of Europe*, Liverpool: Liverpool University Press, 2008, pp. 25-27.

④ 余国良：《轴心文明讨论述评》，载《二十一世纪》，2000 年 2 月，第 35 页。

⑤ K. Jaspers, *The Origin and Goal of History*, p. 23.

痕。轴显现为一个点或者界限，它把时间流分为之前和之后。雅斯贝斯提出的轴心时代严格地说无非是基督教世界观的世俗版。依据基督教神学理论，基督降临就是开天辟地，之前根本就没有存在过真正的宗教。①雅斯贝斯所说的轴心时代的一个显著特征就是一群伟人横空出世，以锐利的眼光审视人世并留下了难得的作品。②雅斯贝斯相信现代人的真正祖先诞生在公元前500年前后。③显而易见，雅斯贝斯和其他强调轴心时代革命性和独特性的学者忽略了传承在人类历史中发挥的重要性。④最近的研究说明，古代世界的经济到了所谓的轴心时代显现出两个特征，其一是贸易的强度和范围前所未有，⑤其二是开始出现货币。货币一方面是贸易发达的产物，同时又促进了贸易。不仅如此，货币加剧了贫富分化，拥有和使用奴隶的现象变得普遍，一些有识之士出于自身长远的目的试图缓和阶级之间和性别之间的悬殊差距。⑥可见，轴心时代的特征不仅是多种因素综合影响的结果，而且也离不开之前人类在物质和精神领域奠定的基础。⑦人类的传统具有显性和隐性两个层面，所谓显性就是借助创新和改革甚至与过去决裂建立起来的机构、确立的规则和形成的观念；隐性就是不自觉地默认和遵守兴起的思维方式和行为准则

---

① H. Saner (ed.), *Karl Jaspers: Provokationen; Gespräch mit Heinz Zahrnt*, München: Piper, 1969, p. 85; H. Joas, "The Axial Age debate as religious discourse", R. N. Bellah and H. Joas (eds.), *The Axial Age and its Consequences*, Harvard University Press, p. 17.

② 汤因比把这样的伟人称为具有创造性的少数人（creative minorities），参见 J. Arnason, "Rehistoricizing the Axial Age", R. N. Bellah and H. Joas (eds.), *The Axial Age and its Consequences*, p. 340。

③ J. Jaspers *The Origin and Goal of History*, pp.1, 4. 阿斯曼认为雅斯贝斯构建了"轴心时代智人"（homo sapiens axialis）这样一个概念，见 J. Assmann, *Ägypten: eine Sinngeschichte*, München: Beck, 1996, p. 23。

④ 探讨起源都是为了解决身份问题，而在有关轴心时代的讨论中，参与者关注的是现代人性的发端问题，见 J. Assmann, "Cultural memory and the myth of the Axial Age", p. 370。

⑤ W. H. McNeill, *The Rise of the West*, Oxford University Press 1964, p. 85; L. S. Stavrianos, *The World to 1500: A Global History*, 4ᵗʰ edition, Englewood Cliffs: Prentice Hall, p. XI.

⑥ D. Metzler, "A. H. Anquetil-Duperron und das Konzept der Achsenzeit", *Achaemenid History*, Vol. 7, 1991, pp. 123–125.

⑦ 在雅典发现古代中国的丝绸；在巴尔干和中国发现的古代器物上有相同或相似的花纹；《以赛亚书》49: 12 称呼中国为 "Sinim"（可能指秦国）；希罗多德《历史》第三卷第 38 节提到了波斯国王大流士使得希腊人和印度人相互探讨对方的丧葬习俗。这些都说明文明之间的各种来往在那个时代已经非常密切。在考察文明发展时不应忽视贸易往来所起的作用，尤其是那些处在主流文明边缘的、野蛮的和游牧的民族在传播文化和先进技术过程中发挥的作用。雅斯贝斯在提出轴心时代理论时没有料到或者漠视了人类早在他所说的轴心时代之前就已经在物质交换和思想交流方面达到了相当的程度，所以他说几个文明区域的居民互相之间不认识，但是在精神层面显现出高度的同时性，称此为不可思议的奇迹（Wunder rätselhafter Gleichzeitigkeit），阿斯曼认为不应过分拘泥于时代的划分，不应当过分使用进化理论，而应根据实际情况运用多种解释模式，充分考虑主流文化以外的民族和群体发挥的作用。

并以此为基础来应对不断变化的环境。布尔迪厄（P. Bourdieu）把这种隐性的积累过程称为"习惯化"，接近于波兰尼（M. Polanyi）所说的"默示的维度"[1]。雅斯贝斯显然过分和武断地割裂了轴心时代之前和之后的世界之间的多重联系和传承关系，夸大了轴心时代之前文明的他者性。事实上，在雅氏眼里构成轴心时代特征的现象早在古代埃及和美索不达米亚文明中出现过。以宗教为例，一神教并不是高于多神教的信仰形式，[2]一神教的形成更不意味着多神教的消失，以忏悔的形式为主的信仰不等于比推崇供品的信仰更具有理性或者逻辑性；[3]至于人类的思维，逻各斯的出现并非神话的终结。夸大轴心时代的独特性无异于对其加以神话，其结果是冲淡了它的历史成分。[4]

雅斯贝斯把历史上多次或者在许多地方都发生过的事情视为轴心时代的独有现象，这是他的理论的另一个缺陷。在论述轴心时代新动向的动因或动力时，雅斯贝斯引用了阿尔弗雷德·韦伯关于民族迁徙促进文明的理论，认为这些骑马和驾车的民族带来了新的技术。[5]最新的考古发掘和其他领域的研究表明，这种大规模的迁徙、入侵或征服浪潮确实出现过，但不是在所谓的轴心时代，第一波迁徙潮是在公元前两千纪前半期，而第二波发生于公元前1200年至前1100年之间，第一个浪潮促成了赫梯帝国，而在第二个浪潮中，赫梯帝国灭亡，也正是在这个时间，青铜时代宣告结束。此外，研究圣经的学者们如今不再把以西结和但以理视为确实存在过的人物，而且归在他们名下的著作《以西结书》和《但以理书》的成书年代也比人们以前所相信

① A. Assmann, "Zeichen–Sprache–Erinnerung: Voraussetzungen und Strategien kultureller Evolution", H. Schmidinger and C. Sedmak (eds.), *Der Mensch–ein animal symbolicum? Sprache–Dialog–Ritual*, Darmstadt: Wissenschaftliche Buchgesellschaft, 2007, pp. 38–40.

② 古代希腊、古代以色列和古代中国被雅斯贝斯视为轴心文明，但是，这三个区域的居民关于神的概念以及他们的崇拜方式并没有多少相似性。

③ 在马克斯·韦伯眼里，一旦祈祷未能得到满足，南欧人就向圣徒像吐痰。他同时认为，有关天主教神父通过弥撒能够解除人的罪恶的说法、圣餐的神性，以及信徒与基督神圣躯体结合的概念都与巫术没有什么太大的区别，新教当中冗长的布道只能证明说教的重要性。此外，主张三位一体和盛行圣徒崇拜的天主教在韦伯眼里无异于多神教，见 H. Joas, "The Axial Age debate as religious discourse", R. N. Bellah and H. Joas (eds.), *The Axial Age and its Consequences*, p. 19。

④ S. Breuer, *Der Staat: Entstehung, Typen, Organisationsstadien*, Reinbek: Rowohlt, 1998, p. 101; S. Breuer, "Kulturen der Achsenzeit. Leistungen und Grenzen eines geschichtsphilosophischen Konzepts", *Saeculum*, Vol. 45, 1994, pp. 2–3.

⑤ K. Jaspers, *The Origin and Goal of History*, pp. 16–17.

的要晚许多。琐罗亚斯德是否确实有其人，现在学界也说法不一。毋庸置疑，人类思维的发展在雅氏所指的轴心时代之前和之后都经历过类似的飞跃过程，比如公元1世纪诞生了基督教，500年之后又有伊斯兰教兴起。沃格林把轴心时代的出现与当时形成的若干帝国进行扩张相联系，[①]认为人类精神领域的变化受到同时期政治事件的影响。他同时认为雅斯贝斯把基督教的产生排除在轴心时代之外完全是出于个人的偏见，暗示雅氏反基督教的基本倾向。[②]按照沃格林政治模式的解读，雅斯贝斯以时空作为坐标考察文化史的路径是行不通的。[③]轴心时代之前的人之所以把人类社会和自然视为一体，不是因为他们无法分辨其中的差别，而是因为他们意欲在两者之间建立必然的联系，因为这些联系对维系人类社会至关重要。[④]

从某种程度上说，面对不断深化的全球化趋势，审视轴心时代理论能够让我们意识到文化的多重性与人的共性可以共存，两个不同的文化不一定完全能相容，但这并不是说它们就一定相互冲突甚至不可调和，这正是艾森施塔特提出的"多重现代性"（multiple modernities）理论的可贵之处。[⑤]我们不应当把轴心视为一条隔断前后的分水岭，而是把它当作描写文明发展的一般名词。

古代埃及文明中的轴心特征

与其说轴心时代与之前年月的关系是一次决裂，不如说是一种传承和升华。如果在古代埃及发生的许多事件不能算作轴心时代的特征，至少可以说是雏形。以下从古代埃及人的宗教观念、他们的抽象思维和自主性三个方面予以阐述。

在雅斯贝斯眼里，轴心时代之前的宗教以祭祀为主，而轴心时代的宗

① E. Voegelin, *Die politische Religionen*, München: Wilhelm Fink, 2000, p. 135.

② E. Voegelin, *Anamnesis: Zur Theorie der Geschichte und Politik*, München: Piper, 1966, pp. 19–23.

③ E. Voegelin, *Order and History*, Vol. IV, *The Ecumenic Age*, Louisiana State University Press, 1974, pp. 312–313.

④ 哲学家们考察历史时容易把人的认知能力视作至关重要的因素，参看 A. Assmann, "Fiktion als Differenz", *Poetica*, Vol. 21, 1989, p. 196. 在这方面我们或许可以联系中国历史上非常重要的"天人合一"观念。

⑤ S. N. Eisenstadt, "A preliminary comparative analysis", *American Anthropologist*, New Series, Vol. 61, 1959, p. 202. 承认现代性的多重性，意味着所谓轴心时代之前和之后的文明走向也是多极的。

教则以忏悔为标志，而且此时出现了哲学。①古代埃及人的宗教在早期确实以祭祀为主，②但是我们不能忽略他们有关神的观念经历了一个复杂的变化过程，神与人之间的关系也相应地受到了影响。事实上，王权强大的古王国衰落而后群雄争霸的第一中间期来临，这个巨大的变化过程可以被视为古代埃及历史中的轴心时代。《普塔荷太普说教文》描写了古王国这个太平盛世中天与人之间和谐、人与人之间和睦的关系，该说教文的作者用如下的话概括了古王国时期的埃及人对自然规律和社会法则的确信不疑："玛阿特伟大且永远有效，从奥西里斯神到今天它未曾失效。"③这里所说的玛阿特是古代埃及人对自然和人的社会中既有和应有的秩序和公正原则的高度概括。经历了古王国没落的动荡期，古代埃及人不再相信他们单纯依靠物质方面的准备能够死后获得再生。在一篇假托第一中间期国王夏提为其儿子撰写的说教文里，神作为审判官出现在期望获得再生的死者面前。夏提告诫儿子："你知道审判庭的那些审判官们（指众神）。对于那些行使审判权的神来说，在他们行使职权的时候，当他们审判一个并不清白的死者的那一天，他们只知按章办事，绝不会心慈手软。最可怕的是明察秋毫的神明们充当审判官，不要侥幸经年累月使他们的记忆淡漠，在他们的眼里，人生的漫漫岁月只是一瞬间。一个人生前的善行和恶举被分别摆在他的两侧，以便他们进行审核，只有通过了这个审判，死者才能死而复活。那里的生命意味着永恒，傻瓜才做受他们指控的事情。"④夏提告诉儿子，供品并非衡量献祭者虔诚程度的依据，一个人的品德是决定其能否通过神的审判的关键："一个公正无私者的品德比一个恶人（奉献）的全牛更为珍贵。"⑤就是说，埃及人信仰的神需要信徒敬献的供品，但是这个或这些神更加关注的是献祭者的品质。埃及人的

---

① 雅斯贝斯这里所指的轴心时代宗教显然就是犹太教和稍后的基督教，忏悔在希腊人的宗教中无足轻重，古代中国和印度的宗教也不强调此项，更何况同样在中国并在时间上相距不远的儒教和道教之间有多么大的差别。

② 马克斯·韦伯认为人类宗教的拐点是从巫术宗教向救赎宗教的过渡，在韦伯看来，东方的预言是惩戒性的，而近东的预言则是伦理性的。这种差别对东西方之后宗教文化的发展走向意义重大，见 M. Weber, *Gesammelte Aufsätze zur Religionssoziologie*, Vol. 1, Tübingen: Mohr, 1920, p. 442。

③ M. Lichtheim, *Ancient Egyptian Literature*, Vol. 1, University of California Press, 1975, p. 64.

④ M. Lichtheim, *Ancient Egyptian Literature*, Vol. 1, p. 101; J. F. Quack, *Studien zur Lehre für Merikare*, Wiesbaden: Harrassowitz, 1992, p. 134.

⑤ M. Lichtheim, *Ancient Egyptian Literature*, Vol. 1, p. 106; J. F. Quack, *Studien zur Lehre für Merikare*, p. 110.

信仰并非像推崇轴心时代宗教的人想象的那样充满了血腥的祭品和可笑的巫术。①

更加值得我们关注的是，夏提充满悔意地向儿子承认，他在位时因为犯下罪过而受到了惩罚："不要亵渎坟墓，不要毁坏它们。我曾经做过此事，也因此受到了报应。"②显而易见，国王并非高人一等，更谈不上具有神性。掌管奖赏和惩罚的神与国王之间的巨大差距无以复加。同样是在这篇说教文里，我们甚至察觉到一个超验的神灵逐渐形成的端倪。关于这个全能的神，夏提对儿子说："人类一代接续一代，而透视每个人性格的神却不显身影；没有人能够抗拒神的惩罚之手，而遭受惩罚的人却谁都看得见。"③

关于王权的诞生以及它存在的合理性，夏提用如下的话加以概括："神（通过孵蛋）造就了统治者，为的是这些掌权人为贫弱者撑腰。"④可见，王权并非从来就有，而且它的存续也不是理所当然。神把保护弱者和扶持穷人的任务交给国王，因此，君主既要向神负责，也要接受臣民的监督，因为神像牧人看护自己的牧群一样惦念人类。⑤按照古代埃及人的理解，创世之初，人人平等，他们和睦相处，但是后来出现了强弱和贫富之分。关于弱者和穷人特别受到神的眷顾，夏提在其说教文中说道："神为了人的缘故创造了日光，又为了照看他们而每日在天空巡游。神在人间设置了神龛，为的是当他们呼救的时候能够听得见。"⑥

既然创世神伟大且公正，那么人与人之间的不平等和人间的诸多不公又如何而来？其责任又属于谁？关于这些人世的大是大非问题，经历了第一中间期的埃及人进行了深入和多层面的探讨。⑦在被学者们称为《伊普味陈

---

① 相比之下，犹太人的上帝许多时候表现得嗜血成性。

② M. Lichtheim, *Ancient Egyptian Literature*, Vol. 1, p. 105; J. F. Quack, *Studien zur Lehre für Merikare*, p. 73.

③ M. Lichtheim, *Ancient Egyptian Literature*, Vol. 1, p. 105; J. F. Quack, *Studien zur Lehre für Merikare*, p. 75.

④ M. Lichtheim, *Ancient Egyptian Literature*, Vol. 1, p. 106; J. F. Quack, *Studien zur Lehre für Merikare*, p. 79.

⑤ "人作为神的牧群受其照料，神为了他们而驱逐了水中的妖怪，然后又为他们创造了天空和大地，他为了让他们的鼻子呼吸而造了他们得以呼吸的空气。" M. Lichtheim, *Ancient Egyptian Literature*, Vol. 1, p. 106; J.F. Quack, *Studien zur Lehre für Merikare*, p. 79.

⑥ M. Lichtheim, *Ancient Egyptian Literature*, Vol. 1, p. 106; J. F. Quack, *Studien zur Lehre für Merikare*, p. 79.

⑦ 至于流传下来的文献中有关第一中间期天下无道的描写，学者们的观点有所不一。多数学者认为，相关的文学作品是中王国时期御用文人为了使得重新确立的中央集权制合法化而撰写，因此其中的内容（下转）

辞》的作品里，作者质问创世神，既然创造了人又为何不顾他的死活："既然他（创世神）不分懦弱和强暴的人，为何让他们（懦弱的人）降生？假如他曾制止那些暴力，人们会说：'他是所有人的牧人，他的心是公正的。他的牧群不大，但是他花费整个白天放牧。'他们的心充满了火气。假如他在造人之初就曾看透那些人（强暴的人）的本质，那么他可能就会击杀这些邪恶之徒。他就会伸出惩罚之手，摧毁他们的子孙后代。"[1]引文中的言语不能不说是尖锐，道出了造物与维持秩序之间的必要关系。我们无法说此时的埃及人仍然处在浑浑噩噩之中。需要强调的是，埃及人没有认为神造物过程中有失公允，而是说神没有及时发现人类的害群之马。这一点在《棺材铭文》第1130篇得到了证明。在这篇可以被视为古代埃及"神正论"的铭文里，创世神以第一人称叙述了自己的创世伟业，其中特别强调了人间出现罪恶是人的堕落所致："我在地平线之门完成了四项壮举。第一，我促成了四个方向的风，以便每个人都在有生之年获得喘息的机会。第二，我让尼罗河泛滥，以便人们不分贵贱都从中获益。第三，我使得人人平等，我未曾叫他们作恶，是他们的心违背了我的意愿。第四，我促使他们的心记住西边的冥界，以便他们为各个诺姆的神奉献供品。"[2]

上面引文并没有直接提到"原罪"，但是有关人的本性趋于堕落的观念显而易见。与此相关联，在此后的岁月里，埃及人以图文并茂的方式发展和完善了第一中间期产生的来世审判理念。奥西里斯作为冥界主宰主持审判，死者的心脏被放在天平的一边，而另一边则是象征秩序、公正和真理的玛阿特符号或代表玛阿特理念的女神头像。死者要向奥西里斯和其他参与审判的神陈述生前的言行，一旦他在世时犯下的罪过被发现，他的结局就是第二次

（上接）有很多是虚构的。参见 J. Assmann, *Maat: Gerechtigkeit und Unsterblichkeit im alten Ägypten*, München: Beck, 1990, p. 57. 对于本文所探讨的问题至关重要的是，就连重新统一埃及全境的君主也不再视自己的权力是理所当然。

[1]　Lichtheim, *Ancient Egyptian Literature*, Vol. 1, p. 159. 史华慈认为，中国西周之前完成的"突破"在于，人们意识到现世与"天"的要求不相符（B. L Schwartz, *The World of Thought in Ancient China*, Harvard University Press, 1985, p. 55）。有的学者认为这里说的"天"就是"太一"，而莫特则宁愿相信这个"天"只是"自然"，意味着西周初期的先人试图让人世如同自然世界那样有序，参见 Frederick W. Mote, "Review of The World of Thought in Ancient China by Benjamin L. Schwartz", *Harvard Journal of Asiatic Studies*, Vol. 50, 1990, p. 389。

[2]　M. Lichtheim, *Ancient Egyptian Literature*, Vol. 1, pp. 131-132.

死亡，即永远丧失复活的机会。悔过并通过修行获取神的宽恕和拯救，这些构成后期犹太教和基督教核心内容的要素尽在其中。

关于神与人之间不可逾越的差距，人在神面前应有的虔诚态度，新王国时期成文的《阿蒙内摩普说教文》做了非常清楚的论述："不要怀着恐惧的心情入睡，说什么'天亮时将会是怎样的一个早晨？'人无法知道第二天的事情。神永远成竹在胸，人却总是败事有余。人说出来的话是一回事，神所采取的措施是另外一回事。不要说：'我没有错'，然后却又心生邪念，是否对错由神说了算，他的手指一挥就是判决。在神的眼里没有什么是完美无缺，人如何能立于不败之地。把你的心摆正，让它安稳，不要让你的舌头成为主宰者；舌头是我们人体这艘船的划桨，最高神却是船上的舵手。"①

不难看出，古代埃及人虽然信奉多神，但是他们相信有一个无所不在和无所不能的神在宇宙和人间主持正义。上面列举的埃及文献中都没有具体提到相关神的名字，这个几近全能的神要求每个人都为自己的所作所为负责，正直的人受奖赏，有罪的人遭到惩罚。此外，从伦理道德的角度监视和审判信徒绝不是古代以色列人的发明。阿肯那顿登基以后把原来一个特定的神代表或代替其他神的趋势推向了高潮。在登基的第五年，这位奉阿顿为唯一神的国王离开原来的首都底比斯，在今天开罗和卢克索之间的一块处女地建造了一个新的都城。②阿肯那顿是历史上第一位公开和坚决地背弃原有宗教传统并试图确立一神教的君主。他禁止民众敬拜古老的神灵，用一个崭新的、抽象的独一神取而代之。其他神的神庙都被关闭，这些神的神像被摧毁，歌颂他们的文字也被消除，祭司们全部被遣散。③

莫里斯否认阿肯那顿的宗教改革具有任何个人超验的色彩，因此只能被

---

① I. Grumach, *Untersuchungen zur Lebenslehre des Amenope*, München: Deutscher Kunstverlag, 1972, pp. 45-47.

② 大约半个世纪以后，赫梯国王穆瓦塔里也发动了旨在废除多神、确立风暴神独尊地位的宗教改革，并且在塔胡恩塔撒建造了新的都城。对古代的君主们来说，迁都无疑是在宗教和政治上推行巨大变革的重要措施，因为这个原因，青铜时代后期的巴比伦出现了杜尔-库里加苏，在埃及出现了阿肯塔顿，在埃兰出现了杜尔-乌恩塔什，在亚述出现了卡尔-图库尔提-尼努尔塔等新的都城。

③ 他的这些举动与圣经中所描写的摩西倡导一神教时采取的行动多么相像，唯一的区别是阿肯那顿的宗教改革是史实，而有关摩西的描写只是犹太先知们的虚构而已。

排除在轴心时代以外。①根据艾森施塔特的理论，借助文学或艺术手段达到永恒或永生可以被视为超验观念的第一步。很显然，公元前两千纪中叶的埃及人已经试图借助文字来超越人生的时空界限。②事实上，阿肯那顿从太阳的运转和升落看到了绝对神的全能，同时也捕捉到了宇宙起源和人类生生不息的奥妙，这一点远比古代以色列人从自身受压迫和奴役的经历奉雅赫维为至高无上的神更有超验的色彩。关于不同的人种和他们的肤色，阿肯那顿如此赞颂他心中的唯一神："你供给人们衣食，你确定他们的寿命。人们虽然语言不同，他们的秉性相通。他们的肤色各异，因为你把他们分为人种。"③相对于古代以色列人视外族为不共戴天之死敌的神雅赫维，我们很难说阿肯那顿的神不具有普世性。④

多神教当中也存在一神高高在上的情况，因此多神教可以分为包容的一神教和排他的一神教两种。包容的一神教主张"所有的神就是一个"。在埃及和美索不达米亚，这种宗教趋势早在青铜时代晚期就已初见端倪；排他的一神教则以"此神之外无他神"为口号，排他的一神教实际上是在人间去神化的过程，原来浸透了神性的物质世界变得空洞，同时也愈加陌生，如果以进步的眼光看，这意味着人们获得了启蒙，如果以批判的角度说就是人迫使自己异化。排他性的宗教要求信徒一定要认清和承认什么是真正的信仰，⑤什么是异教，从这个角度说，一神教所带来的启蒙表现出强烈的不容忍性，它强调划清界限，需要时不惜诉诸武力。

古代埃及人用"玛阿特"这一概念来描写人世的秩序、公正和真理。在象形文字中，这个概念可以用一根羽毛表示，以此象征这个理念的洁白和无重量，有时也由一个叫作玛阿特的女神来代表。⑥玛阿特女神充当国王与众

① I. Morris, *Why the West Rules For Now: The Patterns of History, and What They Reveal about the Future*, New York: Farrar, Straus and Giroux, 2010, p. 262.
② J. Assmann, "Cultural memory and the myth of the Axial Age", p. 387.
③ M. Lichtheim, *Ancient Egyptian Literature*, Vol. 2, University of California Press, 1975, p. 98.
④ 有些学者从另外一个角度探讨阿肯那顿宗教改革对以色列人宗教信仰产生的影响，试图勾勒阿肯那顿与摩西之间的关联性，如弗洛伊德的《摩西与一神教》和阿斯曼的《摩西，一个埃及人》。
⑤ 宗教信仰是人因为自己无法与他所处的世界达到完全融合而不得不使用的工具，他想借此弥补他与这个世界之间的隔阂和距离，因此它的作用和价值是相对的，并无本真与虚假之分。
⑥ 在象形文字中，拼写该词时使用一个类似平台一样的符号。古代埃及人认为，远古神在混沌水中创造宇宙和人世时就是借助浮出水面的这样一个平台，而且在浮雕和壁画中，支撑埃及王座的也是这个表示（下转）

126

神之间的媒介，当一个国王把表现这位女神的雕像作为供品献给神的时候，他意欲表达已经圆满地完成了神所托付的任务。古代埃及人描写伦理的最简练的表达法就是"我说了玛阿特，我做了玛阿特。"①所有与社会伦理道德相关的含义都包含在这两句陈述句中，一言以蔽之，玛阿特包含了所有应当存在和加以维护的东西，从自然的风调雨顺到一个人的品德，古代埃及人把按照收成确定租子的数量描写为符合玛阿特原则。

贝拉认为原始时期人们视人世与神界为一体，轴心时代出现的遁世甚至弃世的观念是人类进化的结果。这个观点掩盖了基督教兴起初期种种极端的方式。②在接受基督教的过程中，埃及人的人生观发生了根本性的变化。如果说法老时期的埃及人倡导和重视融入家庭、家族、群体和社会，皈依基督教的埃及人则以疯狂的程度脱离群体，远离社会，变为极端的个人主义者。在法老时期，生命的意义以及相关的伦理道德都与社会生活相关，遁世和苦行在法老时期是两件最不可思议的事情。不过，生活在埃及并信奉基督教的圣安东尼宁愿充当隐士，成为其他信徒追随的典范。可以说，一神教与个人主义相辅相成。埃及人把原先试图融入人世时付出的热情投入到宗教领域，那就是不惜一切代价进入上帝之国。他们遁世不是因为厌恶人类，而是出于热爱上帝。

以上所举的古代埃及的例子说明，轴心时代之前的文明当中也曾经有过被雅斯贝斯视为轴心特征的现象，而且轴心时代出现的突飞猛进不仅仅是发现和创造了此前没有过的东西和理念，而是改编和利用了已有的东西，就是说，轴心时代不仅是革命，而且也是传承的结果。文化社会学家们越来越把轴心时代这个概念的特定时间性淡化，从而可以用来泛指历史上出现的社会变化和人类精神方面的突破，例如吉森用此概念来指历史上任何具有普遍意义的创举，如具有世界意义的宗教，一个具有普世意义的理念，基于自然法则之上的启蒙概念。所有这些有关群体的原则都构成了人类历史上不同时期完成的"轴心突破"（axial breakthroughs），其推动者是不同的社会群体，每

（上接）秩序和公正的平台。

① J. Assmann, *Maat. Gerechtigkeit und Unsterblichkeit im alten Ägypten*, p. 45.

② R. N. Bellah, "Religious Revolution", *American sociological Review*, Vol. 29, 1964, p. 359.

个轴心时代都有其特殊的社会和政治背景。①因为不再与特定的时间挂钩，吉森所说的轴心时代演变为一个形容历史现象的名称。阿斯曼在其文化记忆理论中特别强调一个文明内部和不同文明之间的传承，这种传承有时是显性的，有时则是隐性的。事实上，西方文明在希腊和犹太文明的基础上发展和壮大，在此过程中古代埃及扮演的角色不容忽视。希腊文明中经典的确立和犹太文明正典的诞生都与亚历山大这座坐落于埃及的城市密切联系在一起。由君主作出决定并投入巨大人力和物力建造图书馆并培养相关的知识阶层，这是古代埃及由来已久的传统。古代埃及人把收藏各种文献的图书馆称作"生命之屋"（Lebenshaus）②，可见这些转化为文字形式的知识的重要性。③由统治者选拔和资助的有一技之长的人士在这里把从前的铭文、经文抄写、誊写在纸草上，并且编写各类文献，把写好的纸草分类存放在书屋中。④在这个兼有藏书和教书双重功能的机构里，负责医学、天文学等知识的人员尤其受到重视，也就是说，后来被称为科学的探究和索取知识的活动在这里业已展开。⑤

埃及止步于轴心之外的原因

上面论述了古代埃及历史中若干富有轴心时代文明特征的现象。那么究竟是什么原因导致古代埃及文明未能上升到轴心文明的高度，而且在不久之后灭亡了呢？基于雅斯贝斯轴心时代理论，哈贝马斯认为，在所有轴心文明区域出现了从"神话式的宇宙起源说"向"理性的世界观"的过渡，即人们

---

① B. Giesen, *Intellectuals and the Nation: Collective Identity in a German Axial Age*, Cambridge University Press, 1998, p. 49.

② M. Weber, "Lebenshaus", in E. Otto and W. Helck (eds.), *Lexikon der Ägyptologie*, Vol. 3, Wiesbaden: Harrassowitz, 1980, col. 955-956.

③ 古代埃及人把国王用餐的地方叫作"生命之厅"，见 W. Helck, "Lebenshaus II", in E. Otto and W. Helck (eds.), *Lexikon der Ägyptologie*, Vol. 3, Wiesbaden: Harrassowitz, 1980, col. 957-958。埃及人把书和食物相提并论，一切都在不言之中。

④ H. Brunner, "Ausbildung", in E. Otto and W. Helck (eds.), *Lexikon der Ägyptologie*, Vol. 1, Wiesbaden: Harrassowitz, 1980, col. 573. 关于古代美索不达米亚类似的情况，参看彼得·米哈沃夫斯基：《美索不达米亚轴心转变的界域》，见刘新成主编：《文明研究》，第1辑，浙江人民出版社，2014年，第65~98页。

⑤ 关于伊西斯崇拜在希腊化和罗马帝国时期兴盛，与之相关的崇拜形式以及传教方式及路径对基督教的影响，因为篇幅的原因，本人不进一步展开。

具有了宇宙层面的伦理观。古代中国、古代印度、古代巴勒斯坦和古代希腊先后完成了这种过渡，其时间段为公元前8世纪至前3世纪。[①]在贝拉看来，轴心文明并没有完全与神话思维决裂，关键是轴心时代的人们向原来神话成分浓厚的思维加入了理论和理性的维度。他认为，宗教在实现轴心突破过程中起到了决定性的作用。[②]在艾森斯塔特眼里，轴心文明之所以形成，关键是先验的（transcendental）秩序与世俗的（mundane）秩序之间的张力。这个张力在轴心时代出现，并且被相关的人加以概念化和机制化。这些相关的人就是"具有自主意识的知识人"（autonomous intellectuals），也就是韦伯所说的拥有个人魅力的人士。[③]按照阿斯曼的理解，虽然雅斯贝斯把古代埃及置于轴心文明范围以外，古代埃及人完成了许多属于轴心文明特征的突破，具有诸多轴心文明性质。[④]那么，古代埃及文明未能存续下来的原因在哪里？如果用阿斯曼发展出来的文化记忆理论来审视古代埃及文明的发展过程，我们就能够发现古代埃及人没有或者说没有能够提炼出其文化的核心，也未能构建起能够保持这个文化核心的记忆模式。[⑤]

根据阿斯曼的文化记忆理论，文字不仅是实用的工具，而且也是保存的技术。一种文字产生以后，使用该文字的人们的思维发生了变化，更加重要的是，他们的记忆方式也发生了根本性的变化。假如没有文字，伟大的作品很难诞生，也很难长久保存下来，因为口头流传的作品很难形成具有权威性的统一的版本。[⑥]用文字形式把民族起源等重大事件固化下来并非只是为了

---

① J. Habermas, *Communication and the evolution of society*, translated by T. McCarthy, Boston: Beacon, 1979, pp. 151-152. 如同在第二节提到，古代埃及人在很大程度上完成了这一过渡。

② R. N. Bellah, "Religious evolution", pp. 359-361. 贝拉在最新的专著中对这一观点进行了更加详细的论述，见 R. N. Bellah, *Religion in Human Evolution. From the Paleolithic to the Axial Age*, Harvard University Press, 2011。

③ S. N. Eisenstadt, "The Axial Age: the emergence of transcendental visions and the rise of clerics", *European Journal of Sociology*, Vol. 23, 1982, p. 296.

④ J. Assmann, *Maat: Gerechtigkeit und Unsterblichkeit im Alten Ägypten*, pp. 120-121. 另外，阿斯曼倾向于把"轴心文明"视为指称社会变化的概念，即淡化它在时间方面的特指性，见 J. Assmann, "Cultural Memory and the Myth of the Axial Age", p. 400。

⑤ J. Assmann, *Das kulturelle Gedächtnis. Schrift, Erinnerung und politische Identität in frühen Hochkulturen*, München: Beck, 1992, pp. 185-190.

⑥ 以伊尼斯（H. Innis）、哈夫洛克（E. Havelock）、基特勒（F. Kittler）等人为代表的多伦多学派过分强调了希腊人的字母文字。在主张文化记忆的阿斯曼看来，关键在于文字是否用于编写、传达和传播有关文化的作品，参见 J. Assmann, "Cultural Memory and the Myth of the Axial Age", p. 383。

记住它们。这些形成固定格式的作品能够帮助相关的人群确立身份，促进他们的身份认同，规范他们的言行。①一旦以往口头流传的传说和故事以统一的形式固定下来，所涉及的时间被视为黄金时代，相关的人和事便具有了典范效应，其结果是，往日与当下之间出现了差别。

正是在雅斯贝斯所说的轴心时代，巴勒斯坦地区和埃及的亚历山大出现了一个全新的文化记忆现象。在犹太教中，经师们建立了一个机构，目的是把被选中的以往文献确定为正典。经过筛选、整理和改写，此后在犹太社会具有法律效应的只有39部正典。在希腊化区域里，亚历山大的语言学家们整理和阐释希腊传统的活动促成了经典的诞生；对亚历山大和其他地方的希腊人来说，《荷马史诗》代表了后世无法企及的巅峰之作。在中国，四书五经不仅是学生认字写字时的范本，也是文人修身养性的依据，同时还是统治者有效行使权力的指南。这些经典需要不同时期的人根据需要不断地解读，从中汲取营养并获得力量。这种确定权威性的作品并对其进行阐释的活动都是为了确立并保存民族的特殊性。犹太人把文献转化为正典的过程称为"预言的终结"，意味着诸如先知的预言之类的文献已经多余了，甚至触犯法律。②阿斯曼认为，只有当一个文本具有持久的约束力，另一方面又无法予以改编或者用新的文本取代的时候，才有必要不断地对它进行各种各样的评注。对这些正典或经典进行诠释的人员和机构由此成为传统得以延续的关键力量，借助他们，被奉为正典或经典的文献才具有权威性并发挥积极的作用。③按照阿斯曼的这一解释模式，真正的轴心时代应当是公元前200年至公元200年的这段时间，因为影响深远的正典大多在这个时期生成，如孔子学说、道家学说、《阿维斯塔》、以色列人的《圣经》和希腊人的经典。与其说这个时期诞生了现代人的直接祖先，不如说当时的人通过文化记忆的方式确定下来的经典一直到今天仍然发挥作用，决定文化记忆的文本的生成应当说是轴心时

---

① 阿斯曼上引文章，第384页。

② J. Assmann, "Kollektives Gedächtnis und kulturelle Identität", J. Assmann and T. Hölscher (eds.), *Kultur und Gedächtnis*, Frankfurt: Suhrkamp, 1988, pp. 17–19.

③ J. Assmann, "Die Entdeckung der Vergangenheit. Innovation und Restauration in der ägyptischen Literaturgeschichte", H. U. Gumbrecht and U. Link-Heer (eds.), *Epochenschwellen und Epochenstrukturen im Diskurs der Literatur- und Sprachhistorie*, Frankfurt: Suhrkamp, 1985, pp. 484–485.

代最为重要的成果。①

在雅斯贝斯看来，人的精神世界在他所说的轴心时代发生了翻天覆地的变化。事实上，在公元前200年至公元200年间发生的变化并不是与之前决裂，而是把之前具有相对重要意义的作品加以固化和升华，因此可以说是更高层面上的传承。被尊奉为正典或经典的作品此后便获得了奠基意义，加上相关的阐释人员和机构的努力，这些具有法律效力的文本开始发挥规范性和定型性作用。无论与这些正典和经典有关的语言、政治制度和社会现实如何变化，它为相关人群与悠久的传统进行对话提供了条件，使得他们不管在哪里都能借此获得立足之地，无论做什么都有了依据。

与之相反，法老时期的埃及人根本没有撰写类似《旧约》里所展现的那种"民族的"历史。一直到托勒密时期，一个名叫马涅托的人才试图用希腊语编写有关法老时期的历史。法老时期数量很多且长短不一的王表都只是为了记录时间。从表面上看，古代埃及文化坚不可摧，因为它呈现为用石头建造的神庙、金字塔、狮身人面像、王陵和坟墓。在法老时期，这些纪念碑都富有象征作用和现实意义，但是到了希腊化尤其是罗马时期，这些外在的东西已经不具有多少经得住时间考验的内涵。虽然这些坚固的建筑上面都密密麻麻地刻写了象形文字，但是它们无法与希腊人的经典和犹太人的正典相比。面对正典和经典，相关的人可以进行阐释，但不许减少文本的任何字，也不许增加一个字。古代埃及人热衷于书写，他们不停地抄写和改写文本，但是他们从未对文本进行真正意义上的阐释，其结果是无数相似却绝不相同的文本的并存，没有哪一个能够成为权威。②

古代埃及人在石头上刻写文字，这些巨型的文字在视觉上给人以震撼。但是，大部分文字的功能是为了人们完成一成不变的仪式。没有经过阐释即现时化的文字已经丧失了相关仪式起初的鲜活性。神庙墙壁上保留着上千年之前的文字，祭司依然举行繁琐的仪式，但是这些不能根据现实的需要进行阐释的文字和仪式与热闹的化装舞会没有太大的差别。毫不奇怪，面对入侵

---

① J. Assmann, "Cultural Memory and the Myth of the Axial Age", p. 399.
② 扬·阿斯曼：《文化记忆：早期高级文化中的文字、回忆和政治身份》，金寿福、黄晓晨译，北京大学出版社，2015年，第205—207页。

的波斯人和马其顿人，面对被外族统治者同化的危机，埃及人无法像以色列人那样把一本书转化为救星。

在希腊化和罗马帝国时期的埃及，祭司成为埃及文化的承载者。从表面上看，这个现象与古代以色列的犹太经师成为民族精神的中坚力量有相似之处；事实上，埃及祭司只是在抱残守缺。更何况，为了在外族统治下的国家保全自己的特权，祭司们想尽办法对宗教仪式赋予神秘色彩，同时让神庙远离民众。为了讨好这些祭司，外族统治者花费巨资建造富丽堂皇的神庙，它们俨然像一座堡垒。神庙变成了祭司们偏安一隅甚至获取外族统治者恩惠的场所。经过巴比伦征服和罗马人的迫害，犹太人不仅丧失了政治上的独立，作为精神寄托的圣殿也被夷为平地。相比之下，托勒密王朝和罗马帝国时期的埃及人得以建造风格和构造与之前相同而且在规模上远超过以往的神庙。从表面上看，埃及人的传统并没有被割裂。事实上，犹太人的一部《圣经》不仅包含了他们的全部文化传统，而且他们用心和灵魂铭记其中的内容，不管他们住在哪里，或者流落到何处，他们的文化灵魂始终相伴。[①] 相反，埃及的神庙仍旧矗立着，但是内涵却早已烟消云散。随着基督教成为罗马帝国的国教，埃及人不仅失去了宗教的家园，而且逐渐废弃了自己原来的语言。

结　语

在一些继承斯宾格勒衣钵主张文明冲突论的今天，雅斯贝斯轴心时代理论中有关人类精神的同一性和真理的普遍性的观点无疑具有现实意义。轴心时代理论过分地强调了历史的未来性，把创新、变革、推陈视为历史发展的重要标志和目标，而忽略了社会稳定和长时段的连续性对文化的巨大促进作用。雅斯贝斯所说的轴心时代实际上是人们在长期发展书写文化的基础上确立正典和经典的过程。这个过程与其说是与传统决裂，不如说是人们面对与过去割裂的危险或者被外族同化的威胁时更加强烈地以传统为依托。身份的确立和认同需要一个漫长的过程，一种制度确立之后不同的利益集团之间、

---

① 扬·阿斯曼：《文化记忆：早期高级文化中的文字、回忆和政治身份》，金寿福、黄晓晨译，第209—210页。

不同的人群和族群之间磨合和融合至少与疾风暴雨般的社会变化同样重要。在有关现代性的讨论中，传统被描写成导致历史车轮迟缓、停滞，甚至倒退的因素显然有失偏颇。

按照阿斯曼提出的文化记忆理论，轴心时代不仅是一个社会变革的时代，而且更加重要的是构成了人类传统的有机组成部分，换句话说，对于我们至关重要的不是在这个时代究竟发生了什么，而是这个时代如何对待它之前的年月，它如何建构了之前的历史。轴心时代出现的新的社会背景和政治气候促使有识之士以不同于以往的方式对待和解释过去，也就是说，这个时代形成了崭新的文化记忆模式。[①] 从表面上看，轴心时代诞生的伟大作品改变了世界，但是按照文化记忆理论，更为关键的是这些作品如何成为一个民族安身立命的基石。这里所说的传统因为被奉为正典和经典而具有至高无上的效力。传统被筛选以后被精炼成正典，成为人们研读和熟记的范本，在关键和危急的关头成为指南，但是古代埃及人未能完成这个步骤。

（金寿福，复旦大学历史系教授）

---

① J. Assmann, "Cultural Memory and the Myth of the Axial Age", pp. 369, 399–400.

重新审视雅斯贝斯"轴心期"理论的意义与问题①

吾敬东

摘要：本文旨在对雅斯贝斯"轴心期"理论的意义与问题做一个概要的审视。文章包括四个部分，依次是：一、雅斯贝斯"轴心期"理论的意义；二、雅斯贝斯"轴心期"理论的主要问题；三、针对雅斯贝斯"轴心期"理论的具体质疑；四、重新研究与评估雅斯贝斯"轴心期"理论的意义及方法。借此，可以对雅斯贝斯"轴心期"理论的意义及不足有一个概略性的了解，这也包括对"轴心期"理论的具体质疑，以及解释批判性研究的意义与方法。

关键词：雅斯贝斯 轴心期 理论 意义 问题

卡尔·雅斯贝斯的重要代表作《历史的起源与目标》1949年问世，1953年被译成英文，时隔35年后，又于1989年被介绍到中国，魏楚雄、俞新天翻译，华夏出版社出版。该著所论问题既属于历史学，也属于历史哲学，因此为研究历史与哲学两个领域（包括文明史与思想史研究各个分支）的学者所重视。尤其是《历史的起源与目标》一书所提出的"轴心期"理论，与斯宾格勒8个历史存在说、汤因比23种文明说等一道，成为现当代对历史或文明

---

① 本文为上海高校高峰高原学科建设项目成果。

史的最为重要的判断。

雅斯贝斯"轴心期"理论的意义

按照雅斯贝斯,"轴心期"(即以公元前500年为圆心,公元前800年至前200年也即前后各300年为半径)是人类文明史上最为重要的时期。雅斯贝斯认为,"轴心期"之所以重要,乃是因为这一时期所出现的精神过程。在"轴心期",众多哲学家或思想家在世界不同地区同时涌现,这实际反映了人类意识的觉醒,也即理性或人性的觉醒。例如以下这些论述:"正是在那里,我们同最深刻的历史分界线相遇,我们今天所了解的人开始出现。""最不平常的事件集中在这一时期。""在数世纪内,这些名字所包含的一切,几乎同时在中国、印度和西方这三个互不知晓的地区发展起来。""这个时代的新特点是,世界上所有三个地区的人类全都开始意识到整体的存在、自身和自身的限度。"[①]"这个时代产生了直至今天仍是我们思考范围的基本范畴,创立了人类赖以存活的世界宗教之源端。""这一人性的全盘改变可称为精神化。"[②]"哲学家首次出现了。人敢于依靠个人自身。""人在理论思辨中把自己一直提高到上帝本身。""在轴心期,首次出现了后来所谓的理智和个性。"[③]等等。

应当说,这些论述看似简单,却相当深刻,因为它力图揭示精神现象之于人类文明的巨大意义,这包括理性、人性以及哲学,并且就其产生在时空上作了准确定位。有理由说,在很大程度上,正是由于"轴心期"理论这一简略而深刻的概括,作为它的载体——《历史的起源与目标》一书的名称及意涵反倒降至次要地位。正如此书中译本的译者在序中所指出的:"在西方,许多学者都知道轴心期一说,但并不十分清楚《历史的起源与目标》一书的完整的思想内容。这说明雅斯贝斯作为一位存在主义哲学的开创大师,名闻遐迩,但作为一位历史哲学家,其思想理论却鲜为人知。其实,在轴心期一词下,蕴藏着雅斯贝斯既丰富又系统的历史哲学理论。"总之,无论从哪个

---

① 卡尔·雅斯贝斯:《历史的起源与目标》,魏楚雄、俞新天译,华夏出版社,1989年,第8页。
② 卡尔·雅斯贝斯:《历史的起源与目标》,魏楚雄、俞新天译,第9页。
③ 卡尔·雅斯贝斯:《历史的起源与目标》,魏楚雄、俞新天译,第10页。

角度来看，雅斯贝斯的"轴心期"理论都有着重大的意义和深刻的影响。

当然，在我看来，"轴心期"概念的最有价值或最为合理之处，就在于其跳出了西方中心观来看待或评价世界的历史及其文明。在《历史的起源与目标》第一章"轴心期"开首，雅斯贝斯说道："在西方世界，基督教信仰缔造了历史哲学。在从圣·奥古斯丁到黑格尔的一系列鸿篇巨著中，这一信仰通过历史而具体化为上帝的活动。上帝的启示活动相当于决定性的分界线。因此，黑格尔仍能说，全部历史都来自耶稣基督。上帝之子的降临是世界历史的轴心。我们的年表天天都在证明这个基督教的历史结构。但是，基督教仅是基督教的信仰，而非全人类的信仰。因此，这一普遍历史观的毛病在于，它只能为虔诚的基督徒所承认。……假若存在这种世界历史轴心的话，它就必须在经验上得到发现，也必须是包括基督徒在内的所有人都能接受的那种事实。这个轴心要位于对于人性的形成最卓有成效的历史之点。自它以后，历史产生了人类所能达到的一切。它的特征即使在经验上不必是无可辩驳和明显确凿的，也必须是能使人领悟和信服的，以便引出一个为所有民族——不计特殊的宗教信条，包括西方人、亚洲人和地球上一切人——进行历史自我理解的共同框架。"[①]

其实，只要对比黑格尔关于哲学发生的看法与雅斯贝斯轴心期精神产生的理论，我们便可以清楚看出二者的不同："黑格尔所着重强调的是精神、本质、概念、理念、真理，这其实明显带有德国哲学的特征。而雅斯贝斯由于关注点主要是在轴心期也即哲学的产生阶段，因此特别强调了哲学产生过程中理性反对神性的意义以及伴随着理性生长的人性觉醒的意义。不过，二者最大的不同之处还在于：在黑格尔的思想中，哲学几乎只是西方的专利，早年是希腊的专利，近代则是德国的专利。换言之，黑格尔的哲学观明显有着西方中心论的倾向，有着一种西方文明的优越感，乃至自大狂，这样一种哲学史观无疑是偏狭的。相比之下，雅斯贝斯的哲学观虽不能说已经完全彻底消除了西方中心的痕迹，但它的确是多元的，是多中心的。在雅斯贝斯的轴心期理论中，哲学之门是向不同文明或不同民族敞开的，在不同地区的人类思维中，哲学之树都有可

---

① 卡尔·雅斯贝斯：《历史的起源与目标》，魏楚雄、俞新天译，第15、16页。

能结出丰硕的果实。"可以这样说，雅斯贝斯"轴心期"理论的最大意义乃在于其"轴心期"之冠下容纳了多元性或多样性，并在这种多元性或多样性中揭示普遍性。同时，雅斯贝斯以更加开放的视野和更加宽容的心胸重新考问了潜藏在西方文明深处的独断论或真理独占传统，其中也包括对西方自唯理性主义时代所形成的西方中心论传统的纠偏。这也正是我们向雅斯贝斯致敬之处！当然，雅斯贝斯与黑格尔不是处在一个时代，不同的时代一定有自己的判断眼光，就此而言，我们也不能以雅斯贝斯作为准绳来要求黑格尔。

雅斯贝斯"轴心期"理论的主要问题

但是，我们又要看到雅斯贝斯"轴心期"理论所存在的问题。

首先，雅斯贝斯认为"轴心期"最重要的意义或价值在于精神层面，也即是说，雅斯贝斯是将精神层面的变化视作"轴心期"最重要的成果。与此相关，尽管雅斯贝斯已经赋予历史多样性和特殊性以合法的地位，但对于本质、理想甚或理念的关注乃至追求仍然是其理论的基本目标，并且这也作为主要线索贯穿理论始终，从一定程度上来说，这其实也是德国哲学的传统，也因此我们看到雅斯贝斯对于共同因素或普遍主义的热衷。译者序也指出了这一点，雅斯贝斯"通过系统的比较研究的方法，揭示出轴心期各地区文化现象所具有的内在整体性、一致性和人类所共同具有的人性。他认为，这种任何人都可能在哲学活动中进行自我反思的共同因素为人类历史奠定了一种基础"。雅斯贝斯又认为，"历史是有意义的，其意义就在于实现人类意识的最高潜力，历史就是在人类意识的逐步清醒、成熟和升华中获得进步，人类历史在轴心期的突破完全能为人类普遍经验所证明。"雅斯贝斯自己也在第一篇"世界历史"的"绪论：世界历史的结构"中指出："面对无限的多样性，那种以经验为根据的历史观念，必定要么限于证实单一的规律性，要么永无穷尽地描述多样性：同样的事件重复出现；类似在差异内再现。"[①] 显然，在雅斯贝斯这里，人性或哲学已经成为"轴心期"不同文明的"共同因素"

---

① 卡尔·雅斯贝斯：《历史的起源与目标》，魏楚雄、俞新天译，第4页。

或"普遍经验"，它也是人类之成为文明的根基。简而言之，雅斯贝斯是将"轴心期"加以"哲学化"或"精神化"了。而这也正是雅斯贝斯"轴心期"理论的主要问题所在。应当说，雅斯贝斯将"轴心期"精神视作整个人类精神根基的视角固然不错，但仅仅满足于这一点显然是不够的，也可以说是远远不够的。事实上，历史地看，关于精神根基在文明中的作用，中国人早在汉代就已有明确认识，甚至早在孔子就已有明确认识；在佛教世界，一代代僧众都会不断地追溯早期的精神根基；同样，犹太教或基督教也都在各自的经典中对原初精神根基有明确表达；意大利文艺复兴以后，尤其是伴随着传播与考古，西方人也开始意识到早期希腊精神根基对整个欧洲文明的奠基性影响。就此而言，也即就对精神根基的认识而言，雅斯贝斯的"轴心期"概念其实并不会增添更多的实质性内容。由此，新的研究视角必不可免。

罗哲海（Heiner Roetz）的文章就提到了这一点。"在社会科学中，雅斯贝斯的规范性视角已经大体上被一种解释性与描述性的视角所取代，关注全人类的视角被关注伟大'文明'之多样性的视角所取代，而面向未来的视角则被代之以回溯历史悠久的文明类型的形成过程的视角。这使得'轴心'进路成了变相的文明比较研究，在文化学科中也是如此。这方面的功劳要更多地归于马克斯·韦伯或韦伯兄弟而不是雅斯贝斯。毫不奇怪，马克斯·韦伯常常被视为轴心时代理论的真正鼻祖，尽管他明确阐述的乃是一种对比性的'理想典型'而非适应性的比较。"①或许可以这样说，"关注全人类的视角被关注伟大'文明'之多样性的视角所取代"或"'轴心'进路成了变相的文明比较研究"这种状况恰恰证明其具有某种合理性或必然性。因为"轴心期"理论及其研究如果仅仅停滞于概念与精神的层面，或仅仅停滞于假设的层面，或仅仅停滞于规范性视角而非解释性、描述性甚至实证性视角，即不去做细致的分析或区别，那么它就永远不可能深入。更深入的研究必定要求对人类文明的早期精神作深入细致而非浮光掠影的考察。只有跳出对"共同因素"或"普遍经验"也即高度哲学概括的满足，"轴心期"问题方能得到

① 罗哲海：《轴心时代理论——对历史主义的挑战，抑或是文明分析的解释工具？中国轴心时代规范话语解读》，见杨国荣主编：《思想与文化》，第16辑，华东师范大学出版社，2015年，第6—7页。

深入的考察和具体的论述。简言之，"轴心期"理论想要深入，或想要发掘其中的深刻内涵，就必然会涉及文明类型研究或文明比较研究。

毫无疑问，关于"轴心期"理论的考察与检验，中国是一个十分重要的例证，并且这实际也必然会涉及不同文明的评判，雅斯贝斯以及后来参与讨论的学者对此都提出了自己的看法。如罗哲海举述道："在后来关于轴心时代原理的讨论中，中国已经成为检讨轴心时代理论是否具有经验上的正确性的重要实例。希腊思想的优越性首先在于从神话（mythos）到逻各斯（logos）的'突破'本性，它在雅斯贝斯看来是整个时代的本质特征。沃格林学派认为，中国只有'不完全'的突破，因为和希腊不同，中国停留在'宇宙论文明'之中。对于这种文明来说，神话思维的基石，也就是说，政治秩序和宇宙秩序的'同质性'和'共同延续性'并没有遭受一贯的质疑。布劳耶（Stefan Breuer）做过类似的评价：中国已经超越了'同源论'（homology）——也就是说，不再设想一个与人的世界相类似的神的世界，并且用'道'这样一些非人化的概念取代了'同源论'；但在布劳耶看来，中国并没有打破那种将万物融合为一个无所不包的单一整体的'本体论连续统'。即使中国已经出现一些背离这一模式的思想，它们也并'没有成为文化中的决定因素'。同时抛弃同源论和宇宙连续统观念的文化，只有古代的犹太文化和希腊文化。鉴于此，以及其他原因，布劳耶认为，我们应该不再把轴心时代概念理解为与'超越性突破'相应的时间固定的时代门槛，而只是把它理解为'朝着不同方向的文化转型'。因此，'轴心时代'是不是一个有意义的观念，这首先取决于中国的资源真正提供了什么。"[1] 应当说，沃格林学派有关"中国只有'不完全'的突破"的提法与布劳耶有关"中国并没有打破那种将万物融合为一个无所不包的单一整体的'本体论连续统'"的提法都是十分合理的，也是十分有价值的。但是，在我看来，沃格林学派与布劳耶的上述观点同样过于"哲学"化，或过于思辨化，要真正理解中国，包括理解中国、印度、希腊、犹太之间的区别，仅仅只有哲学面向是远远不够的。

另外我们还要看到，雅斯贝斯毕竟是一个西方学者，他的知识与学术训

---

[1] 罗哲海：《轴心时代理论——对历史主义的挑战，抑或是文明分析的解释工具？中国轴心时代规范话语解读》，见杨国荣主编：《思想与文化》，第16辑，第6—7页。

练又必然导致他不可能完全摆脱西方中心论的观点。例如以下的论述："西方为自己创造了两种普遍性文化结晶，文化由此获得了延续发展的生命力：罗马帝国和天主教教会，它们结果都构成欧洲意识的基础。欧洲意识虽然似将不断地分裂，但总是在反对外来威胁的重大任务中重新形成，尽管这种形成并不可靠（如在十字军时代及受到蒙古人和突厥人威胁的时代）。然而，文化一元形成的倾向并不像中国儒教中大量发生的情况那样，致使精神生活变成了静止干瘪的木乃伊。"[①]在这里，我们能够清楚地读出作者对自己历史的肯定、偏好和赞美，这本无可厚非，但作为叙述人类文明，确切地说就是叙述人类文明的多样性却显然非常不够。这也见诸其他学者的批评。罗哲海就列举了其中一些观点，如"对轴心时代理论的批评主要来自两个方面：一方面，尽管雅斯贝斯声称要克服排他主义，但人们责备说，他自己却在倡导一种新的排他主义，即轴心文化对于非轴心文化的排斥；另一方面，人们批评说，他的立场恰恰就是不折不扣的排他主义，即重建希腊与犹太—基督文明之独特性的排他主义"。"第一种批评可以阿莱达·阿斯曼（Aleida Assmann）为例。他指出，雅斯贝斯的理论导向霸权主义的后果，因为它试图'以牺牲多元性为代价来实现统一'。扬·阿斯曼（Jan Assmann）批评雅斯贝斯'过于忽视轴心时代之前的世界'尤其是埃及，以及他'过于简单化的非此即彼的思维'。"[②]"朔特兰德提出了第二种批评，即批评雅斯贝斯是不折不扣的排他主义者。""他认为发生在希腊的某些东西'看起来和在中国与印度所发生的并无二致，但实际上不仅没有可比性，而且远远超越它们'。他还强调，'在希腊和东方形态的关系上'的差异比雅斯贝斯所承认的要'更为深刻'。"[③]

针对雅斯贝斯"轴心期"理论的具体质疑

由此可见，雅斯贝斯实际并未能有效处理"轴心期"这一问题。

---

① 卡尔·雅斯贝斯：《历史的起源与目标》，魏楚雄、俞新天译，第72页。
② 罗哲海：《轴心时代理论——对历史主义的挑战，抑或是文明分析的解释工具？中国轴心时代规范话语解读》，见杨国荣主编：《思想与文化》，第16辑，第7页。
③ 罗哲海：《轴心时代理论——对历史主义的挑战，抑或是文明分析的解释工具？中国轴心时代规范话语解读》，见杨国荣主编：《思想与文化》，第16辑，第9页。

我们会问：仅仅以精神来说明"轴心期"乃至以后的人类文明史是否合理，是否充足。换言之，就是将"轴心期"问题归于或等于哲学问题的依据是否合理，是否充足。并且，不同文明的精神根基是一样的吗？中国、希腊、印度、犹太，这些"轴心期"的精神是否真是一个"意思"？"轴心期"这一语词或概念真的能完全统摄人类那几个主要地区的精神面貌吗？

而且不仅如此，深入细致而非浮光掠影的考察又必定不会也不应满足于精神层面。"轴心期"决非只有精神，它实际涉及宗教、伦理、社会结构、经济样态、政治制度、思维方式、知识范型，等等。当然也包括理性、人性、哲学。并且，不同区域又是如此不同，这又需要加以区别、区分或分析、分类。显然，这都无法通过"轴心期"或"轴心期"精神这样一些简单而笼统的概念或语词能加以囊括或解释。

此外，雅斯贝斯对"共同因素"的强调有可能会遮蔽不同轴心区域的差异性与多样性；有关"轴心期"时间的确切规定也可能会忽略精神积累的漫长性及在时间显示上的差异性；以哲学的名义涵盖犹太教不仅反映了理解上的不准确，也未能给宗教这一特殊精神留出应有的位置或对宗教变化获得敏锐的洞察。

雅斯贝斯又说："理性和理性地阐明的经验向神话发起一场斗争（理性反对神话），斗争进一步发展为普天归一的上帝之超然存在，反对不存在的恶魔，最后发生了反对诸神不真实形象的伦理的反抗。"①但问题是"轴心期"是否存在过这样一种普遍现象或事实，或这样的描述或归纳是否准确和真实。我的看法是这一表述过于粗疏，这涉及对理性或人性觉醒的认识与判断，其实各轴心区域非常不同，例如犹太的理性与人性就完全不同于希腊的理性与人性。

进而，雅斯贝斯关于伦理或道德理性的认识就是模糊的，在时间、方向、样式等问题上都概念化或形上化了，例如中国道德理性的自觉远远早于西方就没有被雅斯贝斯所注意；雅斯贝斯也没有关注知识理性问题；关于哲学登场的条件，雅斯贝斯的叙述也是粗疏的，并且也是由于这一粗疏遂造成

---

① 卡尔·雅斯贝斯：《历史的起源与目标》，魏楚雄、俞新天译，第9页。

了后来对于哲学产生的错误理解；与此相关，与理性或哲学密切相关的"无神论"的意义显然被夸大了，事实上，目前国内外思想界对此问题普遍存在认识上的误区。

雅斯贝斯也提到了"突破"，但由于其"轴心期"理论的核心是关注理性、人性与哲学，因此就忽略了发生于社会层面的种种重大"突破"。并且，雅斯贝斯的"突破"又很容易会被理解为是指理性、人性与哲学，事实上这也已经对思想界产生了误导。显然，对于雅斯贝斯所说的"突破"必须有更为深入的辨析。

此外，与"轴心期"有关的知识分子也没有被专门关注，至于与精神远离的社会、制度的革命性变化则普遍没有引起雅斯贝斯的注意，这其中便包括与社会生活密切相关的宗教问题。最后，还有"轴心期"的结果及文明分化问题，雅斯贝斯这方面的论述不仅失之笼统，且一些看法或结论也自相矛盾。

指出这些质疑，并不是为了否定雅斯贝斯的"轴心期"理论，而是旨在进一步推进与深化这一理论，或者也可以说是推进与深化这一理论中极富价值的思考。

重新研究与评估雅斯贝斯"轴心期"理论的意义及方法

那么，重新考察会改变雅斯贝斯"轴心期"理论的初衷吗？如果雅斯贝斯的"轴心期"理论仅仅是以关注精神为目的，那一定会的；但如果雅斯贝斯的"轴心期"理论是着重于容纳多元性或多样性，那又或许不会。而事实上，更具挑战性的问题可能还在于：第一，按布劳耶的看法，当"扩大中国和希腊之间的差距"，"将使得轴心时代假说变得毫无意义"，[①]是这样吗？也即中国与希腊的差距扩大真的会使轴心时代的假说变得毫无意义吗？第二，按罗哲海的说法，"韦伯以社会学方式丰富并重构了与黑格尔一模一样

---

① 罗哲海：《轴心时代理论——对历史主义的挑战，抑或是文明分析的解释工具？中国轴心时代规范话语解读》，见杨国荣主编：《思想与文化》，第16辑，第12页。

的看待非欧洲文化的观点，后者正是雅斯贝斯所要批判的。"①那么，当引入了韦伯的研究方式及观点，雅斯贝斯的批判意义是否不再，或者说是否又重新落入了西方中心论的窠臼。首先，我以为认识中国与希腊的差距并不会使得"轴心期"理论变得无意义，除非"轴心期"只是抽象概念意义上的，非但如此，认识这一差距还有助于"轴心期"的分类。其次，引入韦伯的研究方式及观点也不会必然导致"与黑格尔一模一样的看待非欧洲文化的观点"，因为韦伯的研究是分析的，而黑格尔则表现出一种赤裸裸的傲慢与优越感。

值得一提的是，如前所见，"轴心期"理论若要深入发展就一定会涉及文明类型或走向的划分。前述布劳耶的"我们应该不再把轴心时代概念理解为与'超越性突破'相应的时间固定的时代门槛，而只是把它理解为'朝着不同方向的文化转型'"的看法即是如此。而韦伯之所以会被视为轴心时代理论的鼻祖也源自于此，其有关中国、印度以及犹太宗教的古典社会学考察就已经做了分类处理。但应当说，就文明分类的理论而言，张光直有关"连续"与"突破"的界说是最有价值的。自然，"连续"与"突破"已经隶属于另外一个同样重要的论题，须专门加以讨论。但有一点是肯定的，即只有当"轴心期"问题与"连续""突破"问题相结合，"轴心期"问题方能获得更有效的认识；并且，"连续"与"突破"也更能说明不同文明的合理性，包括必然性与偶然性，同时也更能呈现不同文明在文明发展中的位置，包括级阶或梯次；毫无疑问，也更能呈现各自的优劣与短长，没有任何文明可以自诩没有缺陷，包括致命的缺陷。

（吾敬东，上海师范大学哲学与法政学院哲学与跨文化研究所教授）

---

① 罗哲海：《轴心时代理论——对历史主义的挑战，抑或是文明分析的解释工具？中国轴心时代规范话语解读》，见杨国荣主编：《思想与文化》，第16辑，第7页。

何谓宗教？何谓神？
——一种比较语言学—语文学的探索

白　钢

摘要：本文试图通过对印欧语系、亚非语系（闪-含语系）、乌拉尔-阿尔泰语系、汉藏语系中表达宗教与神的词汇来源及其内在意义进行分析，结合历史比较语言学与比较语文学方法，探索其在具有代表性的人类文明体中是如何生成衍化的。

关键词：宗教　神　比较语言学　比较语文学　文明史

要讨论世界宗教史，需首先梳理宗教的概念及与之密切相关的范畴。本文试图对印欧语系、亚非语系（闪-含语系）、乌拉尔-阿尔泰语系、汉藏语系中表达宗教与神的词汇来源及其内在意义进行分析，探索其在具有代表性的人类文明体中是如何生成衍化的。

中国传统语境下的"宗教"一词，实缘于佛教："宗"特指禅宗，是为中国化佛教的代表；"教"指除禅宗之外的其余各宗——对应于佛教的中国化。这个意义上的宗教，所标示的是佛教中国化与中国化佛教的圆融状态。

而近代以来汉语语境下的宗教概念，则与此传统之宗教观念大相径庭，很大程度上源自西方的宗教概念，并在现实语用中与其保持高度的相关性，进而构成一种概念史意义上的新传统。这一命运也类似地作用于其他东方民族的语言—思维。而西方语境中"宗教"一词（英语religion，德语Religion，法语religion）均可追溯到拉丁语religio。对religio一词的源初意义（词源），在西方历史上一直保持着两种重要的解释路径：

1. 西塞罗（Cicero）所主：religio源自动词re-legere，[①]legere一词最初的意义是采集、收集（re-legere即再次采集），它对应于希腊语的 $\lambda\acute{\epsilon}\gamma\epsilon\iota\nu$（legein），由"收集"进而引申出"言说"的涵义。$\lambda\acute{\epsilon}\gamma\epsilon\iota\nu$ 的名词化形态 $\lambda\acute{o}\gamma o\varsigma$（logos，逻各斯）意味着言说，进而指向某种特定的言说，某种带有思量的、理性的言说（$\lambda\acute{o}\gamma o\nu$ $\delta\iota\delta\acute{o}\nu\alpha\iota$ [logon didonai]，"给予发言权，权衡考量"），后引申为逻辑，而其最初的涵义依然是聚集——言说是思维—语言特定的聚集行为。

表达"（思维）再次收集"之义的re-legere，对应于孔子所称许的"再思"（《论语·公冶长》：季文子三思而后行。子曰：再，斯可以）。再思，意味着对人的思维活动再次采集与收集。在此意义上，宗教（religio）即是人对超越自身进而超越自身认知的神圣存在的"再思"。

2. 拉克坦提乌斯（Lactantius）所主：religio源自动词re-ligare，[②]ligare一词意为关联、连结，在这里，前缀re-表强化义，re-ligare即是某种强化了的连接，而宗教（religio）则意味着人与超越自身的神圣存在之间的特定连接。

小结：Lat. religio［*re-legere"重新收集］重新思考／把握"（Cicero）；*re-ligare"（强化）连接，关联"（Lactantius）。

无论取哪一种解释，宗教在西方语境下（进而在当代世界各民族的语境下）都意味着人与超越自身的神圣力量——存在的特殊关系：当强调这种关系的思辨意味时，偏向于前者；当强调这种关系本身时，偏向于后者。

构成这种关系的两级，一者是作为有限者的人，一者是超越人和人所居处之自然的伟大力量——存在。在许多宗教中，这种超凡的存在往往被称作"神"。

在进入对于神的概念的词源学梳理前，让我们不妨对于religio之外的

---

① Cicero: De natura deorum II 72.

② Lactantius: Divinae institutiones IV 28.

各种语言（特别是古代语言）中表达宗教（或类宗教）概念的词汇作某种梳理。

几乎所有宗教都与虔诚—信仰深切关联，因而在某些语言中，表达宗教的词汇便源自信仰之义，如印欧语系中古爱尔兰语 cretem（动词 cretid，"相信、信任"［＊印欧语 ḱred-dʰeH₁-"心-放置、安置"］心安，信任"，参照梵语 śrad-dhā，阿维斯特语 zraz-dā，"信任，忠诚"）；古北欧语 trūa（动词 trūa "相信，信任"）；古英语 gelēafa，古德语 gilouba，中古德语 g(e)loube（均源自相应表"信任"义的动词）；中古英语 feith（源自中古法语 feid，拉丁语 fidēs "信仰，忠诚"），立陶宛语 tikė，tikėjimas，拉脱维亚语 ticība（立陶宛语动词 tikėti，拉脱维亚语动词 ticêt "信任；信仰"）；教会斯拉夫语 věra（动词短语 věrǫ jęti "提起信任 ＞ 信仰"，常用于翻译希腊语 πιστεύειν pisteuein，"深信、虔信"）。① 印欧语外，芬兰语中 uskonto "宗教"一词也体现出类似的意义轨迹（动词 uskoa，"相信"；名词 usko，"信仰"）。与之同属乌拉尔语系的匈牙利语中，表宗教的 vallás 一词，则源自动词 vall "承认，作证"，指向一种带有神圣意味的承认与宣誓的行为。

古希腊语中几乎找不到严格对应于宗教的词汇，而更近似于从不同角度对宗教本质的界定：②

1. εὐσέβεια（eusebeia）"（虔诚的）敬畏"，既是对于神圣者的虔诚敬畏，也因这种敬畏对象的神圣性和敬畏感情的虔诚特征而本身也变得具有神圣性了。在柏拉图的《游叙弗伦》篇中，苏格拉底将这一意义上的虔敬（τò εὐσεβές［to eusebes］）与神圣（τò ὅσιον［to hosion］）作为信仰意义上的宗教的最核心的问题加以追问；与之近似的是

2. δεισιδαιμονία（deisidaimonia），它本义是对于神圣者的敬畏，引申为对于超自然之神秘事物——力量的敬畏，进而又有无原则的敬畏乃至迷信之义；③

---

① 参见 C. D. Buck, *A Dictionary of Selected Synonyms in the Principal Indo-European Languages,* Chicago, 1949, Chapter 22, p.11。

② 参见 Ulric Wilamowitz-Moellendorff, *Der Glanbe der Hellenen,* 1 Band, Darmstadt, 1955, pp.14-17；赫丽生：《希腊宗教研究导论》，谢世坚译，广西师范大学出版社，2006年，第1—10页。

③ 亚里士多德在《政治学》中提到：如果统治者被民众认为是一个敬畏神明者（δεισιδαίμονα），则对其统治较为有利，前提是他能显得并不愚昧（ἄνευ ἀβελτηρίας）。这正折射出 δεισιδαιμονία 一词在希腊人心目中敬神而近于盲目的意象。

3. θεραπεία（therapeia）"侍奉，敬奉"，这种敬奉的活动之核心在于献祭（θύειν［thyein］）与祈祷（εὔχεσθαι［euchesthai］）；[①]

4. θρησκεία（threskeia）"神圣的教谕、使命、职守"（其复数形式自希罗多德以来表宗教仪式，动词形态θρησκεύειν（threskeuein）"重视或遵循神圣教谕"），它引申出后来所谓的神职概念。根据赫西基俄斯（Hesychius）的注释，与θρησκεύειν形式紧密相关的θρήσκω被释作νοῶ"思考"，θράσκειν被释作ἀναμιμνήσκειν"记忆"，则其原义当是对于神圣者及其教谕的忆念与深思。[②]

在印度人的思想世界中，梵语dharma（巴利语dhamma）"法；正法；职分"是最接近于宗教之义的词汇，这也是汉地禅宗之祖达摩的名字，它源自印欧语词根 *dʰer-，其基本含义是执持和支撑（由拿着、执有、持有，进而发展出支撑、展开之意），它意味着一种执持的行为，与被人所持有的、支撑着这个世界的特定原则，或说，由这种特定的原则所支撑展开的世界秩序。[③] 印度所生之宗教最具特色者，在于反求诸己向内亲证（sākṣātkāra，原义为"亲眼所见"）之"自法"（svadharma），它不但意味着自我之信仰与职守，更意味着众生本具之觉性通过修行实践的自我实现。[④]

在藏语中，受到源自印度的佛教思维与语言的影响，宗教被表述为chos lugs，chos意为法，lugs则意味着规范、仪轨、习俗，二者结合指向一种形诸

[①] 在《游叙弗伦》篇中，苏格拉底追问是否宗教意义上的虔诚（τὸ ὅσιον）等同于有关献祭与祈祷的知识（ἐπιστήμην...τοῦ θύειν τε καὶ εὔχεσθαι，Euthy. 14c5–6），怀疑论者将这一定义表述为"敬奉诸神的知识"（ἐπιστήμη θεῶν θεραπείας，Sextus adv. Phys. I 123）。

[②] 与θρησκεύειν另一个相关的动词形式ἐνθεῖν被赫西基俄斯释作φυλάσσειν"保护，守卫"。就意义而言，它与"思考"与"记忆"可以构成一个整体：思考与记忆是对于特定的认知对象的守护与保留。比科斯（Robert Beekes）认为其或具有前希腊语时代的起源（Pre-Greek），参见R. S. P. Beekes, *Etymological Dictionary of Greek* (Leiden, 2009)中θρησκεύειν词条下的讨论。赫西基俄斯所编纂辞典的现代学术修订版，参见K. Latte, P. A. Hansen (ed.), *Hesychii Alexandrini Lexicon*, Vol 1–4, Kopenhagen, 1953–2009。

[③] 印度大史诗《摩诃婆罗多》（Mahābhārata）第八部《迦尔纳篇》（Karṇa Parva）中，黑天（Krishna）对阿周那（Arjuna）教喻道："能持者谓法，众生法所持，起执系者法，是为决定义"（dhāraṇād dharmam ity āhur dharmo dhārayati prajāḥ// yah syād dhāraṇa saṃyuktah sa dharma iti niścayah MB 8, 49, 50）。此处译文引用徐梵澄在其所译室利·阿罗频多《薄伽梵歌论》正文后的《释辞（音译）》中"达摩 Dharma"条下引文，不过该文所标示的出处（MB Karṇa 69，59）恐有误。《成唯识论》曰"法谓轨持"，窥基于《成唯识论述记》进一步释作"轨谓轨范，可生物解；持谓任持，不舍自相"。参见阿罗频多：《薄伽梵歌论》，徐梵澄译，商务印书馆，2007年，第640—642页。

[④] 参见金克木：《梵佛探》，河北教育出版社，1996年，第341—347页。

仪范、构成传统的正法。

在伊朗琐罗亚斯德宗教圣典《阿维斯特》（*Avesta*）之最古老也最富神圣意味的《伽泰》（Gatha"颂歌"）中，daēnā一词被用于指称每个个体通过在善—恶道路间的选择而达到与善灵（spənta mainyu）或恶灵（angra mainyu）之本质相合的状态，而最高神阿胡拉·玛兹达（Ahura Mazda）同样有其daēnā，即其神性本质，在此意义上，daēnā可表抽象的宗教之义。而daēnā源自动词dāy-"观，看"，其原初的意义或接近古希腊语 εἶδος eidos"相；形象，表象"，进而被赋予了特定形象、模式、属类乃至本质的意味，这种本质对应于个体则为灵魂，对应于神则为神性与宗教。[①]

在旧约希伯来语中，同样很难找到一个比较完整地对应于宗教的名词——比较接近的一个应该是yir'āʰ（yir'是动词词根，-āʰ为表阴性名词的后缀），它的涵义与希腊语 εὐσέβεια 和阿卡德语palāḫ ili"对神的敬畏"颇相似，指向一种对于神圣者的敬畏、进而本身即带有神圣特性的敬畏，[②]一种"恐惧与颤栗"，如同克尔凯郭尔那部名著的书名所展现的那样。

在阿拉伯语中最接近一般所理解之宗教的词汇是dīn"宗教信仰"，而这一涵义源自"债务"的本义（源于词根dīn之动词dāna 的基本含义有三：欠债，亏欠；审判，判决；宗教意义上的信教归宗），由债引申出某种特定的义务。或许可以认为，对于阿拉伯先民而言，信仰原本即是一种特定的债务与由债务引申出某种特定义务，由这种特定的义务引申出跟这义务所相关涉的宗教理念与实践。在伊斯兰教义中，对于yaum ad-dīn"末日（终极审判之日）"的信仰构成基本的六信之一，[③]而这一信念则可回溯到dīn作为债务的源初涵义，末日之审判即意味着对于这种债务的终极清算。阿卡德语dīnu-"法律；裁决，审判；诉讼；神的决定"，旧约希伯来语dîn"审判；诉讼，争议；正义"，其原义亦当与此相关。

---

① 参见 J. Duchesne-Guillemin, *Zoroaster und Abendland*, ins Deutsche übersetzt von, Ursula Weisser, in B. Schlerath (Hrsg.), *Zarathustra, Dramstadt*, 1970, pp.217–252。

② 这种神圣的敬畏，在《旧约》中被表述为智慧的开端（诗篇111：10、箴言1：7），合于道德之生活的基底（创世记20：11），纯净而持存永久（诗篇19：10）。在《新约》的《彼得前书》中，敬畏也被标识为专对神而应生起的感情："（你们）应敬畏神，尊敬皇帝"（2：17）。

③ 六信者，信真主、信使者、信经典、信天使、信末日、信前定。参见《可兰经》第四章《妇女》第136节。

在这种意义上，可以深刻地看到一神论信仰如何影响和改造了阿拉伯人自我的语言和思维。这也并非阿拉伯人所特有的现象，在世界各民族的宗教理念—实践中，用债务或义务来解释人—神的关系，并不罕见。依照这类认识，宗教本质上便是人所亏欠超越人之神圣者的债，进而是由这种特定的债务所形成的义务和关联。[①]

一个颇耐人寻味的事实是，世界最富影响的宗教（犹太教、基督教、伊斯兰教、琐罗亚斯德教、印度教、佛教）所对应的记录核心经典的神圣语言（旧约希伯来语、新约希腊语、阿拉伯语、阿维斯特语、吠陀语-梵语-巴利语），本身并没有产生一个对于世界宗教理解具有核心影响力的类似拉丁语 religio 的概念，而这并不影响其在实践中为人类提供了最丰富、生动、深刻的宗教经验。

现在让我们进一步探讨世界各种语言中关于神的词汇与其源初意义。

对于神这一概念，在印欧语系中有五组不同的表述方式：[②]

1. *diw-/dyu-, *deiwós, 复数 deiwós, "天的；拥有天空的"

印度-伊朗语族：吠陀语 devá, "天神，正神"；阿维斯特语 daēva-、古波斯语 daiva-, "邪神"。

意大利克-凯尔特语族：古佛里吉亚语（Old Phrygian）devos、欧斯干语（Oscan）deívā-、梅萨比语（Messapic）deiva（dīva），"女神"；威尼斯语（Venetic）deivos，"诸神"；古拉丁语 deivos，拉丁语 deus（>意大利语 dio, 法语 dieu, 西班牙语 dios，罗马尼亚语 zău）；古爱尔兰语 día。

日耳曼语族：原始日耳曼语（Proto-Germanic）*tīwaz。

波罗的海-斯拉夫语族：古教会斯拉夫语（Old Church Slavonic）divŭ "魔鬼"，古普鲁士语（Old Prussian）deiws/deywis, 立陶宛语（Lithuanian）diēvas,

---

① 在柏拉图《裴多篇》的尾声（118a），记录了苏格拉底服下毒药后的遗言："克里同，我们（！）欠（ὀφείλομεν）阿斯克勒皮俄斯（医药神）一只公鸡，别忘了归还（ἀπόδοτε）！"哲人苏格拉底生命最后时刻所强调的对神的债务与清偿，构成了哲学与宗教间张力关系最深切而生动的表征。

② 参见 C. D. Buck, *A Dictionary of Selected Synonyms in the Principal Indo-European Languages*, Chicago, 1949, Chapter 22, p. 12；印欧语中与神相关的词汇及其诗性表达，参见 M. L.West, *Indo-European Poetry and Myth*, Oxford, 2007, pp. 120–165。

拉脱维亚语（Latvian）dievs。

古希腊语：线性B（Linear B）de-wi-jo, de-u-jo-i(?)。

安纳托利亚语族：原始安纳托利亚语（Proto-Anatolian）*dyeus：赫提语（Hittite）siūs，siūn-，帕莱伊科语（Palaic）tiuna-"神圣的"。

这一词根也体现在人格化的神名中：古希腊语 Ζεύς Zeus "宙斯"，属格 Διός Dios；拉丁语 Iuppiter "朱庇特"（早期形式 Iūpiter, 源自呼格形式，对应于古希腊语 Ζεῦ πάτερ Zeu pater "父神宙斯啊"，另有作为其异写形式的 diespiter "日子的父亲"，反映出在 Ζεύς 与 dies "日子，天"的意义关联），属格 Iovis（早期形式 Diovis）；梵语 Dyāus "特由斯"，原意为"闪耀者，光明者"（动词 dīdeti "闪耀"），尽管远不如宙斯在希腊语中被呼作父亲的普遍与深入人心，在《阿达婆吠陀》中，仍可发现他被称作"父亲"的痕迹（AV 6.4.3）。

这种将神理解为居住并占据天空之存在的思维，不但构成了上述词汇的意义来源，也体现在《荷马史诗》中将神称作 ούρανίωνες ouraniōnes "天上的"，并形成了"占有广阔天空的（诸神）"（τοì ούρανòν εὐρὺν ἔχουσιν toi ouranon euryn echousin）这样的短语表述。

2. *ǵʰuto- "倒出（酒水）；奠酒"（源自动词 *ǵʰeu- "倾倒"）[1]

日耳曼语系：原始日耳曼语 *guða-，哥特语（Gothic）guþ（复数 guda），古北欧语（Old Norse）goð，古高地德语 got，古英语（现代英语）、古弗里斯兰语（Old Frisian）、古撒克逊语（Old Saxon）god。

印度语系：吠陀语 hu- "倾倒（酒水），奠酒"（可参考古希腊语 χέω <*χέϝω "倾倒、泼洒（液体）"，χοή "奠酒"，χύτρα，χύτρις "钵罐"，拉丁语 futis "水罐"），hávana, āhávana "祭酒，奠酒"，āhuti "奠酒，流淌的祭品"，hutá- "被倾倒（于祭火上），被祭祀；祭品，祭物"，hótar "首席祭师"（最初或意味着主持对神灵的祭酒仪式者）。

---

[1] 亦有认为 *gʰut- 的本意为"被呼叫召唤"，源自印欧动词词根 *gʰeu(e)- "召唤，呼叫"（参考吠陀语 hávatē "呼唤"，hūtá- "被召唤的"，阿维斯特语 zavaiti "呼唤"，古希腊语 καυχάομαι "大声说话；夸口"，教会斯拉夫语 zovo "呼叫"，古爱尔兰语 guth "声音"）。*The American Hertiage Dictionary* (3rd Edition) 即采用此说，则日耳曼语系中神的本意为"被呼唤者"。

3. *bhag-"分配；分配者；分配之所得"

印度-伊朗语族：吠陀语bhaj-"分配；分给；分享"，bhága "分得的部分；分配者"；[①]古波斯语baga-，新阿维斯特语（Young Avestan）baγa。

斯拉夫语族：古教会斯拉夫语bogŭ（由形容词bogatŭ "富裕"，u-bogŭ "贫穷"，其本义当为因分配而富足者），俄语бог，波兰语bóg。

古希腊语 $\delta\alpha\iota\mu\omega\nu$ daimōn一词，在《荷马史诗》中为神灵之义，后来渐渐指代具有超凡能力的精灵，进而发展为指称带有负面的乃至邪恶力量的精怪，并最终成为魔鬼的专称，推究其原意，也是指"分配者—主宰者"（源自动词 $\delta\alpha\iota\varepsilon\sigma\theta\alpha\iota$ "分割，切割；分配"）。希腊语中"幸福"一词 $\varepsilon\dot{\upsilon}\delta\alpha\iota\mu\omega\nu\dot{\iota}\alpha$（eudaimonia）即脱胎于此，本义为"善好的daimōn（之状态）"，前文提到的 $\delta\varepsilon\iota\sigma\iota\delta\alpha\iota\mu\omega\nu\dot{\iota}\alpha$ 之原初涵义则为"可敬畏的daimōn（之状态）"。梵语中对圣者的尊称bhagavant "薄伽梵"同样源于此意。

吐火罗语（Tocharian）中，"神"一词（吐火罗语A ñkät, 吐火罗语B ñakte）的早期形式或为 *ñäk(ä)te，可回溯到原始印欧语词根 *H₁nek-"获得，取得"［梵语aśnóti, 阿维斯特语-asnaoiti "达到，得到"，梵语náśati, 阿维斯特语-nasaiti "达到，获得"，立陶宛语nešù "带着，承载"，吐火罗语B enk-（吐火罗语A ents-）"带着，抓住"］，为其分词形式 *H₁nekto-"获得者"。在此意义上，神被理解为获得、掌握着超凡力量的存在，与*bhag- 所代表的通过分配而获得支配地位的理路近似。[②]

4. *dʰes-ós "被放置于……者"，*dʰēs-/dʰes-<*dʰeH₁s- "放置，安放"

古希腊语 $\theta\varepsilon\acute{o}\varsigma$ theos, 线性B te-o /tʰeʰos/, $\theta\acute{\varepsilon}\sigma\varphi\alpha\tau o\varsigma$ thesphatos "神一样说话"；亚美尼亚语 di-kʿ（<*dʰēses < *dʰeH₁s-）"诸神"，dicʿ-a-pašt, diwcʿ-a-pašt "敬仰诸神者"；拉丁语 fānum（<*fas-nom< *dʰH₁s-no-）"神龛；神庙"，fēriae（<古拉丁语fēsiae <*fēs-yā <*dʰēs-yā-）"节日"，fēstus（<*dʰēs-to-）"神圣假

---

① Bhaj- 的"分配"之义又演化为"分享，享用"，特别是"享用食物，吃"的意义，参考古希腊语 $\varphi\alpha\gamma\varepsilon\tilde{\iota}\nu$ phagein "吃"。在吠陀语中，bhaga代表的"所分得者"，常与财富、幸福相关，区别于通过掷骰子或偶然的方式分得的amśa；当Bhaga被人格化时，他是太阳神Aditi之子，为主分配之神，他所分配之物被称作bhagabhakta。在《梨俱吠陀》中，诗人常常呼唤他带来力量与幸福。

② 也有观点认为吐火罗语的形式源自印欧语动词 *gʰeu(e) "倾倒，奠酒"（Watkins）或 *ní-gʰuhₓ-to "被呼唤者"（Normier），参见D. Q. Adams, *Etymological Dictionary of Tocharian B* (Leiden , 2013)中ñakte词条下的讨论，可能性较小。

日”，欧斯干语（Oscan）fíísnu，翁布里亚语（Umbrian）fesnafe（<*fēsna-）"神庙"；梵语dhis-niya-<*dʰH₁s-ni̯a"令神满意的"。

这一意义上的神，最初或许被视作宗教仪式中安置于特定所在的神圣力量，出于敬畏与尊崇，人们用这种神圣力量所置身的所在或"被安置者"这样的称谓来指代它（类似汉语中以陛下指代君王），从而渐渐使得这种被指称者获得了独立—抽象的地位。

综上，神这一概念在印欧语系的语言中包含着四种意义来源：[①]

拥有天空者，与天空相关者，天人；与某种特定的祭酒仪式、动作相关的存在；能够主导进行分配的存在（对应于汉语语境之"主宰"、"宰者"）；通过宗教仪式被安置于特定所在者。

相对于印欧语中神的表述之多元性，闪米特语系中神这一概念的词源稳定单一：阿卡德语（Akkadian）ilu-（巴比伦之名便与此相关：Bab-ilōn"诸神之门"）；旧约希伯来语'ēl，'elôhha，'elohîm（'elohîm采用复数形式而表唯一主神，颇耐人寻味）；乌迦利特语（Ugaritic）'l（'l既是乌迦利特语中神的通称，又是乌迦利特万神殿中最古老的主神之名号）；腓尼基语'l；阿拉美语（Aramaic）'alāhā；阿拉伯语'allāh（较大可能源自定冠词'al与'ilāh"神"的结合："这神"–"唯一的神"），古西南阿拉伯语'-l-h，均可回溯到共同闪米特语词

---

① 在日耳曼语系中，尚有北欧语áss，óss（复数æsir），古英语ōs，古撒克逊语ās，ōs，古高地德语ans(i)-（出现于专名中），在约旦尼斯（Jordanes）所著《基特史》（Getica）中以拉丁化字母记录的哥特语ansis（复数宾格），上述词汇均意味着非基督教的异教神，其共同日耳曼语形式当为*ansu-<印欧语*H₂ems-u-，它们很可能与赫梯语ḫassu-"国王"、古阿维斯特语ahu-、新阿维斯特语aŋhu-"主人，主上"有关<印欧语*H₂ms-u-，并关联于梵语ásura-"主人；邪神，阿修罗"、阿维斯特语ahura-"正神"（最高主神：Ahura-Mazda）<印欧语*H₂msu-ro-。上述印欧语根之义若与"身体性的出生"相关（参照赫梯语动词ḫasi / ḫassanzi <*H₂óms-ei / *H₂ms-énti"生出，生育"，赫梯语ḫāssa <*H₂ómso-，ḫanzāssa- <*H₂msó-"后代，后裔"，楔形文字卢维语（Cuneiform Luvian）ḫamsa/i <*H₂ems-"孙子（女），外孙（女）"），则上述神、国王、主上的称谓，其原初义都指向"具有特别善好–高贵之出身者"。如此说成立，则可构成印欧语系中另一种有代表性之神的概念表达。参见G. Kroonen, *Etymological Dictionary of Proto-Germanic*, Leiden, 2013中*ansu-与Kloekhorst中ḫāš- /ḫašš-、ḫāšša、ḫaššu-词条的讨论；不同的观点参见J. Puhvel, *Hittite Etymological Dictionary* (Berlin/New York, 1994)中hassu-与M. Mayrhofer, *Kurzgefaßtes etymologisches Wörterbuch des Altindischen* (Heidelberg 1956)中ásuraḥ词条的讨论。

根 *'-l "向着，朝着（由上而下）"，① 进而与介词 ʿ-l-y "在……上方" 相关。②

这一意义上的闪米特语词源和印欧语词根 *diw-/dyu- 类似，均以 "在上者" 指代神。在印欧语中将 "在上者" 具体化为天，而在闪米特语中，表达天的词汇是与 "有水之所在" 的想象—意向结合在一起的（阿卡德语 šamû，希伯来语 šāmayim，乌迦利特语 šmm，古叙利亚语 šᵉmāya，阿拉伯语 samā'，古西南阿拉伯语 ś-m-h）。③

在属于阿尔泰语系的满语中，神的概念往往与死亡连在一起。神祇、神主事实上与祭祀、跳神联系在一起，祭祀的词义又是从死亡之义演变过来的：enduri "神"，endurin "神仙"，enduringge "圣" < *endu- (+ri, rin, rin-ngge)：endehe "死亡"（<*endu-he）；weceku "神祇，神主"，wecembi "祭神，跳神"，wecen "祭祀" < *wecen-: bucembi < *bucen "死亡"（b>w），buceli "鬼魂"。

中古蒙语中神一词则源自某种神圣守护者的概念：saqiɣulsun "神"，saqiɣulsu "守护神"(saqiltan "守戒者"，saqiya "护符"，saqil "戒律") < *saqi- "守护，看护"（+使动态词缀 ɣul + 名词词缀 sun）。

古突厥语中，本义为 "天，天空" 的täŋri成为对于神的称谓，其来源可追溯到共同阿尔泰语时期，汉语史料中记载的古代匈奴语 "撑犁" 亦与此相关，而这又可能与汉语 "天子" 在其语言中的特定转化有关；④ 在中古突厥语，特别是在喀喇汗王朝的名著《福乐智慧》(Kutadǧu Bilig) 中，对于神

---

① 亦有观点认为源自闪米特词根 *'-w-l "强大" 或 *'-l-h "诅咒"，参见 L. Köhler, W. Baumgartner, *Lexicon in veteris testamenti libros* (Leiden 1958)。

与 W. Gesenius, *Hebräisches und aramäisches Handwörterbuch über das Alte Testament* (Berlin 1987) 中相关词根下的讨论。但这两个词根均无普及整个闪米特语系各种语言的材料支撑，而各种闪米特语系的语言中有关神的词汇则显现出高度的同源特征，回溯到具有同样普遍性的词根 *'-l 当更为合理。

② 在旧约希伯来语中，介词 '-l 与 ʿ-l 与表示行走、行进类意义的动词连接时，均可表附加、添加之义（类似希腊语介词 ἐπί）。这或者也是整个闪米特语中这两个词根意义交错的写照。

③ 关于闪米特语中天为 "有水之所在" 的理念和希伯来语 šāmayim 一词双数形式的来源与文化内涵，参见白钢：《何谓 "双天"——论旧约希伯来语中 "天"（šāmayim）一词双数形式的来源及文化意义》，见陈恒、王刘纯主编：《新史学》，第15辑，大象出版社，2016年，第1—7页。

④ 伯希和（Pelliot）认为，突厥语 täŋri（因其产生的代名词形式 tärim 在突厥语和蒙古语中都有变体且不稳定）可能是一个外来词。如果确乎如此，那这种外来词的借入也当发生于共同阿尔泰语时期，因而在阿尔泰语系的各分支中均有体现。参见 P. Pelliot, "Tängrim>tärim", *T'oung Pao 37*, 1944, pp.165-185；有关匈奴语和突厥语及早期汉语的关系，参见蒲立本：《上古汉语的辅音系统》，潘悟云、徐文堪译（中华书局，1999年），有关匈奴语 "天" 的讨论，见160—162页。

（非源自阿拉伯语）的标准称谓发展为bayat与uğan：bayat与词根bay-"富有，富足，富裕"相关，其原初涵义指向一种富有超常力量的存在或富有一切无所匮乏的存在；而uğan则源自词根u-"能（做）"，其义指向一种全能的存在。《福乐智慧》开头有uğan bir bayat的表述方式，意为"唯一的全能的神"。

藏语中，lha是最常用的表达神的词汇（拉萨Lha-sa之本义即是"神域"），又有君主之义。由于天神之子或天神本身下界为统治者入主人间的理念深植于早期藏民心中，故而语言上，以最初指称神的词汇lha表君主，或反之，以最初表君主的词汇lha指称神明，均有可能。[1]赞普（btsan.po）一词是吐蕃时期藏人对于自身君主的专称（有别于可称谓他国君主的rje和rgyal.po），《新唐书·吐蕃传》以为"其俗谓雄强曰赞，丈夫曰普，故号君长为赞普"，事实上，普（po）为表阳性名词之词尾，赞普之义源于btsan，其本意为藏人所敬畏之妖神或魔神（其义见诸ri.btsan"山妖"，chu.btsan"水怪"，btsan.bskul"强派，强迫役使"，btsan.khrid"劫持，裹胁"等），释为"雄强"固不错，不过更确切的是具有非凡力量、占据一方的精灵-神祇。[2]赞普的称号，常与短语'phrul-gyi lha或lha'phrul"天神化身"相连，更强化其神性特征，并隐含地对应于常作为皇帝称谓的汉语字"圣"。[3]

与藏语同属汉藏语系之藏缅语支的缅甸语中，表达神的原生词汇是nat，其

[1]　吐火罗语中，"神"一词（A ñkät, B ñakte）常用于对君主的敬称。作为闪米特语系南支的重要代表，埃塞俄比亚语中表达神的词汇 'amlāk，其词根源于闪米特 m-l-k "支配，统治"，其本意为"君主，君王"。这或与埃塞俄比亚语的最初文献是其对旧约的翻译有关：在旧约希伯来语中，希伯来人所信奉之主神的名号被标示为辅音 יהוה（y-h-w-h），出于尊崇敬畏，他们不敢直接念诵此名号，而将之读作"上主"（多数情况下）或"神"（少数情况下），并在经文中将 'ădōnāy 或 'ĕlōhîm 的元音加到 יהוה 的辅音之上。在中世纪后，由于对 Kĕtib "所写之形"（written）和 Qĕrē "应读之形"（to read）这一希伯来传统中极重要而复杂之差异不甚明了，这种代表 'ădōnāy 的书写形式被当作是 יהוה 一词的真实读音，故而神的名字被读作 Yĕhōvāʰ，这直接构成了汉语世界对于这个词的翻译"耶和华"的由来。旧约中，神也常被称作君王（如诗篇48: 1-2）。

[2]　王尧认为，btsan是苯教中的一种形貌可怖、暴戾凶猛的神灵，藏人对其祭祀至今不绝。在这种意义上，与藏传佛教体系中许多现忿怒相之护法神的形象颇相似。参见王尧：《吐蕃金石录》，文物出版社，1982年，第44页；王尧：《吐蕃文化》，吉林教育出版社，1989年，第14—15页；更广泛的对于赞普一词的使用及赞普制度的分析，参见林冠群：《唐代吐蕃史论集》，中国藏学出版社，2006年，第66—71、116—125页。

[3]　石泰安（Stein）认为，'phrul-gyi lha是由汉文"圣神"变化而来，进而将之译为法语saint et divin；李方桂则更倾向于采用"god of supernatural qualities"这样的英语翻译。参见R. A. Stein, "Saint et Divin, un titre tibétain et chinois des rois tibétains", *Journal Asiatiqua*, 1981, pp.231-275; 李方桂、柯蔚南：《古代西藏碑文研究》，载于《李方桂全集》，第9卷，王启龙译，清华大学出版社，2007年，第54—55页。

与谷物－植物－动物名词连用，常表天然之意，如nat z-ba "野生稻；宽叶稻"，nat kaut "野生稻；麦子"，nat hng-pyaw "天蕉"，nat hynin "蝉；知了"，nat htin "雪松"，故而nat所指代的神，本意当是不假外力造作天然而生者。表自生意义之神的nat，也可与源自梵语－巴利语的deva连用，构成nat dei wa "神" 的形式。

讨论了众多世界其他语言中有关神的词汇概念，自然不能忘记汉语。

汉语材料中对于神的理解，颇具代表性的两则出自《尚书·微子》的陆德明释文："天曰神，地曰祇" 与《说文》："神，天神，引出万物者也"、《说文》："祇，地祇，提出万物者也"。

在此意义上，神字从 "申" 部，以其引申万物也。徐灏对《说文》之注笺中以为："天地生万物，物有主之者曰神"。这种主导万物意义上的神相对于《说文》"引出万物者" 之义，大有发展，而遥遥呼应于郭店楚简《太一生水》篇所谓 "天地复相辅也，是以成神明。神明复相辅也，是以成阴阳"，"阴阳者，神明之所生也。神明者，天地之所生也"。

在其他早期汉语的典籍中，可以发现神这一概念超出以上定义的若干维度：

把神与精、气这样的物质性存在放在一个语境中描述。（阳之精气曰神。——《大戴礼记·曾子天圆》）

从德性品质对神加以定义。（神，聪明正直而壹者也。——《左传·庄公三十二年》）

以神妙之意境形诸语言者解神。（神也者，妙万物而为言者也。——《易·说卦》）与之类似者如《广韵》所谓 "神，灵也"。

一种带有万物含灵泛神论倾向的 "自然主义" 式的定义，将神与特定的地理和自然现象连接起来。（山陵川谷丘陵能出云为风雨，皆曰神。——《礼记·祭法》）

对于神的哲思化定义，纯以境界论神而推之极致。（圣而不可知之谓神。——《孟子·尽心下》）

上述关于神的不同释义，构成了神在汉语语境下的复杂面相：神祇，对应于天地的存在；精气神，表构成神的某种器质—物质性的存在；聪明正直而壹，是神在世间伦理价值中的体现；神妙，表某种可以妙化万物的特定功能与作用；神灵，表灵动超逸的生机；圣而不可知之谓神，结合此前"可欲之谓善，有诸已之谓信，充实之谓美，充实而有光辉之谓大，大而化之之谓圣"之论，指示出汉语语境中神圣概念的来源与其所蕴涵的重重境界。

正是在汉语这多元复杂又内在统一的对于神之本质—特征的意义域中，生长出一种真正中国式的对于宗教的理解。这种理解，早在"宗教"这两个词出现前就已经存在，并化入中国人的生命经验中。

如果说，宗教意味着人和某种超自然的具有伟大力量的存在之间的特定关联—关系，那么这种关系中也蕴含着人对于自我本身本质的觉知。

宗教指向一种对于神圣者的某种体会、认知与相应的实践，而体证这种神圣性的是并不神圣的人。尚不具足神圣特性的人，要通过宗教去体验神圣，进而在体验过程中寻找到不同的路径去接近乃至达至神圣。就这一意义而言，宗教本身不但是对于神圣者本质的探索，更重要的是对于人本质的探索。这是一个作为不完美者的人要追求某种完美存在的，作为有限者（当人把自己的本质定义成有限者的时候）的存在，要通过宗教超越自身的有限性，进而寻到实现这种根本超越的路径。① 是为宗教之修行。

* * *

本文试图对各种语言（特别是具有久远历史的语言）中有关宗教和神的词汇从语文学和语言学的角度进行某种梳理。就处理的语言材料而言，主要集中在印欧语系、闪米特语系、乌拉尔-阿尔泰语系和汉藏语系。这一序列显然在未来还可以扩展。

人类拥有最古老的文字记载历史的两种语言，苏美尔语和古埃及语，在

---

① 缪勒（Müller）以"无限"概念为理解宗教的核心，认为"宗教是一种内心的本能或气质，它独立地、不借助感觉和理性，能使人们领悟在不同名称和各种伪装下的无限"，将宗教史描绘为作为整体的人类努力描绘无限的历史，将无限观念视作各种宗教得以生发的种子。参见缪勒：《宗教的起源与发展》，金泽译，陈观胜校，上海人民出版社，2010年，第1—32页，特别是14—22、28—32页。不过如同缪勒本人所承认的那样，无限本身没有办法被有效认定或命名，因而，相对于无限观念，超越—扬弃有限更符合人类认知与实践的实际。

上文中没有做专门的讨论。主要原因在于，这两种语言中均没有专表宗教的词汇，而其有代表性的表达神的词汇，苏美尔语的 diĝir 与古埃及语 ⌐|nṯr都缺少有足够说服力的词源学解释。我只能在此做某种推测：[①]

就 diĝir 而言，在楔形文字中的写法包括 diĝir；dim₃-me-er; dim₃-me₈-er; dim₃-mi-ir; di-me₂-er。诸多包含 dim₃ 的形式，可能包含其原初涵义。而被转写为 dim₃ 的符号意义有如下几种：1. 尸体；2. 无助；3. 柱子、杆子，连接、结节（对应阿卡德语：mahrašu; makūtu; riksu; timmu）；4. 塑像；5. 某种木材（对应阿卡德语：damšillu）。其中，意义 1、3、4、5 均有可能和"神"的概念有关，而"尸体"与"神"的概念相关性显得较大，它指向某种与祭祀相关的仪式—实践，如同早期汉语文献中"尸"可指祭礼中代表—扮演死者或神祇受祭者（杜佑《通典》：自周以前，天地宗庙社稷，一切祭享，凡皆立尸，周代大小神祀，皆有尸也）。若此说成立，则苏美尔语中的神，原指祭祀仪式中代表死者享受祭礼的对象。

古埃及语 nṯr "神"（nṯjr "女神"）之词源，尽管已有诸多推测，如有将其与古希腊语 νέκταρ nektar 联系起来寻找关联者，但都缺少足够坚实的语言学证据。一种较有创意的解释源自 Ferg Somo，他试图在非洲斯瓦希里-班图（Kiswahili-Bantu）语族中寻到 nṯr 的意义来源：[②]nṯr < *n-tjr，对应于斯瓦希里-班图之带有指示功能的前缀 N "That which, he who" + 动词 CHORA [TJORA, TORA] "Cuts, writes, engraves hieroglyphics"，而埃及象形文字中作为 nṯr 标志的斧形符号⌐|，正是这种动作的标志。

* * *

文中涉及的印欧语系语言，印欧语词源学参照 G. Köbler, *Indogermanisches Wörterbuch* (Gießen/Lahn, 2014)、*Lexikon der indogermanischen Verben*, Die Wurzeln und ihre Primärstammbildungen, unter der Leitung von H. Rix (Wiesbaden, 1998; erw. und verb. Aufl., Wiesbaden, 2001) 与 J. Porkony, *Indogermanisches etymologisches*

---

① 苏美尔语参照 *The Pennsylvania Sumerian Dictionary*, http://psd.museum.upenn.edu/epsd/；古埃及语参照 A. Erman, H. Grapow, *Wörterbuch der ägyptischen Sprache*, 7 Bd., Berlin, 1982。
② 全文参见 http://www.kaa-umati.co.uk/god_ntr.htm。

Wörterbuch (Bern, 1949—1959)，印欧语同义词参照*A Dictionary of Selected Synonyms in the Principal Indo-European Languages* (Chicago, 1949)，亚美尼亚语参照H. K. Martirosyan, *Etymological Dictionary of the Armenian inherited Lexicon* (Leiden, 2008)，凯尔特语系参照R. Matasović, *Etymological Dictionary of Proto-Celtic* (Leiden, 2009)，伊朗语系参照C. Bartholomae, *Altiranisches Wörterbuch* (Berlin 1961) 与J. Cheung, *Etymological Dictionary of the Iranian Verb* (Leiden, 2007)，日耳曼语系参照G. Kroonen, *Etymological Dictionary of Proto-Germanic* (Leiden, 2013)，古希腊语参照R. S. P. Beekes, *Etymological Dictionary of Greek* (Leiden, 2009)、P. Chantraine, *Dictionnaire étymologique de la langue grecque* (Paris 1968-1980)、H. Frisk, *Griechisches etymologisches Wörterbuch* (Heidelberg, 1960-1973) 与 *A Greek-English Lexicon* (zusammengestellt von H. G. Liddell, R. Scott, durchgesehen und vermehrt durch H. S. Jones, R. MeKenzie u. viele andere, Oxford, 1968)，赫提语（安纳托利亚语系）参照 *The Hittite Dictionary of the Oriental Institute of University of Chicago* (Chicago, 1980)、J. Puhvel, *Hittite Etymological Dictionary* (Berlin/New York, 1994) 与A. Kloekhorst, *Etymological Dictionary of the Hittite Inherited Lexicon* (Leiden, 2008)，拉丁语（意大利克语系）参照C. T. Lewis, C. Short, *Latin Dictionary Founded on Andrew's Edition of Freund's Latin Dictionary* (Oxford, 1879, impr., 1975) 与M. de Vaan, *Etymological Dictionary of Latin and the other Italic Languages*, (Leiden, 2008)，吠陀语-梵语参照H. Grassmann, *Wörterbuch zum Rig-Veda* (Wiesbaden, 1964)、M. Monier-Williams, *A Sanskrit-English Dictionary* (with collaboration of E. Leumann and C. Cappeller, Oxford, 1899) 与M. Mayrhofer, *Kurzgefaßtes etymologisches Wörterbuch des Altindischen* (Heidelberg, 1956)，斯拉夫语系参照L. Sadnik ,R. Aitzetmüller, *Vergleichendes Wörterbuch der slavischen Sprachen* (Bd. 1, Wiesbaden, 1975) 与R. Derksen, *Etymological Dictionary of the Slavic Inherited Lexicon* (Leiden, 2007)，吐火罗语参照D. Q. Adams, Etymological Dictionary of Tocharian B (Leiden , 2013)。

闪米特语系语言：阿卡德语参照W. von Soden, *Akkadisches Handwörterbuch* (Wiesbaden, 1965-1981) 与 *The Assyrian Dictionary of the Oriental Institute of the*

University Chicago (Chicago, 1956–)，旧约希伯来语参照 L. Köhler, W. Baumgartner, *Lexicon in veteris testamenti libros* (Leiden, 1958) 与 W. Gesenius, *Hebräisches und aramäisches Handwörterbuch über das Alte Testament* (Berlin, 1987)，腓尼基语参照 C. R. Krahmalkov, *Phoenician-Punic Dictionary* (Leuven, 2000)，乌迦利特语参照 G. del Olmo Lete, J. Sanmartín, *A dictionary of the Ugaritic language in the alphabetic tradition* (Leiden, 2003)，古代叙利亚语参照 C. Brockelmann, Lexicon Syriacum (Hildelsheim, 1966)，阿拉伯语参照 H. Wehr, *Arabisches Wörterbuch für die schriftsprache der Gegenwart, Arabisch-Deutsch* (Wiesbaden, 1985)，古西南阿拉伯语参照 J. C. Biella, *Dictionary of Old South Arabic, Sabaean Dialect* (Harvard Semitic Studies 26, 1982)，埃塞俄比亚语参照 W. Leslau, *Comparative Dictionary of Geez (Classical Ethiopic): Geez-English, English-Geez, with an Index of the Semitic Roots* (Wiesbaden, 1987)。

乌拉尔-阿尔泰语系语言：芬兰语参照 I. Rekiaro, D. Robinson, *Suomi-englanti-suomi perussanakirja* (Gummerus kustannus, 2006)，匈牙利语参照 T. Magay, L. Kiss，*Hungarian-English, English-Hungarian Standard Dictionary* (Hippocrene Books, 1995)；突厥语参照 G. Clauson，*An Etymological Dictionary of Pre-Thirteenth-Century Turkish* (Oxford, 1972)，蒙古语参照 F. D. Lessing, *Mongolian-English Dictionary* (Berkeley, 1960)，满语参照胡增益：《新满汉大词典》(新疆人民出版社，1994 年)。

汉藏语系语言：藏语参照张怡荪：《藏汉大辞典》(民族出版社，1985年)，缅甸语参照北京大学东方语言文学系缅甸语教研室编：《缅汉字典》(商务印书馆，2000 年)。

（白钢，复旦大学中文系副教授）

评 论 | Review Articles

如何建设可持续城市？

——20 世纪的世界给我们的七个经验

[德] 克里斯托夫·毛赫[①] 文　刘晓卉 译

摘要：第二次世界大战后，在世界范围内城市发展速度迅猛。城市化现象对自然环境的影响有弊有利，弊端在于城市的快速发展和人口的增加给生态环境带来巨大压力，益处是各地方城市政府积极采取各项举措，推动生态环境的健康发展。20 世纪下半叶世界范围内出现了一批以可持续发展为目标的新型城市，这些可持续城市的出现为人类未来发展提供了"缓缓而至的希望"。本文从历史角度探讨了世界各地具有代表性的可持续城市给我们提供的七点经验，以及处于快速经济发展中的中国如何能够从中获得有益借鉴而成为未来可持续发展的典范。

关键词：城市化　可持续城市　生态

在世界各地，越来越多的人口从乡村涌入城市。自"二战"结束以来，城市化的速度令人瞠目。联合国的报道称，到 2050 年，世界上 66% 的人口将栖居于城市，城市人口数目的攀升以亚洲和非洲为首。在中国，城市发展速度迅猛。1950 年时，中国只有 13% 的人口居住在城市，而今天这一数目增加到 50% 以上。

---

① 克里斯托夫·毛赫（Christof Mauch），德国慕尼黑大学蕾切尔·卡森环境与社会中心主任。

城市人口的增加有利有弊。它的弊端在于人类在城市留下的生态足迹远远比乡村要多。城市人生活水平更高，消费和出行都比乡村居民多。因此，他们人均消耗的自然资源和排放的二氧化碳量更高，对环境造成的影响更大。以伦敦为例，2010年伦敦的生态足迹几乎是英国其他地方总和的两倍。伦敦的人均生态足迹为5.5公顷，比北京的人均水平高，但是比美国主要城市的人均指数低。

其裨益在于在过去的几十年里，与乡村相比，城市的环境变化更快。在全球范围内，各国政府减少二氧化碳排放量的行动迟缓。其中当然也有一些特例，比如哥斯达黎加由于国家政府的举措，很可能在2020年成为世界上第一个气候中立国。但是大多数可持续发展方面的创新都是由市政府做出的，市政官员和居民推动了环境的改变。他们开始明白健康、气候变化抵御能力、废物处理和高质量生活之间的关联。

如果我们想要减缓气候变化、降低二氧化碳排放，如果我们想要保持城市空气清新、使居民安居乐业，我们就必须避免生态陷阱。我们的无节制消费和不加反省的经济增长常常会引诱我们落入生态陷阱之中。

我想逐一谈谈世界各地的发展带给我们的七个经验，这七个经验会使我们的未来更加舒适美好。我还想说的是，中国有机会成为这条道路上的领军者。

第一条经验便是城市环境法规的制定和环境的改良。毋庸置疑，由市政府来设定规则和目标是至关重要的。比如，德国的慕尼黑在2015年5月达到了它的第一个重要的气候保护目标——该市能源办公室的工厂生产出了可供本市所有家庭以及电能驱动的公共交通所使用的可再生能源。和大多德国城市一样，慕尼黑也致力于减少和回收垃圾废物。1989年，该市令所有家庭对垃圾进行分类，将有机废物、纸张和不可回收垃圾放入三个不同的垃圾箱。2003年慕尼黑废物管理公司在回收有机垃圾方面有了新的突破。他们在城市旁边建立了一个干发酵工厂，将来自厨房和花园的有机垃圾用有利于环境的干发酵方法进行处理。这一举措为城市的成千上万个家庭提供了能源，代替了燃料油，减少了化石能源造成的环境污染。市政府出台的规定和目标在其他城市同样奏效，英国的伦敦亦是如此。1952年12月初伦敦受到"大烟雾"

的侵袭，这是伦敦历史上最糟糕的空气污染事件。由于这场大雾的肆虐，大约12000人过早死亡。几年间，由于公共举措和政治运动，政府颁布了严格的法律法规，这其中就包括1956年的《清洁空气法》。过去的几十年，以浓雾事件著称的伦敦通过开设交通拥塞区有效地降低了汽车尾气的排放：在今天你若想进入伦敦市中心，就必须交一笔清洁空气费。这一举措大大降低了尾气的排放。

光有法规还不够，城市最终是要为人而建，这就是我们的第二条重要经验。20世纪下半叶的大部分时间里，城市规划者想方设法使汽车的行驶更快速顺畅。建筑师设计了令人叹为观止的高速公路。他们建造了高耸入云的大楼，这些高楼大厦在模型或航拍照片上看来甚为壮美，却没能满足人们心理和社会层面的需求，让人感觉不舒服。丹麦建筑学家扬·盖尔（Jan Gehl）是城市设计领域最伟大的改革家之一，他也是首先提出城市应该以人们生活而非交通便捷、停车方便为中心的规划者之一。他在20世纪60年代提出，人们需要赏心悦目的城市空间，需要像意大利锡耶纳古老的田园广场那样的空间。扬·盖尔说，该广场之所以备受欢迎是因为广场上建筑都不太高，不嘈杂且没有乌烟瘴气，站在广场一角便能将整个广场尽收眼底。打造良好的公共空间固然重要，同样重要的是要使这些空间适合人们停留小憩。直冲云霄的高楼和不断延展的城郊是可持续城市的死敌。

若我们只关注法规和建筑形式，我们就会忽略掉一个重要的因素。我们的第三个经验便是城市和乡村的联系，这一点我们必须考虑到。近来，城市居民越来越疏离于乡村。我们从乡村索取食物，回馈给它的却常常只有废物和工业产品。20世纪早中期时在现代排水系统出现之前，城市的废弃物常常被用作附近农田和花园的肥料。那时的人们就知晓乡村和城市的联系，这样做惠利双方。一个健康的城市应意识到自身与乡村的紧密联系以及社会和生物层面的新陈代谢。这就意味着城市居民应了解食物、动物、能量、水源和原材料以及其他物质都是来自城市之外，城市若想生存就离不开这些东西。为了强调作为自然一部分的城市与自然之间的联系，美国俄勒冈州波特兰市的一些个人和社会组织通过安置人工巢箱、筑巢台、石堆和水景等使离开城市的鸟儿重返城市。为了给动物们一个家，他们没有移走枯死的树木，还提倡使用杀虫剂和化肥的代替品。于是，城市里的鸟类和其他动物大量增加。一旦自然平衡被打破，波特兰的居民通过动物数量和种类的降低立即就能知晓。城市公园和城里的野生动物栖息地以及空地和屋顶的城市绿化工程都能够将自然重新带回都市。

我们知道，人类如果没有得到回报是不大情愿做出重大改变的。因此可持续城市的第四个经验就是：做出改变就应当得到回报。使用绿色能源和房屋隔热系统便能够被减免税收，搭乘免费的公交能够省钱，收集太阳能会增加家庭收入（如使用太阳能光电板），这些都能够促使人们做出行动上的改变。我最近在德国南部遇到了所谓的"能源自给型建筑"的居民们。这些建筑有装置可以显示家庭所使用和产出的能源。他们说很喜欢这个设备。对于能够检测能源消耗，研究如何生产更多能源，他们乐在其中。正是由于他们看到并且记录下了这些回报，才能让他们心甘情愿做出改变。

实际上，回报并不一定是物质上的。我们的第五条经验便是，如果市民们乐于将环境变得更宜居，那么城市也就会更加宜居。在慕尼黑，一个名为"绿色城市"的非政府组织举办了自行车游行。一大群骑行者，很多都是年轻人，也有的是全家出动的，占据了闹市的整条街道。他们骑车游玩，偶尔会半路在咖啡馆停下，晚上结束后还会组织派对，这样，骑行变得趣味盎然。在德国，16人以上的团队就与卡车有一样的权利，这就是说只要第一个骑行者看到的是绿灯，他们的大部队就都可以穿过马路，哪怕之后变为红灯也是如此。这样做是为了让司机和步行者注意到这群骑行者。

第六条经验就是，建造可持续城市的方法并不止一种，有多种多样的方法可以尝试。一个国家不同地区以及世界各地的条件各不相同。丹麦的首都哥本哈根之所以成为拥有诸多自行车道的著名单车城市是因为其地形平坦。这在山区城市或是在太冷或太热的城市都行不通。同样，在小城市有效的举措在大城市里不一定奏效。总之我们能够看出，与大城市相比，小城市更容易实现可持续发展。因此，应将大城市看作多个小单元的结合体而非一个大的个体。虽然从现实的先例中学习经验很重要，采取符合本地传统和具体情况的多重方法同样重要。关键是要不断实践。

最后的一点是，应当让人文环境学科的学者如历史学家和哲学家参与城市规划。工程师和规划师习惯了以短平快的方式完成任务。他们常常忽视了即使策划完美的方案在执行时也会面对各种困难，如遇到一些抨击并发生倒退。俄勒冈的波特兰并不是在一夜之间变为可持续城市的。城市规划家约翰·奥姆斯特德（John Olmsted）和刘易斯·芒福德（Lewis Mumford）早在20世纪初就提出在城市建立起公园体系的想法，近来的规划者又回归到他们的思想上，这对波特兰的建设起到了很大作用。约翰·奥姆斯特德指出应将自然融入于城市，而刘易斯·芒福德则将城市看作是一个有机体，他发展了地区主义和社区的思想。同样，伦敦的空气也不是在一夜间变得清新美好的。大烟雾引发的恐慌也慢慢地催生出了改观和变化。历史学者能为我们提供我所谓的"缓缓而至的希望"。他们可以提醒我们要改变环境和社会条件是需要时间和努力的，在城市尤为如此。历史学家使我们了解我们的所得所失，帮助我们更好地前行。

中国现在正处于一个关键时刻。我们可以把一些城市严重的污染问题看成警钟。中国的生态文明亟待真正意义上的实现。若盲目地追随西方，中国可能落入生态陷阱。但是，如果能遵循其文化传统且从长远考虑，中国很可能打造世界上最宜居的城市：这些城市不应是装人的容器，而应是灵动的空间；这些城市应有生态友好的交通系统（有专门的电动车道、创新且个人化的公共交通）；这些城市应能良好地回馈于乡村；这些城市应为人类健康和休闲而建；这些城市应吸取"安生乐业"的中国哲学传统，并使用可回收能源。如果中国谨慎而大胆地行动起来，未来的中国城市将成为彰显城市智慧的世界楷模。

美国饮食图景的"绿色化"

——生态城市建设的饮食维度

刘晓卉

摘要：20世纪下半叶，为了应对城市蔓延、生活质量恶化、工业污染加剧等问题，美国政府和民众通力合作探索新型城市发展道路。美国城市的建设和发展模式出现新的特点，城市生活也发生新的变化，一批环境友好、人居环境适宜的城市出现在美国的土地上。这些城市在食物的生产和消费上有着与以往不同的模式，对食物安全、饮食公平和环境保护给予特别关注，饮食方式呈"绿色化"趋势。在美国部分城市兴起的绿色饮食运动因反对食物生产的工业化和机械化而生，与反文化运动、族裔复兴运动以及环保运动都有着密切的关系，有深刻的政治、社会、文化以及生态内涵。在这一运动的影响下，城市居民投身于农业生产之中，都市菜园、社区农业和食物合作社纷纷出现在城市之中。这不但促进了人类饮食的健康与安全，还在某种程度上改变了美国食物生产和消费中的社会关系以及人与食物之间的关系。

关键词：饮食运动　生态城市　美国　食物健康　环境

20世纪下半叶，一批生态友好、环境宜人的绿色城市出现在美国的土地上，如西海岸的波特兰、西雅图、旧金山和东部的波士顿等城市。这些城市的建立是政府和民众为了解决经济发展和环境保护之间日渐凸显的矛盾所做出的尝试。这些城市在生态环境、社会文化生活等方面呈现出不同于其他城市的特色，其中重要的一点便是饮食生产和消费模式的改变。民众对食物安全与健康、饮食公平以及食物的环境影响给予特别关注，饮食体系呈"绿色化"趋势。

饮食体系在这一时期的改变有其必要性。随着工业化步伐的进一步加快，在食品行业里，更加高效的工业化生产方式取代了手工操作，食物的生产和加工通常要经过标准的工业化流程，人在食物生产中的作用变得越来越不重要。"在战后时期，食物生产和销售都受到前所未有的集团化控制，食物不可避免地丢失了亲切感、多样性和温暖。"①于是人与食物的关系发生疏离。这样生产出的食品不但味道不佳，还往往化学添加剂和卡路里含量高且营养价值低，对人类健康形成威胁。由于现代人生活节奏的加快和越来越多的女性进入职场，家庭烹饪的时间被大大缩短，于是，简单便捷的包装食品、冷冻食品越来越多地成为美国人的桌上餐。甚至连餐馆也为了经济利益，用加工食物和冷冻食品代替新鲜食物，并使用大规模生产技术对食材进行烹饪。②由大型食品生产商控制的食品行业在很大程度上塑造着美国人的日常饮食选择，③单调无味的工业食品使现代美国人的味蕾变得越来越麻木，美国逐渐成为"美食荒原"。同时，食物加工过程中所使用的各种食品添加剂有着健康隐患。在激烈的市场竞争中，"食品生产商会制造和销售任何可以卖得出去的产品，不管其营养价值如何，对健康是否有损益"。④除此之外，工业化的农业生产需要大量的化肥、农药、抗生素等化学品，对环境和人类健康都造成极大的威胁。

在这种社会现实和背景之下，自 20 世纪 60 年代开始，一场绿色革命在饮食领域悄然萌生。这场绿色饮食运动以抵制食物生产的工业化和机械化、反抗大企业对食品行业的控制为目标，它的兴起和发展与反文化运动、族裔复兴运动以及环保运动都有着密切的关系，有深刻的政治、社会、文化以及生态内涵，逐渐成为一场以食物为旗号的社会运动。在这场运动的影响下，

---

① Warren J. Belasco, "Ethnic Fast Foods: The Corporate Melting Pot", *Food and Foodways*, Vol. 2, No. 1 (1987), pp.1–30.

② Harvey Levenstein, *Paradox of Plenty: A Social History of Eating in Modern America*, Oxford University Press, 1993, pp.128–130.

③ Marian Nestle, *Food Politics: How the Food Industry Influences Nutrition and Health*, University of California Press, 2002.

④ Marian Nestle, *Food Politics*, p.xvii.

城市的食物生产和消费方式以及饮食文化发生了改变——城市居民踊跃投身食物相关活动，亲自参与赖以生存的食物资源的生产，都市菜园、社区农业、食物合作社纷纷出现；政府和民众对食物健康、安全以及饮食公平等问题的关注度也大大增强。国外学界对此运动涉及的诸多方面有着较为细致的论述，[①]而国内却鲜有此方面的研究出现。本文拟对这场饮食运动的兴起与表现、背景和影响进行初步探究。

绿色饮食运动的兴起和表现

20世纪上半叶美国的饮食图景（foodscape）一片灰暗且毫无生机。作为幅员辽阔的由移民构成的国家，美国饮食自殖民时代起就融合了多个族裔和地方特色。但是，由于各少数族裔第一代移民数量的减少以及盎格鲁-撒克逊文化的同化作用，在20世纪中期，各少数族裔在饮食上出现了不同程度的美国化现象，[②]少数族裔的饮食特色在不同程度上被削弱。在白人文化占主导地位的社会里，与其他领域一样，饮食领域也出现了保守主义倾向，消费者并不喜欢味道强烈、刺激、具有异国风味的饮食，因此，这个时期已存在的少数族裔食物经过"美国化"，变得面目全非，并且鲜有外来的饮食被接受。因为缺乏刺激，美国人的味蕾感觉逐渐消退，变得麻木迟钝。[③]同时，随着运输技术的提高和统一的国家市场形成，现代食品工业生产出来的规格统一的食物（standardized food）在全国范围内销售，区域饮食特色也变得不再明显，美国饮食文化呈同质化趋势（homogeneous）。[④]伴随着维生素和其他化学合成物的发现，消费者

---

① 美国20世纪下半叶的饮食运动已经引起学者的不少关注，比较有代表性的包括Warren J. Belasco, *Appetite for Change: How the Counterculture Took on the Food Industry*, Pantheon Books, 1990; Marion Nestle, *Food Politics: How the Food Industry Influences Nutrition and Health*; Craig Cox, *Storefront Revolution: Food Co-ops and the Counterculture*, Rutgers University Press, 1994。

② 不同的族裔食物的美国化程度不同，相比其他族裔，意大利移民在保留其族裔饮食特点上有着较好的表现，参考Harvey Levenstein, "The American Response to Italian Food, 1880–1930," in *Food in the USA: A Reader*, ed. Carole M. Counihan, New York: Routledge, 2002.

③ Janet A. Flammang, *The Taste for Civilization: Food, Politics, and Civil Society*, University of Illinois Press, 2009, p.178.

④ Donna R. Gabaccia, *We Are What We Eat: Ethnic Food and the Making of Americans*, Harvard University Press, 1998, p.7.

更加重视食物的化学构成，而对食物的味道和质感并不太关心，①食物的美味和烹饪的艺术性被忽视。食品行业的工业化和机械化产出了大量单调无味、营养价值低的食品，用迈克尔·波伦的话来讲，都是些"可食用的、样子像是食物的物质"。这些大规模生产出来的工业食物占领了美国的食品市场，不但麻木了美国大众的味蕾，还对人们的健康造成威胁。②为了改变饮食领域的困境，一场围绕食物的运动应运而生，该运动主要有以下两个方面的表现：

食物安全、健康与环境意识

食品行业的工业化存在着诸多问题和潜在的危机，越来越多的人开始关注。首先，与饮食相关的疾病的增加引发了公众对饮食健康问题的担忧。工业食物通常加入大量食品添加剂，容易导致糖尿病、心脏病等疾病的发生。高卡路里、低营养的工业食品对人类的身体不利。其次，农业的工业化种植需要大量化肥、农药和杀虫剂来支撑，对周围环境造成了极大的破坏。现代化农业生产模式更加倾向于土地和资本的集中，这就造成了大型企业对国民农业生产在很大程度上的控制，而小农场如家庭农场处于竞争劣势，逐渐衰败。同时，现代的食物流通往往通过中间商对食物进行经销，这拉开了食物生产者和消费者的距离，消费者对于入口之物来自哪里、经历了如何的生产过程毫无所知。远距离的经销方式需要更多的能源来维持，还也增加了环境负担。这些问题都引起了饮食运动倡导者的关注。

面对着充满添加剂、索然无味的大规模生产的食品和工业时代冰冷的、不公平、毫无人情味的生产和销售方式，首先发起行动抵制主流饮食的是新左派人士和自由主义者，他们都认为掌控国家食品产业的大企业不民主且没有社会责任感，毁掉了国民饮食。新左派人士纷纷出版书籍来揭露工业生产方式引发的食物健康和安全的隐患，如碧翠丝·汉特（Beatrice Hunter）的《消费者小心！你的食物被做了手脚》（*Consumer Beware! Your Food and What's Been Done to It*）、杰奎琳·尔雷特（Jacqueline Verrett）与琴·卡佩

---

① Cindy Ott, *Pumpkin: the Curious History of an American Icon*, University of Washington Press, 2012, p.118.

② Laresh Jayasanker, "Sameness in Diversity: Food Culture and Globalization in San Francisco Bay Area and America, 1965–2005", PhD diss., University of Texas at Austin, 2008, pp. 182–197.

特（Jean Carpet）合著的《饮食可能对健康有害》（*Eating May be Hazardous to Your Health*）和詹姆斯·特纳（Jumes Turner）的《化学的盛宴》（*The Chemical Feast*）等都将矛头对准食物生产商。[1]受到左翼人士的影响，更多的人意识到食物健康和安全的重要性，为了改变现状，纷纷采取行动。[2]不满于大企业操控下的集权化的食物生产和消费模式以及饮食自主权被控制，一些年轻的反叛者开始寻找食物生产、供给和消费的可替代模式。相比经过工业化加工的食物，自然新鲜的农产品得到人们更多的喜爱。这些年轻人的行动首先从有组织地自己种植和销售食物开始。他们兴建社区农业、成立食物合作社（food co-ops）来共同经营和改变自己的饮食。到20世纪70年代，美国已经大约有5000到1000个食物合作社。[3]相比生产过程中大量使用化肥、杀虫剂等化学药品的普通农产品，有机农产品显得更为健康和环保。因此，这些食物合作社种植和销售的通常都是有机食物。60年代末70年代初，使用有机种植方式生产新鲜农产品的小农场流行起来，专门销售有机食物的商店也越来越多。[4]饮食运动的参与者用行动来宣扬自己的主张，他们自己种植食物不但满足自己的生活需求，重要的是为了表达自己的政治信仰。在这些活动中，饮食被赋予了政治意义。选择某一种饮食方式代表着持有某一种政治立场。选择有机的、本地产的食物，支持小型的家庭农场意味着主张自由权利，反对大企业的操控和它们集中式的生产和运营方式。其中较为激烈的一次事件发生在60年代末的加州：1969年4月20日罗宾汉公园特别委员会的几千名成员强行占据了属于加州大学的一块伯克利的空地，播撒蔬菜种子，搭起野餐的桌椅，相互分享水果、大麻和红酒。[5]该事件明确表达了参与者对主流饮食体系的不满和对实现饮食自主的渴望。在西雅图市，食物合作社在改变当地饮食问题上也起到了不小的作用。一个叫作PCC的合作组织集结了反文化的环境主义者和消费者来共同寻求健康、有机的食物以及自给自足的生活。该组织为食物种植者提供建议，为兴建大规模的社区有机农园

[1]　Harvey Levenstein, *Paradox of Plenty*, p.179.

[2]　Harvey Levenstein, *Paradox of Plenty*, p.178.

[3]　Andrew Smith, *Food and Drink in American History: A "Full Course" Encyclopedia*, ABC-CLIO, 2013, p.171.

[4]　Andrew Smith, *Food and Drink in American History*, p.159.

[5]　Warren J. Belasco, *Appetite for Change*, p.23.

（P-Patch）提供财力上的支持。①

　　超市和其他的食物经销商拉开了消费者与生产者距离，在饮食层面上人与人的之间的关系疏远起来。为了应对这一问题，20世纪70年代开始，农夫市场重新出现在大众视野。农民将新鲜的农产品直接运往市场，这样就可以去除中间商这一环节，把来源透明的食品直接销售给消费者，重新拉近了食物生产者和消费者的距离。最为著名的便是巴瑞·贝内普（Barry Benepe）于1976年创建的纽约市"绿色市场"。农夫市场在21世纪仍然持续增加，直至2012年，美国共有7 864个农夫市场。②

　　在这一时期素食主义得到复兴。出于对健康和环境的担忧，一部分人群避免食用肉类。一方面，素食有助于身体健朗，处于食物链最低端的蔬果通常也被认为是最健康的食物；同时，食素对环境也有益处——从植物到作为食物的动物再到人，能量在中间的环节被浪费掉，食用素食能够避免造成生态浪费。提供肉食的牲畜还会排放大量甲烷，这种气体会加剧温室效应。③北美素食协会于1974年成立，同时也涌现了一些倡导素食主义的杂志如《素食时报》。④

　　绿色饮食运动所倡导的食物的生产和消费方式与主流模式呈现出不同特点：新的食物生产和消费方式更加注重食物的健康与安全，以及食物生产和消费对环境施加的影响。运动参与者兴建可持续农业，买卖有机食物，发展有机生产销售链；同时，不再依赖食物中间商，消费者直接从个体种植者购买食材，消费者与生产者、人与食物的关系重新拉近。然而，这些"替代型"饮食方式往往成本昂贵，只有生活较为富裕的中产阶级以上阶层能够承担，这场饮食运动还需更多底层民众的参与。

食物公平与正义

　　显然，在追求食物健康和安全的问题上，能够承担得起"替代型"饮

---

① Jeffrey Craig Sanders, "Building an Urban Homestead: Survival, Self-Sufficiency, and Nature in Seattle, 1970–1980," in Dorothee Brantz and Sonja Dümpelmann (eds.), *Greening the City: Urban Landscapes in the Twentieth Century*, University of Virginia Press, 2011, p.185.

② Andrew Smith, *Food and Drink in American History*, p. 311.

③ Lierre Keith, *The Vegetarian Myth: Food, Justice, and Sustainability*, PM Press, 2009, p. 31.

④ Andrew Smith, *Food and Drink in American History*, p.238.

食方式是中上层阶级享有的特权。由于有机食物高昂的价格和有机商品店所在的地理位置，社会底层阶级，尤其是部分贫困的少数族裔，只能"望洋兴叹"。作为消费者，他们缺乏获取健康安全食物的渠道。在低收入人群和有色人群的居住区附近很难获得健康新鲜的食物，因此这些贫困的社区被称为"食物荒漠"。这些人群在食物的生产中同样处于被动地位。由于小农场无法与大的食品企业竞争，底层小农民无法维持，失去土地，沦为被剥削的农业劳工。针对美国社会上饮食极为不公平的现象，一些基层和社区组织发起了致力于饮食公平的运动。最早采取行动向不公平的主流饮食体系宣战的是一群被称为"挖掘者"（diggers）的人。作为一个旨在用食物唤醒公众社会意识的团体，他们在邻近社区分发免费食物，并提倡不同族裔同坐一桌而食的共餐模式。[①]

　　社会底层阶级为了改变自己面临着的不公平的饮食现状，参与到这场运动中来。他们尝试通过各种方式来改变食物生产和消费中不公平的问题，建立起满足自己需求的本地的饮食体系，如兴建可持续的社区农业、生产有机食物和设立农夫市场等。这些追求食物公平的运动首先在较为穷困的社区展开，如加州的西奥克兰、纽约的南布朗克斯、密歇根的底特律等。[②]社会和经济地位处于劣势的少数族裔对饮食公平运动表现出极大的兴趣。在20世纪六七十年代，西雅图的中国城附近的亚裔居民兴建起了自己的社区菜园，他们"创立了一个生态稳定、社会公平的农业体系"。[③]同时，主流环境组织也越来越关注少数族裔的饮食问题，对社区菜园提供了很多物质和技术上的支持。有趣的是，少数族裔社区特别重视其本族裔作物的种植，如中国白菜、苦瓜，日本的茄子出现在这一社区农园里，[④]这不但满足了少数族裔的饮食需要，也增加了美国饮食的公平性和多样性。与中产阶级表现出来的强烈的环境诉求不同，这些社区更加强调社会公平的主张。少数族裔将食物种植作为反贫困的改革手段，旨在强大本族裔社区、促进不同族群饮食的平衡发展。

① Warren J. Belasco, *Appetite for Change*, pp.20-25.

② Alison Hope Alkon and Julian Agyeman, *Cultivating Food Justice: Race, Class, and Sustainability,* MIT Press, 2011, p.5.

③ Jeffrey Craig Sanders, *Seattle and the Roots of Urban Sustainability: Inventing Ecotopia*, University of Pittsburgh Press, 2010, pp.169-170.

④ Jeffrey Craig Sanders, *Seattle and the Roots of Urban Sustainability*, p.171.

与环境正义运动相同，饮食正义运动也是一场草根阶层为了争取自身平等的权利而发起的斗争。运动倡导者和参与者不单追求食物的安全和可持续，还将社会公平当作其奋斗目标。这样这场饮食运动不再仅仅是上中产阶级的运动，更有了草根阶层大众的参与。

绿色饮食运动的社会文化背景

饮食运动发生在这一时间段除了因为工业化的食物生产降低了人们的饮食质量，引发了饮食安全问题之外，还有着诸多其他历史文化原因。首先，"二战"后美国经济蓬勃发展，人们生活水平大幅度提高，迅速扩张的中产阶级对休闲和娱乐有了更高的追求，消费社会在这一时期逐渐形成，人们通过消费来表达自我身份。[1]富裕起来的中产阶级对"生活质量"的追求也表现在他们对食物的态度上，他们有能力在饮食上投入更多的金钱，食物的多样化、美味和健康成为他们的追求目标。而战后运输技术的提高使得外来食物得以运往美国境内，丰富了美国的食品市场。1965年新移民法颁布后外来移民的迁入带来了种类繁多的少数族裔美食，这些都为食物多样化和饮食领域的繁荣提供了客观条件。此外，越来越多的美国人有机会在境外接触异域美食，尤其是欧洲的美食。"二战"后，政治和金融领域的精英如金融家、律师、总裁、政府官员等亲自参与欧洲的重建工作，在欧洲的居住生活使得他们对欧洲饮食也越来越熟悉。[2]跨大西洋商业航线的开通使更多的美国人有机会去国外，尤其是去欧洲旅行。[3]通过旅行，他们不仅品尝到了各具特色的异域饮食，还开阔了饮食视野。于是，美国人对异国饮食产生了浓厚的兴趣，也越来越易于接受不同的饮食方式。此外，大众媒体也在这场运动中起到了推动的作用：报纸、杂志和电视等媒体介绍了新的饮食，引领了新的饮食潮流。

20世纪六七十年代各种社会思潮不断兴起，社会运动风起云涌，这些

---

① Celia Lury, *Consumer Culture*, Rutgers University Press, 1996, p.7.

② Harvey Levenstein, *Paradox of Plenty*, p.138.

③ Brenner, *American Appetite*, p.41.

社会运动都在不同程度上推动了饮食运动的发展。首先，60年代出现的反文化运动最为直接地推动了这场饮食运动。反文化运动是一场由年轻人发起的反对强权体制压抑个人自由，抵抗美国中产阶级标准生活方式的斗争。反文化的宗旨即为反对传统权力框架，反对现有体制的强权，这种情绪促进了饮食领域的革命。在婴儿潮中成长起来的年轻的叛逆者不满于大企业对其饮食权利的控制，也厌倦了整齐划一的主流的中产阶级饮食方式，将箭头指向饮食领域，反对主流的饮食体系。饮食运动参与者将政府看作是农业工业化支持者和大企业的同谋。[1]反文化主义者对操控美国饮食体系的大企业以及食品及药物管理局显示出极大的不信任，他们通过各种方式抵制工业化生产的食品，对体制的和政府的质疑通过反对以工业化方式产出的食品表现出来。沃伦·贝拉斯科（Warren J. Belasco）在其作品《变化的口味：反文化在食品工业的体现》（*Appetite for Charge: How the Counter culture Took on the Food Industry*）中详细阐述了反文化运动与这个时期饮食运动的关系。

饮食运动也受民权运动和族裔复兴运动影响。20世纪六七年代的族裔复兴运动是一场以追寻族裔传统和文化多元化为目标的草根运动，在该运动中美国社会种族和族裔意识空前提高，人们不但开始关注自己族裔的文化，而且对其他族裔的文化也呈现极大的兴趣。[2]这一情绪体现在饮食领域，呈现为对各少数族裔食物的喜爱。民权运动倡导各民族享有平等权利，受到民权运动思想的启发，食物公平运动提出各个族裔应得到获取健康、安全食物的平等机会。

这场运动与环境保护主义、环境正义运动的兴起也有着不小的关联。1961年蕾切尔·卡森（Rachel Carson）《寂静的春天》（*Silent Spring*）一书的出版引发了人们对农业生产过程中化学物喷洒对人类健康和自然界的危害的关注。食物生产与消费中的环境问题引发了环保主义者的关注，工业化食物生产对环境的消极影响受到指控；同时，环保运动关注人类健康问题，[3]因此

---

[1] Frederick H. Buttel and Olaf F. Larson, *The sociology of agriculture*, Greenwood Publishing Group, 1990, p.3.

[2] 关于族裔复兴运动，参见 Joshua A. Fishman (ed.), *The Rise and Fall of the Ethnic Revival*, Mouton Publishers, 1985; Anthony D. Smith, *The Ethnic Revival*, Cambridge University Press, 1981。

[3] 高国荣：《美国现代环保运动的兴起及其影响》，载《南京大学学报》，2006年第4期。

饮食健康和安全在这一时期备受关注，工业化食品对人类健康的危害引来更多环保主义者的关注，他们在饮食领域开展活动。食品安全领域存在的歧视和不公平现象也是环境正义运动关注的范围，[①]饮食公平运动在很大程度上受到环境正义运动的启发。随着公众环保意识的提高，食物的生产和消费与环境的关系也越来越多地被关注，尤其是工业化农业生产的环境危害和食肉造成的资源浪费。环境正义运动对食物正义运动有着启发和影响作用，由于环境公平运动关注了有色人群在农业生产中所处的不利地位，它引发了对少数族裔等弱势群体在食物生产和消费上不利地位的更深层次的关注。

影响

这场涉及饮食领域各个层面，席卷美国上下的运动有着较为深远的影响。最主要的特点便是它不光单纯地反对抗议主流的饮食范式，而是通过较为温和的方式来另寻他法，另辟蹊径，寻找主流食物生产和消费方式之外的替代方式。这场运动最直接的影响便是经济上的。有机食物产业和农夫市场蓬勃兴起带动了新的经济发展，推动了消费，为绿色经济的崛起做了不小的贡献；同时打造可持续的社区生活，有助于城市更新的推动。蓬勃发展的社区农业也为底层民众提供了更多的工作机会，创造出了更多的就业岗位，改善了社会公平问题，为生态城市的建设起到了促进作用。

饮食运动提高了政府和民众对食物的关注。饮食运动倡导食物多样性、安全与人类健康，关乎每个人的生活质量和切身利益，得到了民众的积极响应。1971年的10月24日成为美国首个食物日。这场饮食运动促使政府和企业对食品安全予以重视，政府多次召开听证会，出台了食品行业相关的法律法规，[②]企业也做出一系列举措来改善工业食品的健康问题：这在某种程度上促成了主流食物体系的变革。

新的食物生产和消费的方式强调集体的概念，将生产者和消费者以及消

---

① 高国荣：《美国环境正义运动的缘起、发展以及影响》，载《史学月刊》，2011年第11期。

② Marian Nestle, *Food Politics*, p.xv.

费者群体内部紧密地联结在一起，生产合作社、农夫市场、共餐等形式拉近了食物生产者与消费者以及消费者与消费者之间的关系。人与人、人与本地食物的关系变得更加紧密，运动参与者通过这一方式来对抗工业社会带来的"异化"问题。

饮食运动还产生了较为重要的环境影响。该运动关心人类饮食与环境的关联以及饮食的可持续发展，提高了人们的环境意识，与环境保护运动相辅相成。由于各地社区农业的兴起，全国城市和乡村土地景观也发生变化，绿色空间增多，对城市环境的改善起到了一定作用。

这一运动也推动了学术界饮食研究的快速发展。在该运动的影响下，各学科都对饮食这一之前被忽视的领域重新给予关注。自80年代开始，学界涌现了大量的食物相关的优秀作品和成果，从历史学、人类学、民俗学和社会学等多个领域对食物进行探索。

这场运动因反对食品行业的工业化而起，是食物工业化大趋势下的一股逆流，随着它的深入发展，在美国民众间形成广泛而深远的影响。在21世纪的今天，饮食行业仍然受该运动的影响，"有机""可持续""饮食公平"等概念已经深入人心。然而，在廉价便捷的工业化食品和快餐当道的今天，现代人很难放弃现代化带来的舒适。同时，大企业也看到有机食品、健康食品的商机，开始生产销售这些食品，将其纳入自己的生产线，使其成为打着健康旗号的工业化食物。因此，想要彻底改变美国工业化的食物生产体系，实现饮食真正意义上的健康、安全、自由、自主，仍然任重而道远。

（刘晓卉，上海师范大学外国语学院讲师）

以色列国之正当性的历史拷问

杨　军

摘要：作为建国以来争端争议不断的一个国家，以色列国的正当性如何考量？在以色列学者施罗默·桑德教授出版于2012年的《虚构的以色列地》一书中，我们看到了对此问题精彩详细的历史呈现和分析，尖锐的现实批判。

关键词：以色列　正当性　施罗默·桑德　《虚构的以色列地》

中东地区一直是国际事务的热点，以色列国的存在可称这一热点中的热点。从20世纪六七十年代的埃及，到八九十年代的伊拉克、伊朗，到今天的叙利亚，这些国家频频登上国际新闻头条，所发生的事无不与以色列有着直接或间接的关联。

中东和平什么时候能实现？从1970年代起，这一配得上数个诺贝尔和平奖的金苹果便摆在了人们面前，埃及前总统安瓦尔·萨达特、以色列前总理梅纳赫姆·贝京和伊扎克·拉宾、美国前总统吉米·卡特、巴勒斯坦前总统亚西尔·阿拉法特等人阶段性地推动了中东和平进程，已经品尝过它的滋味，而艰巨的以色列—叙利亚和平、以色列—伊朗和平、困难重重的以色列—巴勒斯坦和平依然毫无头绪。

以色列国是怎么回事？它的历史形成过程有何可质疑之处吗？

出于不同的立场、好恶、利益、意识形态，许多人从不同角度批评以色列国，可是，外人的批评仍比不上犹太人的自省，批判犹太国最痛彻入骨的仍属犹太人。

以色列特拉维夫大学的历史学教授施罗默·桑德（Shlomo Sand）就是这样的人物。2012年，桑德出版了《虚构的以色列地》（*The Invention of the Land of Isreal: From Holy Land to Homeland*）一书，在以色列、犹太人和关注以色列与中东问题的人们中引起强烈关注。犹太国中认他为"犹奸"的大有人在。他认为犹太人寄予民族深情的"以色列地"是犹太复国主义者虚构出来的，犹太复国主义是一种勾结了帝国主义列强、浸透着殖民主义思维的狭隘而偏执的民族主义，犹太复国主义的产物以色列国从诞生伊始即大行不义，时至今日仍不思悔改。

虚构的以色列地？是的，桑德的回答毫不含糊。在犹太历史中，以色列地的概念出现得相当晚，并且，跟犹太复国主义者理想中的犹太国领土、实际建立的以色列国的领土完全不符。作为犹太复国主义的重要意识形态概念，"以色列地"是犹太民族主义的一项战略性发明，目的是利用民族历史与传统，惹动犹太人的民族与故地情思，既为犹太复国主义做正当性辩护，也是它推进复国事业的观念利器。

桑德考察了"以色列地"一词的历史，发现在旧约即希伯来圣经中根本没有这个概念，它在历史资料中的首次出现是在新约的《马太福音》中，而且，仅仅指的是耶路撒冷及其周边地带。在犹太历史宗教文献中，它的大量使用是在公元3世纪以后，在奠定拉比犹太教基础的《密西纳》和耶路撒冷与巴比伦的两部《塔木德》中。

圣经中，犹太复国主义者所说的以色列地最早叫迦南地，是侵入这里的犹太人远祖希伯来人想要征服的对象。桑德特别强调，创立了一神教的犹太先祖亚伯拉罕、摩西等人都不是迦南本地人，他们的妻子也不是。在圣经记载的早期希伯来历史中，那些作者们重视族内婚和族内道德，不厌其烦地重申，不许跟迦南当地人联姻。

犹太人的先辈希伯来人不是迦南本地人，而是迦南地的外来征服者。这与19世纪末和20世纪的犹太复国主义者一样，后者也是外来者。

征服迦南地后，圣经作者有了指称这里的另一个词，即犹大地，采用的是他们青睐的希伯来人中的一支"犹大"氏族的名称。

到罗马统治时期，这里有了沿用至今的巴勒斯坦这个名字。

西奥多·赫茨尔（Theodor Herzl）创建的政治犹太复国主义出现后，早期的犹太民族主义者如以色列国父大卫·本-古理安（David Ben-Gurion）等人起先也使用传统的巴勒斯坦一词，只是从英国开始对巴勒斯坦进行委任统治后，犹太复国主义者才逐渐改用以色列地，并于1948年建国后，将"以色列地"转变为犹太复国主义意识形态的核心概念。

桑德考证了犹太人与巴勒斯坦的关系，得出的结论是，即便犹太人思念心中的圣地，那也只是精神性的宗教情怀，他们并不想回到那里定居生活。与传统犹太复国主义史学不同，按照桑德的观点，犹太人不曾在公元132—135年的巴尔·科赫巴起义失败后流散到世界各地，他们中的大部分皈依了基督教，7世纪以后又皈依了伊斯兰教。所谓犹太人不是以血缘传承为中心的民族，而只是一个凭信仰一神教凝聚起来的宗教共同体——犹太人其实是犹太教在世界各地"收获"的犹太教信徒。从血统上说，这样的犹太人与犹太复国主义者所说的希伯来人等犹太先辈其实没有关系。这是桑德2008年的畅销书《虚构的犹太民族》（*The Invention of the Jewish People*）中的观点，2012年的《虚构的以色列地》重申和延续了这种看法。

这些"新犹太人"是世界各地的"土著"，是一个信仰共同体。他们对圣地巴勒斯坦有感情，因为那里是他们一神信仰的发源地，因为他们读的希伯来圣经和《塔木德》每每指向那里。对这些新犹太人而言，巴勒斯坦类似于穆斯林心目中的麦加、麦地那及耶路撒冷，基督徒心目中的耶路撒冷、罗马及后来发展出的无数基督教圣地，或许是信徒们朝圣的目的地，但是，与18—19世纪兴起的现代民族主义指谓的民族主义"祖国"完全是两码事。

桑德考证了犹太人对耶路撒冷、巴勒斯坦的朝圣史，看到历史上犹太人的朝圣案例少得可怜，远远比不上基督徒对基督教圣地的热衷程度。说到犹太人向巴勒斯坦的移民定居，不同于犹太复国主义史学煞费苦心、牵强附会的民族主义历史叙事，桑德断言，那种情况历史上几乎不曾有过。

进而言之，对于犹太人大规模迁居以色列地一事，犹太教传统其实是激烈反对的。在拉比犹太教看来，犹太人回归圣地有一个前提，即弥赛亚的到来；人为地、主动地推动此事往轻了说是不妥当的，往重了说就是僭越，就是渎神行为。犹太教传统对犹太人的要求是安于在"流散地"的生活，遵守所在国的法律。直到现代犹太复国主义运动的前期，犹太教的立场一直未变。直到今天，在耶路撒冷和美国纽约，一些传统犹太教团体仍对以色列国持否定立场。

除犹太教传统外，还有一股势力是犹太复国主义者的"以色列地"诉求的大敌，可以概括为"同化主义者"。有关他们对回归巴勒斯坦的立场，可以分为"消极的"与"积极的"两种。前者只是对犹太复国主义无动于衷，心满意足地过着他们在西方国家的生活；后者对犹太民族主义更为警惕，心忧宣扬犹太民族主义会带来同化主义者的祖国忠诚的问题，威胁到西方犹太人在各国的地位，从而将犹太复国主义看作是一种有害的意识形态。在相当长的时间里，甚至直到1967年的"六日战争"前，同化主义者是犹太人中的主流，除了极少数热心于犹太复国主义的人外，移居"以色列地"的只有那些无家可归、无路可走的犹太人。

桑德认为，作为现代民族主义，犹太复国主义不像它的信奉者和实践者标榜的那么清白，那么具有犹太民族性。

按桑德的看法，犹太复国主义不是犹太人原创的民族主义，它最早出现在英国进行清教改革之后，桑德称之为基督教犹太复国主义。马丁·路德开启了西方的宗教改革时代，新的基督教派别主张基督徒不需要各级教会等与上帝沟通的中介，信仰的维护与深化可通过对圣经的阅读直接实现。与传统的基督教相比，新教徒对记载了大量古代希伯来人、以色列人传说与历史的旧约特别有兴趣。在此过程中，西方世界现实中的犹太人与他们的圣经先辈的关联凸显出来，英国的表现尤为热情和积极。

在17世纪的英国革命中，克伦威尔领导下的政府通过了允许犹太人到英国定居的法案。对希伯来圣经的兴趣带来了对古希伯来人的兴趣，对他们的语言希伯来语的兴趣，对他们由此兴起的巴勒斯坦地区的兴趣。希伯来语学习成为受欢迎的课程，圣经人名成为英国人给子女起名时的首选，他们也对圣经地名非常熟悉，感觉非常亲近。"英格兰变成了古犹大，苏格兰是它的邻居以色列。"

这种热情在盎格鲁-撒克逊人中很普遍，也传到了先是英国殖民地、北美革命后建立的新"地上天国"美国。

什么是基督教犹太复国主义？"远在犹太人的犹太复国主义者之前，清教徒已经把圣经读作历史文本了。他们是渴望救赎的信徒，并且认为，救赎与以色列人民在自己的土地上的复兴息息相关。这种关联并非特别地关心犹太人苦难的结果，而是源于一种信念，即先有以色列之子向锡安的回归，然后全人类的基督教救赎才会发生。"

它跟犹太人有什么关系？犹太人不是基督徒，犹太教不是基督教——虽然同源，虽然信奉同一个上帝，但自公元1世纪基督教与犹太教分道扬镳后，二者走的路完全不同，前者先成了罗马帝国国教，以后成为欧洲各国的"国教"，犹太教和3世纪之后的拉比犹太教则走向内敛，对基督教敬而远之。在很长时间里，基督教犹太复国主义是基督徒尤其是英国清教徒的一厢情愿，主流犹太社会漠然以对。即使到了现代民族主义兴起的19世纪，犹太人面对新时代的"犹太人问题"，主流的立场依然是形形色色的同化主义，认为现代反犹主义是暂时的，是一种丑恶落后的现象，随着社会的进步会自然消亡。犹太人是各个国家的公民，应投身各国的改革洪流，争取各自国家的自由进步——那与犹太人息息相关，是犹太人自己的事业，因为，社会进步必将带来犹太人自身权利的实现、境遇的改善。

进入19世纪，英国成为日不落帝国，最强大的殖民主义、帝国主义国家，在中东有了自己的利益诉求，也对苏伊士运河、紧邻苏伊士运河的巴勒斯坦地区有了相当的话语权，清教徒的犹太复国主义提上了议事日程，进入了实践阶段。

桑德强调英帝国主义与基督教犹太复国主义的关系。后者是宗教情怀，属于宗教理想主义的内容，帝国主义则是19世纪的现实政治，二者在英国奇特地结合起来。从沙夫茨伯里伯爵、帕默尔顿勋爵、迪斯雷利伯爵到贝尔福勋爵、劳埃德·乔治伯爵，从19世纪到20世纪初，前后相续的一代代英国政治家既有深厚炽热的宗教情怀，同时紧盯着英国的利益、帝国的利益。桑德相信，他们首要关注的是帝国经苏伊士运河到印度的生命线的安全，乐意扩展帝国在运河周边地带的安全区，而在基督教犹太复国主义那里，他们找到了二者的连接处。推动犹太人向巴勒斯坦地区移民定居，成为犹太人的恩主，让他们成为英国在中东的利益的维护者，这是大英帝国的战略性目标。犹太人问题？反犹主义？犹太人的现实苦难？在大英帝国绅士们的心中，那不重要，至少不是第一位的，甚至也不是第二重要的考虑。

到西奥多·赫茨尔开创政治犹太复国主义运动后，基督教犹太复国主义和英国的帝国利益又有了新的同盟军。

20世纪初，大英帝国与犹太人的犹太复国主义进入了第一个蜜月期。作为扩张和充实英帝国主义地盘之战略的一部分，殖民大臣约瑟夫·张伯伦热衷于推动一个在大英帝国保护下的犹太殖民实体的创建，在否定塞浦路斯方案，考虑并放弃埃及阿里什计划后，向赫茨尔推荐了乌干达计划。时任英国首相的亚瑟·贝尔福对此大力支持。

结合由于沙俄帝国迫害而大批涌向包括英国在内的西方国家的犹太移民潮，桑德详细分析了贝尔福的动机。虽然对历史上的希伯来人、现实中的犹太人都有好感，身为虔诚的清教徒的贝尔福主要考虑的是，不要让东欧犹太移民成为英国社会的负担，不要让英国出现太多的犹太人。给犹太移民找一个英国之外的出口，英国之外的迁徙目的地，乌干达也好，巴勒斯坦也好，反正不能是英国。贝尔福双管齐下，推动议会通过了主要针对东欧犹太移民的《1905年反移民法案》："虽然在未经邀请的情况下，英国强行来到地球上的几乎每一个角落，它却把自己从给难民提供庇护的自由国家变为其他人完全无法进入的地区，即便这些人正在遭受迫害。"冷酷的帝国利益考量完美契合了现代犹太复国主义的目标。

1917年11月，以时任外交大臣的贝尔福的名义，英国政府发布了《贝尔福宣言》，表态支持在巴勒斯坦建立"犹太民族家园"。这是现代犹太复国主义者梦寐以求的大国保证，犹太国的"准生证"，犹太复国主义史上最重要的外交文件之一。无数学术论文和著作探讨分析了英国的动机，可谓众说纷纭。桑德认为，英国的首要目的是"破坏英国此前与法国签订的协议"。1916年，两国签订了秘密的《塞克斯-皮科协定》，明确对战后奥斯曼帝国领土的分割方案，而这年12月新上任的首相劳埃德·乔治和外交大臣贝尔福对协定都不满意，不想与"法国无神论者"分享圣地的控制权。《贝尔福宣言》从"理论上和事实上废除了《塞克斯-皮科协定》，通过向'犹太人民'赠予一份仁慈的礼物而为英国人提供了优越的地位"。

"一战"后，英国获得对圣地进行委任统治的权力，掀开了与犹太复国主义运动复杂关系的新的一页。由于阿拉伯民族主义的兴起，巴勒斯坦阿拉伯人对犹太复国主义者的抗拒，局势的发展显出犹太复国主义运动与大英帝国利益冲突的趋向，委任统治国逐渐改变了对犹太复国主义者的政策，开始考虑阿拉伯人的民族主义诉求，限制犹太人向巴勒斯坦移民的数量，限制犹太人在圣地建设"民族家园"的速度和幅度，与犹太复国主义者的矛盾日益凸显。到"二战"前夕，英国与犹太复国主义运动的关系是冷淡乃至敌对的，只是由于"二战"的爆发和对抗第三帝国的共同目标，它们才暂时搁置了双方的冲突。不过，在"二战"后期，右翼的犹太复国主义者已经向英国委任政府开战了，"二战"结束后，主流的犹太复国主义者也或暗或明地加入了这一新的战斗。

桑德的观点概括说来就是，英国清教主义的基督教犹太复国主义可谓犹太人的犹太复国主义的先行者，到不列颠的帝国利益要求对巴勒斯坦进行某种程度上的战略控制时，帝国主义与犹太民族主义走到了一起。当英国想平衡犹太与阿拉伯民族主义，甚至是偏袒后者时，犹太复国主义与英国的冲突爆发了。

犹太人想要回归"故土"巴勒斯坦，当地的阿拉伯居民怎么办？现代犹太复国主义诞生伊始，这个问题就尖锐地摆在了犹太复国主义者面前。

在大英帝国的委任统治庇护下，20世纪二三十年代，犹太"民族家园"的建设进展迅速，新兴的巴勒斯坦阿拉伯民族主义注意到犹太复国主义运动的咄咄逼人，其反应从两个方面展开，最终牢固地结合在了一起。一是底层的阿拉伯佃农，他们凭依传统租种阿拉伯地主的土地，世世代代不变。犹太复国主义者到来后，大量购买巴勒斯坦土地，但不需要土地上的居民，因为他们的目的是用买来的土地容纳犹太移民，壮大犹太人在圣地的力量。这样，底层阿拉伯居民与犹太民族主义的复国目标产生直接的冲突。

另一方面是阿拉伯上层人士和知识分子敏感地意识到，怀着建国目标而来的犹太人想要建立的是排他性的犹太民族家园，这个未来的家园容不下非犹太人。此外，犹太复国主义运动已经显出将给巴勒斯坦带来政治与社会革命的趋势，而这势必危及传统的阿拉伯上层人士的地位。

1947年，在巴勒斯坦两面不讨好的英国已是灰头土脸，不得已将问题提交联合国。这年11月，联合国通过巴勒斯坦分治决议，犹太国的成立提上了议事日程。桑德强调，分治决议通过的缘由之一是"二战"后西方国家对纳粹屠犹事件的抱愧心态，而未充分考虑巴勒斯坦阿拉伯人应有的权益。分治方案也不公平，人口较少的犹太人占据了巴勒斯坦一半以上的土地。桑德认为，阿拉伯人反对分治决议在政治上不明智，但是可以理解。

1948年5月14日，犹太复国主义者宣布成立以色列国。次日，第一次中东战争爆发。获胜的以色列占据了分治决议中分配给阿拉伯人的大片土地，将巴勒斯坦人压缩在不相连的约旦河西岸和加沙地带两个地方，并在自己的地盘和所占领的阿拉伯人土地上造成了70万巴勒斯坦难民，其中大部分是犹太人以种种卑鄙或强制手段将他们驱离家园的。这是以色列国的"原罪"，是犹太复国主义者一手制造的犹太人与巴勒斯坦阿拉伯人之间的巨大伤口，至今未有愈合，持续地影响着阿以关系、中东局势。

桑德不仅明确指出犹太复国主义运动的殖民主义性质，也揭示和分析了以色列国的扩张主义。1921年，英国以约旦河为界，将传统的巴勒斯坦地区分为两部分，东部于1923年成立了外约旦哈希姆王国，西部仍称巴勒斯坦。这令犹太复国主义者耿耿于怀，并造成犹太复国运动的分裂，其右翼分支对"约旦河两岸"念念不忘。联合国的巴勒斯坦分治决议既令犹太人欢欣鼓舞，也令一些坚持犹太国"最高领土纲领"的犹太复国主义者心生遗憾。桑德强调以色列建国宣言不提领土边界一事，它照应着后来以色列国屡次扩大版图的行为。1956年，以色列与英法帝国主义勾结，发动苏伊士运河战争，侵占了加沙地带和埃及的西奈半岛，随即在加沙和红海沿岸建立了犹太定居点，做的是永久占领的梦。在1967年的"六日战争"中，以色列占据了约旦河西岸、东耶路撒冷、叙利亚的戈兰高地，并再次占据埃及西奈半岛。此后，在民众压力下，以色列工党政府半推半就地开始在各占领区建立犹太定居点。1980、1981年，以色列议会两次通过法案，先后正式吞并东耶路撒冷和戈兰高地。以色列扩张主义的事实和所占领土上的犹太定居点是历次中东和谈的拦路虎。

对于以色列国的所作所为，桑德强烈批判的另一点是它对待所控制地区阿拉伯人的方式。1967年前，以色列对版图内的阿拉伯人实施严厉的军事管制，后者的出行与工作都受到严格控制，生活得屈辱而悲惨。六日战争后，以色列对新占领的东耶路撒冷、约旦河西岸、加沙地带实行同样的管理方式，直到被占领土上的巴勒斯坦人于1987年突然发动大规模起义才有所变化。

从第一次中东战争起，以色列不仅驱赶巴勒斯坦阿拉伯人，霸占他们的土地、房屋、财产，还采取了将所霸占地区"犹太化""以色列地化"的战略，抹去原来的阿拉伯名字，换上新的希伯来语名。阿拉伯人的生活、生存痕迹被系统地清理了。

讨论犹太民族、犹太复国主义、以色列时，加入自己的亲身经历与感受是桑德的特点，《虚构的以色列地》如此，2008年发表的《虚构的犹太民族》亦如此。

《虚构的以色列地》一书开篇，作者说到自己作为以色列国防军士兵，参加了1967年战争中对耶路撒冷方向作战，之后在约旦河西岸服役守备的经历，讲述了自己当时对以色列地的思考，表达了对受苦的巴勒斯坦阿拉伯人的同情。

而作者所附的长篇后记，讲述了一座叫作谢克·穆万尼斯村庄的历史。它曾是雅法-特拉维夫以北最大的阿拉伯村庄，后成为特拉维夫大学及周边高档社区，而桑德作为大学历史老师，写书时对此地已有27年的体验。

联合国的巴勒斯坦分治决议通过后，英国委任统治政府消极怠工，巴勒斯坦的犹太人与阿拉伯人展开了小规模内战。在这种气氛下，1948年3月30日，最后一批谢克村村民相互扶助着离开村庄，至少有200年历史的村子不存在了。留在身后的只剩一个村里的老年傻子。被迫撤离前，谢克村有2160名住户。

以色列建国前的谢克村曾与犹太人和谐相处。1947年11月，联合国分治方案出台后，阿以关系骤然紧张，谢克村选择和平，与犹太军政机构多有联系，清楚表达了自己的愿望。然而，一方面担心战争形势下大批阿拉伯人住在犹太核心地带的潜在危险；一方面是对"以色列地"的贪念，犹太军政单位软硬兼施，手段迭出，最终迫使村民撤离了。之后，这个地方驻扎过空军陆军人员，很快又涌入大批欧洲来的犹太难民。1955年，这里落下特拉维夫大学第一座学术建筑的奠基石，1964年，大学正式成立。时至今日，大学已是以色列数一数二的高等教育和学术重镇，在世界上也有名声。

坐在特拉维夫大学的办公室里，桑德的眼光投向北方，看见了小路上阿拉伯撤离村民缓慢行走的身影，看见了老年傻子迷惑不解的眼神。

傻子后来的命运他也不清楚。

谢克村一页揭了过去，以色列一页翻开了。不仅用建筑、用人填补，以色列也大书特书经犹太复国主义剪裁过的记忆，从大卫、所罗门时代到犹太复国主义时期，到以色列建国，同时隐瞒、抹去曾有的阿拉伯人痕迹。小小的谢克村，极好地展示了对历史的选择性记忆，选择性遗忘。

桑德希望，拥有以色列最多历史研究人员的特拉维夫大学能为记住谢克村做些事情，希望以色列能为犹太—阿拉伯冲突中无辜受创的巴勒斯坦人做些什么——如果不是实际的物质补偿，至少不要人为地抹去对他们的记忆。在漫长的犹太历史传统中，"愿对某某的记忆消失"是民间最严重的诅咒之一。

桑德对巴勒斯坦人伸出了和解之手。"虽然人手尽其所能地隐藏和消灭这个阿拉伯村庄的痕迹，它仍是同一块地，同一个天空，西边可见的海上天际线仍是它一直所是的那个，只是看着它们的是不同的眼睛。"

（杨军，上海大学文学院讲师）

书评 | Book Reviews

《亚述赋役制度考略》评介

王光胜

摘要：《亚述赋役制度考略》是近几年我国亚述学研究的一部力作。本书重点关注亚述的各项赋役制度，在对亚述赋役制度的起源、类型、征发对象、用途和影响进行深入研究的基础上，作者认识到了亚述赋役制度与土地制度及亚述文明兴衰之间的内在联系。虽说本书也存在着为数不多的失误，但是作为国内首部全面介绍亚述赋役制度的专著，具有重要的学术价值。

关键词：《亚述赋役制度考略》 国洪更 亚述 赋役

亚述学（Assyriology）因西亚地区曾经出现过的古国亚述而得名，它是一门以对古代两河流域及其邻近地区出土的楔形文献的释读为基础，主要研究古代两河流域的语言、历史与文化的综合性人文学科。该学科形成于19世纪中期的欧洲，改革开放后被引入中国，并很快取得了令世界瞩目的成就。[①] 虽说如此，我国亚述学目前的发展水平与国际同行相比仍有较大的差距，对该学科许多领域的研究仍存在严重的不足。这些不足既体现在古语言和原始

[①] 关于亚述学的概述以及在中国的发展情况，参见吴宇虹：《亚述学在中国》，载《史学集刊》，2003年7月第3期，第101—109页；国洪更、陈德正：《中国亚述学研究述略》，载《世界历史》，2005年第5期，第121—128页。

文献方面，也体现在对古代两河文明史相关内容的研究深度方面，同时也体现在中国学者进行亚述学研究的方法方面。2015年4月，由中国社会科学出版社出版的国洪更研究员的专著《亚述赋役制度考略》，是作者在参阅了四五百种相关文献和著述之后的研究成果。这一研究成果既体现了作者利用古语言分析原始文献的深厚功底，也表明了作者从事学术研究绝不浅尝辄止的作风。所以本书在内容上弥补我国亚述学研究诸多不足的同时，也在研究方法上为国内亚述学界进行学术研究提供了借鉴和启发。

本书的书名中虽有"考略"一词，但是其研究的内容却异常翔实。书中系统地考察了亚述的农业税、贡赋制度、关税、徭役、神灵的供品和赋役豁免制度等的沿革情况，其中又重点关注了各种赋役的征发对象、途径和方式，并总结和归纳了亚述赋役制度的特点与规律。在追溯亚述赋役制度演变情况的过程中，本书不仅介绍了亚述的历史沿革情况，而且还考察了亚述各个时期的政治组织、经济制度和社会结构的情况。此外，本书对古代两河流域其他地区的政治、经济和社会情况也有所涉及。以亚述赋役制度为中心，作者将书中所涉及的本来异常庞杂的内容梳理得有条不紊，使读者在更广的历史背景中了解亚述赋役制度的同时，也对相关文明史也有了进一步的理解。

经过对大量原始文献以及相关学者的研究成果的对比分析，作者认识到了亚述赋役制度中所具有的一些普遍的特点和规律。首先，从亚述的赋税和税收的起源来看，它是一个在历史发展过程中逐渐形成的产物。亚述赋税制度的演变历程表明，它是从不成文的、散漫的、随意的、种类繁多的赋役逐渐走向习惯性的、明文规定的、制度性的经济制度的过程。其次，从赋役的类型来看，亚述的赋役形式多样，不一而足。尽管各种税赋多以征收实物为主，但一些税赋却可以折算为金银等货币交纳，并且在某些历史时期还出现了代役的现象。再次，从赋役的摊派来看，亚述的赋役负担极为不均，具有明显的阶级性。虽然从理论上讲，亚述所有的财物和人口均需要纳税或服役，但是在实际上，一些权贵和特殊的社会阶层却可以享受免赋役的殊遇，这凸显了统治阶级通过课征赋役剥削被统治阶级的本质。第四，从赋税的作用来看，一方面赋税所得被用于修建大量的宫殿和神庙，以满足统治阶级的需求；另一方面，征收的财物也用来养活移民和其他非生产性人员，例如士兵和征调的劳动力等，从而有利于社会的稳定和经济的发展。第五，从赋役的用途来看，亚述发展成为军事强国以后，多种赋役的摊派均与军事紧密相关。最后，经过细致研究，作者指出：从中亚述时期起，已经有某些亚述的城市开始享有赋役赦免的特权，不过这些特权仅限于少数人享有。需要指出的是，赦免赋役的权力掌握在国王手中，国王凭借它与各方势力进行政治博弈。到了亚述帝国时期，政治和经济的发展引起了统治阶级内部各派力量的此消彼长，从而也推动了赋役豁免的方式、内容和受益者不断变化。亚述赋役豁免政策的变革与帝国的盛衰关系密切，善于利用该政策则有利于帝国的稳定和发展，而滥用它则导致国家混乱，甚至亡国灭种。

相对于以往的研究，本书在许多方面都取得了突破性的进展，例如：首次将古亚述、中亚述和亚述帝国的赋役制度作为一个整体进行综合研究，不但追溯各种赋役制度的起源，而且关注其发展演变；首次通过定量分析亚述土地买卖的活动，提出亚述兵役制度与土地制度密切相关，土地制度的破坏引起了亚述兵役制度的变化；首次将临时征发与亚述政府的财政亏空联系起来，指出财政入不敷出是临时征发赋役的主要原因，频繁地征发临时赋役加速了社会分化；首次将亚述军队中异族成分的增加与兵役制度的变化联系起来，指出亚述军队构成的变化引起了军事实力的下降，直接导致了军事危机；首次通过定量与定性分析相结合，提出亚述赋役的豁免直接导致了亚述国库的亏空、军事实力的削弱以及大奴隶主坐大等帝国的各种危机。本书在对亚述赋役制度的研究方面所取得的这些突破，使其甚至具有了某种国际性的学术价值，这实在是难能可贵。

之所以说本书具有某种国际性的学术价值，除了上面提到的研究突破之外，还因为本书对国外学者的相关研究也有所裨益。例如，在对亚述时期的总督（šaknu）所进行的研究中，本书在借鉴波斯特盖特（J. N. Postgate）的研究成果的同时，也将人们对这一职位的认识进行了深化。本书不仅认识到："行省总督最初一般出自阿淑尔城的重要家族，中亚述时期有些行省总督的职位甚至父死子继。"而且进一步指出，"为了加强对行省的控制，提格拉特皮拉萨尔三世开始使宦官担任行省总督成为一种制度"。此外，波斯特盖特还对亚述的"ilku义务"进行过相关研究，并且他已经认识到政府官员可以通过缴纳物资代替履行"ilku义务"。然而他的论据并不充分，就连他自己都说："但是目前这纯粹是推测，还有待进一步的证据去证明。"①本书在对中亚述时期和新亚述时期"ilku义务"代役方面的研究中，不仅明确提出"亚述人可以交纳军用和民用物资代替履行ilku义务"，而且论据充分，相对于波斯特盖特的推断，更加令人信服。再如，对于古代两河流域的"miksu税"，埃利斯（Maria deJ. Ellis）虽曾进行过这方面的研究，但是其研究内容关注更多的是巴比伦地区，而本书则更侧重于亚述地区的内容，所以本书对"miksu税"的研究正好可以对其进行一些必要的补充。另外，在埃利斯的研究中认识不太清晰的亚述农业领域的"miksu税"②，本文也给出了初步的解答："沙尔马纳沙尔三世以后，miksu税可能跟农业再也没有任何关系了，只局限在对外贸易领域。"本书所取得的诸如此类的研究成果，不胜枚举。

由于本书丰富的内容以及考证的翔实，使得其研究工作异常繁琐，所以行文中不可避免地出现了为数不多的纰漏。例如，本书第71页中，脚注③不太规范，书中写成"RIME I E1.4.6"，其实正确的形式应该是"RIME III/2 E3/2.1.4.6"。同样，第177页中的脚注②"RIME III/2 E3.1.3.6"也应该改成"RIME III/2 E3/2.1.3.6"。因为在"RIME"系列的丛书中，"RIME III"共有两册，如果在脚注中不注明就很容易引起混淆。在本书第81页中，作者将乌鲁克国王乌图赫伽尔（Utu-hegal）说成是早王朝末期的国王，这其实是不对的。在古代两河流域文明中，"'早王朝时期'是指从乌鲁克III（捷姆迭特-那色）之后，直到阿卡德帝国建立之前，即大约公元前2800年至前2340年的这段历史"。③而乌图赫伽尔是阿卡德王国之后，乌尔第三王朝之前，乌鲁克第五王朝的国王，不在早王朝时期所包括的时间范围内。本书第10页，将底格里斯河的年径流量误写成了400亿立方米（应为4000亿立方米），第238页

---

① J. N. Postgate, "Land Tenure in the Middle Assyrian Period: A Reconstruction", *Bulletin of the School of Oriental and African Studies*, Vol. 34, No. 3 (1971), University of London, p. 499.

② Maria de J. Ellis, "Taxation in Ancient Mesopotamia: The History of the Term miksu", *Journal of Cuneiform Studies*, Vol. 26, No. 4 (Oct., 1974), p. 246.

③ 拱玉书：《日出东方——苏美尔文明探秘》，云南人民出版社，2001年，第97页。

的"埃卡拉特宫"和本书中其他地方的音译不一致。当然，百密总有一疏，本书的些许失误完全不影响它在学术上所取得的成就。

作为国内首部全面介绍亚述赋役制度的专著，本书的问世必将大大加深我国学者对古代两河流域文明的理解，并推动中国亚述学的进一步发展。

（王光胜，东北师范大学世界古典文明史研究所博士后）

被照亮的"身体世界"

——评《历史上的身体：从旧石器时代到未来的欧洲》

刘旭光

摘要：这本书是一种考古学和历史学学者吃透了福柯思想精髓之后，用谱系学建构出"身体世界"，并用这个概念把身体史和文明史组合在一起。"身体"有其历史进程，这一历史和社会历史进行之间有内在联系，人类的社会实践塑造和规训着人类的身体，"身体世界"是实践的历史沉淀，但这些历史不会自行简单的展开，身体世界可见于建筑、田园、物质文化，艺术品，诸种生老病死的仪式，等等。因此，通过这些具体的历史文化现象，反思身体世界的显现方式，这构成了这本书描述身体世界的基本方法。

关键词：身体世界　福柯　实践存在

"身体世界"这个概念有两层含义，一是从世界的角度来看待人类身体的演变，二是从人类身体的角度，评价与认识世界的变化。身体史和文明史，被身体世界这个概念奇妙地组合在一起。这个概念或许是这本书的灵魂，但真正令人惊讶的是这部著作的"气息"。

这部书的作者是一群年轻的考古学家，翻开关于作者的介绍，理所当然地会有一种前理解——这是部关于体质人类学，或者从考古的角度对于人类身体演进的科学考察报告。但这种前理解很快就被打碎了，写出这本书的不是"科学",而是后现代的文化研究,是历史学,是福柯和布尔迪厄,而不是传统意义上的"考古学"。

福柯说过这样一句话:"我没有预想一部仅以身体被设定和给定的意义与价值考虑身体的'精神史',我预想的是一部分关于'身体的历史'以及身体中最物质化且最有活力的东西被利用的方式。"[①]这段话被放在本书的第九章中,也就是结论篇中,但这句话应当放在扉页上,这部书实现了福柯所预想的,甚至更多。这部书不但描述了身体被利用的方式,而且建构出了"身体世界"。

身体自有历史,这一点因当是我们这个时代的共识,我们和所有行为,和行为所产生的诸种意义,都是由身体背负的,睡觉、吃饭和行动、锻炼……身体不是因其稳定的生物结构产生出历史持续性之具有普遍共享性的物质对象,它其实是某种随历史而产生的东西。身体在历史之中,身体就是历史。这部著作没有挑战身体作为生物结构的持续性与稳定性,而是把身体作为历史的代言人。经济、政治、艺术、文化等人类文明的各个部分都承担过这种"代言人"的角色,而这些考古学家们直接让"身体"成为历史的代言人,或者文明的代言人。

对于"身体世界"这个概论,有许多值得玩味之处,这个概念不仅可以用来理解福柯与布尔迪厄的后现代的批判理论,还可以对接海德格尔的此在的基础存在论和梅洛-庞蒂的"肉身",也可以远绪马克思的实践概念,这个概念有一种弹性,它似乎可以吸纳后现代的所有主题,也可以包含现代性的所有成就,我认为这个概念必将成为文化研究与哲学研究的核心观念。什么是"身体世界"?

"身体距离、身体隐私以及控制身体至于在个人权利和集体权威之间达致平衡的思想,这些常规的基础折射出的是个人自主权和个人空间。提炼过的惯例、对身体的限制以及阶级不仅支撑着我们的音乐例子,也支撑着饮食——通过不以满足大众令人为目标而着眼于人群区别的高级食谱;顺着

---

① 转引自约翰·罗布、奥利弗·哈里斯主编:《历史上的身体》,吴莉苇译,格致出版社,2016年,第360页。

同样的逻辑，则肥胖是因顺从大众食欲而导致的、具有阶级色彩的道德弱点。这种扩展性逻辑既允许遵从也允许对抗；当我们把身体与权威相对等时，我们同时造就了踏正步的军团与狂欢节。你可以把这种分析脉络进一步延伸……对身体的各种理解是被建构的习俗性话语，但是关于身体的实践与信念仍有一个内核，它支撑着众多社会行为，它为我们自动理解，我们每天也依赖它采取行动及理解他人的举动国，不过我们几乎不将它诉之于言辞。因此，当我们越过生活的一个时刻进入另一个时刻时，我们体验到一种植根于身体的意义连贯性。社会现实是关于身体的进程，我们生活在身体世界中。"[1]

在这一段引文中，包含着这本著作最基本思想——社会现实是关于身体的进程。无论音乐还是饮食，当然包括监狱、学校、健身运动等人类活动，从身体的角度来看，都关涉到身体进程，关涉到对身体的规训。"身体世界"这个概念的魅力正如作者所指出的："当诸多看似分散的事件或实践需要获得一种由其诞生环境滋生出的关联感或熟悉感以资映射和理解身体如何产生这些行为时，此术语提供了连贯性。其二是有世界性，这是一个人由于内在地体验到在每个地方都遭遇同样的前提条件而生出之关于绝对化现实的感觉。各个身体世界不是单义的。它们允许矛盾冲突、个人化表达以及异议。"[2] 显然，连贯性和世界性，或者说普遍性，在"身体世界"这个概念里仍然有核心作用，这个概念是想把关于身体的历史研究、关于身体的镜像、关于身体的社会学和关于身体的文化批判整合起来，建构出一个以"身体"为中心的世界。这个尝试令人赞叹，这显然是一个后现代之后的思维方式，是对碎片化的意义世界的再建构，只不过这一次建构的中心不是"上帝"，不是"绝对精神"，不是"道"，不是"资本"，而是"身体"。

这个建构仍然有强烈的后现代气息，因为在整本著作中，对不和谐、对颠覆性的行动、对于各种禁忌与空白，每一章的作者都给予了足够的重视，甚至可以说，他们把统一性与不统一性，把整体性与空白结合在了一起，他

---

① 约翰·罗布、奥利弗·哈里斯主编：《历史上的身体》，吴莉苇译，第19页。
② 约翰·罗布、奥利弗·哈里斯主编：《历史上的身体》，吴莉苇译，第19页。

们吃透了福柯思想的精髓。这是用谱系学建构出的身体世界，而不是用辩证法。

书中有一个概念非常迷人——"实践本体论"（practical ontologies）！这个概念我认为应当译为"实践存在论"，在过去十年的中国美学界，这是一个马克思主义者吸收了现象学的存在观之后，对马克思主义进行再阐释的结果，是对马克思主义的实践论的一次现代阐释与理论深化。我参与了这一过程，尽管充满争议，但作为一种方法，它有无可反驳的效用：事物与观念总是在具体的社会历史的实践中生成的，主体性的实践活动是社会存在的本源，一切社会存在都是在实践活动中的存在。但这本书的实践存在论和我们所建构出的略有差异：它的存在论是复数的。这说明，具体的，或者具象化的事物的存在，是他们的存在论关注对象，他们想说明，每一个人都是作为彼此关联的个体而存在的，他们的身份与道德选择能力随着他们改变处境而各不相同，他们关注具体的个体的存在。"实践本体论包含一个人是什么的思想"，或者说，他们想用这个概念说明，不同的身体和不同的世界是如何在实践过程中产生的。

这本书所说的"实践本体论"非常耐人寻味，如果说我们对这种方法的讨论还停留在观念层面上，那么这本书就是一个例证：对社会历史现象的描述可以用这种方法，或许只能用这种方法才能实现。这本书可以因为使用了这种方法而对所有实践存在论者产生启示与借鉴作用。

身体在过去30年的哲学中，显然具有中心地位，福柯和左派哲学家以及现象学家，奠定了对于身体的认识，它成为文化研究的一个核心术语。问题是，身体世界应当如何分析？本书给出的路径是：以实践本体论为方法，通过具象化，对习性、空间与物质，以及性别与权力，进行具体展开，这些东西盘根错节地缠绕在一起，但可以按这个路径进行"分析"，更重要的是，身体世界是实践的历史沉淀，但这些历史不会自行简单地展开，身体世界可见于建筑、田园、物质文化、艺术品，诸种生老病死的仪式等，因此，通过这些具体的历史文化现象，反思身体世界的显现方式，这构成了这本书描述身体世界的基本方法。

当这些方法确立之后，只需要用它们去描述具体历史时期之中的具象物就可以了。石器时代、古典时代、中世纪、近代、现代，这是本书的具体的历史线索，而每一个历史时段又有自己的核心：身体的界限、身体与政治、身体与上帝、知识时代的身体、技术时代的身体，身体在历史与逻辑的统一之中完成了自己的显现史。

这部著作还引起了我的一个思考：研究是联合完成的，奥利弗·哈里斯与约翰·罗布是这部著作的主要作者，但每一章还有其他的合作者，对于一部集体完成的著作来说，如何让著作成为一个有机整体，如何能够让著作忠实地围绕既定的方法与目的展开，这一直是集体完成的著作的难题。当下我国的学术正在走向集体化的"工程"，著作的有机整体性与方法论与目的论上的统一性一直是没有解决的难题。本书提供了一个绝好的范例：先确立方法论，然后确立核心观念、展开的路径，再落实到每一章每一节。同时，方法与观念的确立者，在本书中是奥利弗·哈里斯与约翰·罗布，也落实到每一章，与其他合作者进行具体合作，从而保证著作的整体性。我猜测，每一章的导言与结论，都是两人完成的，而对具体历史语境的描述，由其他合作者完成。这种合作方式，显然是成功的，而两位贯穿始终的作者仅仅宣称自己是"主编"，这部书显然能够说明什么是主编之"主"。

另外，这部人类学、考古学、历史学与社会学相结合的著作，思想的灵魂是福柯、布尔迪厄与马克思，所有作者的首要身份是考古学家，而成果早已超出了我们对于考古学的理解，或者这也说明，学科的融合，特别是学科研究中对于方法论、对于观念的重视，使得每一位研究者都首先是福柯或布尔迪厄的专家，同时也是考古学的专家。这本书生动地展示了对新的思想方法的接受如何推动着人文科学研究在内容与方向上的演进。这些人是怎么教育出来的？我们当下的学科分界越来越细，搞"史"的不重"论"，而这种能够把史与论结合在一起的学者，显然会成为未来学者的基本样态。书中对于人的审美意识的起源与对人的审美观念的发展有一些不系统的描述，而这正是笔者的本行，由于他们对于身体历史的描述，或许，研究人对自身的审美意识的历史进程，已经有可能了。

（刘旭光，上海师范大学人文与传播学院教授、博士生导师）

专题讲坛 | WHR Forum

光启讲坛——穿越世界变局的历史研究

主 讲 人：刘德斌（吉林大学公共外交学院院长）

杨栋梁（南开大学世界近现代史研究中心主任）

王　旭（上海师范大学人文学院、厦门大学历史系教授）

李剑鸣（复旦大学历史系教授）

王晓德（福建师范大学社会历史学院院长）

韩　琦（南开大学历史学院教授、中国拉美史研究会会长）

黄仁伟（上海社会科学院副院长）

主 持 人：陈　恒（上海师范大学人文与传播学院教授）

时　　间：2017年3月11日

地　　点：上海师范大学文苑楼708室

　　陈恒：非常荣幸，我们请到的诸位都是学术前沿最活跃的学者。"穿越世界变局的历史研究"这个命题是王旭教授提出的，优秀的命题会带来思想的交锋，给听众带来的是丰硕的收获。这个开放的题目，可以让学者从不同的角度去阐释世界变局与历史研究之间的关系，有请几位专家把最精彩的思想奉献出来，让我们分享。

世界史与全球化的互动演进

黄仁伟：关于世界史研究与当代世界的关系，实际上是一个不言而喻的话题。当今世界的变化之大，使我们不得不回到世界历史中去寻找这些变化的根源。当代世界的大问题，都是世界历史某一部分的延续。

我想谈谈世界历史与全球化的互动演进问题。世界史领域的全球化和国际政治经济领域的全球化，二者有很大的不同。世界史领域讨论的全球化一般从哥伦布时期开始算起。哥伦布以前的世界被分成不同的大陆板块，板块之间联系是没有规则、断断续续的；哥伦布以后的板块之间逐渐地变成整体，这个过程就是全球化过程。实际上，新航路的发现，在很长时间内，并没有改变各大陆之间的隔离状态，只是改变了欧洲人对地球的认识，开始寻找新大陆和征服一系列古老文明。这是世界史的全球化萌芽阶段，或称为"全球史"的开端。

在这个基础上，则有另外几种全球化的起点划分。第一种划分是从18世纪英国工业革命开始算起，工业革命以后才有了世界市场，没有工业革命就没有这么大商品的供应，世界市场就不会出现和存在。世界市场的形成，就是全球化的开端。

第二种起点是以法国大革命为代表和起点的全球化，资产阶级革命把西方的资本主义制度推向了世界。19世纪的世界史就是一部资产阶级革命史，是这种制度的全球化过程。

第三种是以第一次世界大战和第二次世界大战为起点，这两次大战把世界上的主要地区和主要国家都卷入了全面对抗之中。国际体系由此从欧洲的威斯特伐利亚体系转变为世界体系。冷战则进一步把世界分成资本主义和社会主义两大阵营或两大集团，世界体系从地缘板块转变为制度板块。这是制度冲突和对抗的全球化进程。

以上几种全球化进程都是以某一个领域或事件为标志的，尚未达到全要素的整体全球化。尽管如此，我们仍然可以将18世纪到20世纪的世界历史，界定为全球化的早期或初级阶段。

国际政治经济学意义上的全球化始于20世纪80年代。其中若干核心要素是以往世界历史上所没有的。一是随着布雷登森林体系解体，通过牙买加体系和广场协议，美元取代黄金最终成为真正的世界货币。美元作为世界货币的全面流通，各国货币与美元的固定汇率体系确立，全球化才有了真正的基础。二是1980年代至1990年代全球市场的最终形成，绝大多数原计划经济国家向市场经济转型，在此之前全球有一半的国家都不是市场经济。世界市场空前扩容。现在成为真正意义上的全球市场。三是由上述两个条件决定的全球价值链、供应链、资金链完全形成，跨国公司成为全球公司，承载着全球市场要素的流动，由此带来全球分工体系和生产体系的重组。四是1990年以后发展起来的信息技术和互联网，这是以往世界史上从来没有过的全球交往方式。由于互联网的出现和发展，信息流动突破了空间的距离和国界的阻碍，财富转移也可以借此在瞬间内完成。全球化由此获得空前广泛和深入的发展。

全球化是由正反两个方面构成的。负面全球化也是全球化的组成部分，只是在一定阶段上它才显著地爆发出来。其一是超大规模的财富流动造成世界经济的极不均衡和极不稳定，虚拟经济、网络经济和全球热钱流动先是在东南亚、俄罗斯、拉美引发金融危机，最终导致2008年至2011年的国际金融危机，受到沉重打击的各大经济体，至今尚未完全恢复。这是全球性的财富流动危机。其二是超大规模的人口流动，最初是从发展中经济体向发达经济体的劳动力流动，逐步同动乱国家的难民流动、国际犯罪组织的人口贩卖、国际恐怖网络扩展结合，已经超出了各个国家可以控制的规模，构成全球性的人口流动危机。其三是全球环境的迅速恶化，气候变暖、海平面上升、大规模疾病流行、物种灭绝等现象，伴随着全球化进程呈几何级数的增长，构成人类生存环境的危机。其四是各种文化之间的冲突更加直接地交织在一起。以往世界史上若干主要文明圈之间的空间距离日渐消失，并且由于互联网和大规模移民，使遥远的文化差异变为近距离的文化冲突，与民族、宗教、地缘政治的矛盾结合，构成全球范围的文明危机。从这个意义上来说，进入21世纪以来，全球化的负面要素出现上升趋势，虽然尚未主导全球化进程，但是构成了世界历史上从未有过的挑战和危机。

逆全球化是全球化进程中的一种新现象，它在欧美等发达国家首先发生和发展。西方发达国家曾经是全球化的发动机，一度把全球化作为"西方化"甚至"美国化"的代名词。但是，当前的逆全球化现象并不是来自发展中国家，而是来自集中反映全球化深层次矛盾的发达国家。其中比较突出的是西方中产阶级没落现象、社会福利体制难以维持现象以及排外主义保护主义现象。这些现象曾经在20世纪上半叶欧美国家出现过，但是在全球化条件下变得更加同步化。

发达国家的内部矛盾深刻化是其社会结构和财富结构难以适应全球化进程的结果。早期全球化的财富流动，基本上是西方国家资本输出到殖民地即后来的发展中国家，由此产生的超额利润基本上回到西方国家，以此来保证西方国家的稳定和发展。这一轮全球化的财富流向发生了变化，发达国家的资本流出以后，其利润不完全回到发达国家，甚至大部分回不来了。它一部分变成热钱在全世界流动，一部分去寻找成本更低的发展中国家进行投资，西方国家实际掌握的全球财富相对比重下降，这是以前没有的现象，这就是所谓全球财富和权力的转移现象。在以往世界史上，这种转移是在西方国家之间进行的，特别是世界财富向美国集中，但是现在这种趋势出现了变化。特朗普说的"美国吃亏、美国第一、美国再伟大"，就是要扭转这种趋势，把美国流失了的财富重新转移回到美国。

由于这种财富转移，西方国家社会稳定的两大支柱出现了动摇，就是发达国家的社会福利制度和中产阶级的基础削弱了。当前西方国家普遍出现入不敷出、寅吃卯粮的财政危机，造成社会福利体系的难以维持和中产阶级的状态恶化。这是"二战"后当代资本主义所没有的现象特点。在互联网的条件下，广大中产阶级的不满成为当代的民粹主义的根源。这和美国19世纪末的民粹主义（人民党运动）不一样，当时是垄断资本主义条件下的社会下层的民粹主义，现在是全球化、网络化条件下的西方中产阶级的民粹主义。这种民粹主义可以迅速地改变主流舆论，进而影响决策者。发达国家的当权者为了选票而接过民粹主义的诉求，上台后不得不加大砝码维护社会保障体系，结果是不断加深财政危机。基辛格曾经对我说，美国国家安全的最大威胁就是财政危机。这也是一个新现象，就是全球化条件下的西方社会结构和政治生态发生很大变化，原有的政策工具开始失灵了。

财富转移、政策失灵又和种族矛盾、贸易摩擦交织在一起。如前所述全球的文化冲突、宗教冲突、种族冲突出现了全新的现象。由于全球化的人口流动使三大文明圈之间的文化冲突变成了三个圈内的文化冲突。大量的穆斯林进入了欧洲，在欧盟内部发生了直接的文化冲突；大量的拉美移民进入了美国，在美国国内也引发了新的种族矛盾。种族矛盾又是英国退出欧盟的重要原因。美国白人中产阶级把失业问题、外来移民、医疗保障、贸易赤字等社会经济压力，一起归结为排外主义、种族主义和保护主义的政策目标。从特朗普上台以及欧洲的一系列"黑天鹅现象"中，都可以找到逆全球化和国内社会不满的内在逻辑。

现在的全球化问题，某种程度上都可以在世界历史上找到原型。但是在全球化条件下，这些本来是局部的问题，现在突然放大成全球性的问题，成为世界潮流发生逆转的重要因素。很多国际政治经济学难以解释的当代世界深刻变化，如果将其时空范围延长到世界历史领域，就可能把它们的根源追溯出来，才能更好地解释当代世界变化。反之亦然，许多在世界历史领域内看来微不足道的问题，在全球化条件下被放大了、凸显了，也有助于我们重新认识和解释世界历史。所以我们今天要从世界历史来看全球化问题，又要从全球化趋势来思考世界史问题；要从全球化和逆全球化这样两个方向上来把握世界历史的走向。

世界局势的"异变"与根源

刘德斌：本期"光启论坛"的题目设置得非常好，"穿越世界变局的历史研究"，既紧密联系现实，又与我们的历史研究相联系。我想就当今世界的纷乱现实及其历史动力，以及历史研究的选题谈几点看法。

当今世界正在经历急剧的历史性变革。虽然我们已经入行多年，但今天很多的变化都超出我们的想象。在座诸位有很多的学生，你要学习历史，或者学习国际关系，现在正逢其时。当今世界的变化最突出的特点是超出我们的逻辑想象力。

首先，当今朝鲜半岛的发展变化，我们很难肯定谁是我们的敌人，谁是我们的朋友。毛主席曾经说，谁是我们的敌人，谁是我们的朋友，这是革命的首要问题。但今天这个问题我们有些说不清楚。朝鲜6日（指2017年3月6日）又发射四颗导弹，其中有两颗落到日本专属经济区，不仅恰到好处地为萨德入韩制造了新的理由，也为日本部署导弹防御系统制造了借口，对中国的安全利益造成新的伤害。从这个意义上讲，朝鲜不断地进行核试爆和导弹试射，客观上有效地配合了美国的东亚战略。

第二个非逻辑的发展就是"我的敌人的敌人还是我的敌人"。这就是在中东，几方势力都在打击"伊斯兰国"，同时也在互掐。叙利亚政府军在打击"伊斯兰国"，叙利亚的几股反政府力量既与政府军作战，也打击"伊斯兰国"。介入叙利亚战争的几方外国势力也是如此，俄罗斯和伊朗力挺阿萨德政府，与"伊斯兰国"作战，同时也帮助叙利亚政府打击反对派；土耳其和美国在打击"伊斯兰国"的同时，也与叙利亚政府军作战，要求阿萨德政府下台。中东局势陷入前所未有的混乱，中东地区的秩序已经很难恢复到"阿拉伯之春"和伊拉克战争之前的状态了。

第三个令人出乎意料的发展是欧盟面临解体的危机。原因有许多。其中一个重要方面穆斯林人口在欧洲国家的急剧膨胀，逐渐改变了许多社区的人口结构，最近两年大批中东难民进入欧盟国家，进一步加剧了欧盟国家的社会矛盾。英国脱欧，欧洲国家极右势力的崛起，多是这种矛盾的反映。欧洲是所谓"西方"的发源地，是西方阵营最重要的基础力量，欧盟被视为一种超越民族国家体系的示范，现在看来这些都陷入困境之中。美国和欧盟之间的矛盾不小，特朗普上台更使美欧之间的跨大西洋伙伴关系面临严重挑战。中国有句老话说，"堡垒是最容易从内部攻陷的"。西方作为一个政治阵营正在消解。我曾经在两次学术会议上谈到"西方的消解和消解西方的战略"，现在局势的发展比我预期的还要快。当然，"西方"的解体也会给这个世界带来诸多风险。

第四个"非逻辑"的发展是美国大选的结果，选出特朗普这样一个大家认为"不靠谱"的总统，强调美国至上，退出了TPP和TTIP，好像也要"韬光养晦"了。特朗普的当选为"逆全球化"的势头注入了强劲的动力，美国从全球化的领路人变成了全球化的"麻烦制造者"，特朗普认为全世界对美国都不公平，美国在全球化进程中所获得的利益全都不算数了。

第五，中国站在了全球化的捍卫者和全球治理引导者的位置上。中国现在所维护和支持的，有许多正是美国主导的"自由主义秩序"曾经倡导的，例如自由贸易，资本、技术、人员和商品的自由流动，等等。同时，中国倡导成立的亚洲基础设施投资银行（AIIB），中国提出的"一带一路"倡议，都在弥补现有国际体制和机制的不足，为欧亚国家经济与社会的发展注入新的活力。如果"一带一路"的倡议得以实现，将从根本上改变欧亚国家特别是发展中国家的经济和社会面貌，许多现有的矛盾冲突都将缓解。作为一个新进崛起的世界大国，中国在还没有完全准备好的形势面前一下子被推到了世界领导者的地位。

世界为什么会出现一种我们难以预见的变化？归根结底还要到历史根源中去寻找，事实上是非殖民化运动以来被冷战格局和冷战后美国"一家独大"的战略格局所压抑的种族、宗教和文明之间的矛盾不断地释放出来，这些矛盾在经济全球化和社会信息化的情况下获得了新的动力，交织在一起构成了对当今世界秩序的挑战。经济全球化使任何穷国与富国之间，穷人与富人之间的差距进一步拉大了，社会的信息化使这种差距所产生的矛盾加速传播，成倍放大，从而使每一个国家的内政外交都面临新的挑战。如果每个国家都像特朗普的美国一样退到自我封闭和自保的环境中去，世界将面临一场深重的灾难。西方的国际关系理论在这样的现实面前失去了解释能力，中国学派的国际关系理论还没有构建起来就面临这样一种新的形势，一种转换了的历史背景。这对"中国学派"来讲，既是前所未有的机遇，也是前所未有的挑战。

在这样一种形势面前，历史研究的突破将再次成为整个人文社会科学突破的起点。我认为历史研究有三个方面的突破至关重要：首先是现代化的多样性问题。这个问题早就有人提出来，但一直没有能够构建起相应的理论体系。有些西方学者也已经承认现代化的道路不仅西方一条，但非西方的现代化是否已经成型？它与西方的现代化有什么本质差别？这些问题还是需要我们做理论上的梳理和构建。第二，中国模式到底怎样解读？它有多大程度的代表意义？换句话说，在非西方的现代化道路中中国模式有多大的普遍意义？这也是中国学者应该在理论上有所建树的。第三，历史证明西方也不是一成不变的。当前政治意义上的西方阵营正在消解，但西方作为一种思想、文化和意识形态的产物能够"消解"吗？西方和非西方之间在当前这种世界局势中必将走向持续性的对抗，还是双方都会妥协退让，在构建"人类命运共同体"的过程中不再势不两立？

第一次世界大战后日本的国家转向

杨栋梁：很高兴参加这次学术活动，非常感谢上海师大的邀请。刚才听了黄教授和刘教授的见解，很受启发，他们谈到的大量全球化、公共外交问题，包含了丰富的国际关系、国际政治学内容，实际上已经远远超出了历史学的范畴。今天我与各位交流的问题，与两位教授的发言也是有衔接的。现在是过去的延续，当今世界的变化，与近代以来世界历史的变化息息相关。人们常说历史不会重演，但历史又会惊人地相似。因此，如何从人类历史的发展中总结经验教训，是我们世界史研究者的责任和使命。

当今的世界很不安宁，东亚的区域安全也是世界关注的焦点之一。从近代历史看，日本是扰乱这一地区秩序的主要国家。因此，今天主要想谈一下第一次世界大战后日本的国家转向问题。

我们知道，近代发生了两次世界大战。严格来说，第一次是欧洲大战，主战场在欧洲，也许可以说当时战争的几个火星喷到了东亚。第二次世界大战是真正意义上的世界大战，东西半球都成了战场，世界各国几乎都被卷进去了，而发动战争的元凶之一就是日本。直到现在，日本仍然是中国外交中最麻烦的国家之一，因此必须认真对待。

"一战"结束时是日本明治政府成立以来社会经济发展水平最高的时期，也是其国际地位最高的时期。但是除了这两个"最高"外，它还有两个"最"，那就是对外矛盾和国内矛盾进入最激化时期。最高社会经济发展水平、最高国际地位与最激烈的内外矛盾同时出现，这种现象本身就是一个非常值得研究的理论性课题，需要探明它仅仅是日本曾经发生的一种特例，还是当今世界上依然存在的普遍现象。

在"一战"后的十年左右时间里，日本进入多事之秋，经济危机频发，人心思变，普遍认为现行社会存在的弊端已经到了需要再次"维新"的关头。当时，围绕怎样改革、日本向何处去的问题，社会上出现了两种势力，一种是包括左翼在内的相对进步的势力，希望日本沿着议会民主政治的方向走，在"协调"的方针下处理对外关系，为此大力宣传民主思想，还曾掀起过大正民主运动。另一种是由民间右翼、军界法西斯分子和所谓"新官僚"构成的反动势力，他们也有一套国家改造的理论，其对政党无能、财阀自私的攻击及其类似希特勒的国家社会主义主张，颇能引起占人口多数的底层大众的共鸣。在两大势力的殊死对抗中，前者主要以"嘴"为武器，而后者主要以白色恐怖、谋杀和兵变的"动手"来实现。结果，法西斯势力掌控了国家政治，主导了国家发展的方向。

　　事实上，在当时的世界上，日本的现象不是孤立的。德国希特勒、意大利墨索里尼乃至西班牙佛朗哥的上台，都是有一定底层民众支持基础的。那么，人民为什么会选择法西斯？为什么会支持对外扩张，应该说这个问题我们研究得还不够透彻。这也如国家间发生战争时民众的选择是以阶级利益优先还是以民族利益优先一样，类似的理论问题还有许多值得深入探讨的空间。

　　日本法西斯势力掌握国家统治权力后推行的国家内部统治和对外扩张战略，已经成为一种历史。现在回过头来看那一段历史，可能会觉得日本人昏了头，很愚蠢。的确，当时日本的对外扩张战略简直是想一口吃成个胖子，不但要一口把中国吞了，还要把妨碍它吞并中国的国际势力统统视为敌人，结果原来的朋友全都成了敌人，自己成为国际上的孤家寡人。显然，这种外交思想和战略一开始就注定了失败。但是，当时的日本人是不认为自己愚蠢的。政府的蛊惑宣传煽动了民众的狂热，而狂热的民众又反过来对政府形成一种对外政策只可进不可退的高压态势，整个社会进入一种失去理智、集体失聪状态。在这种状态下，尽管也有石原莞尔等少许"明白人"认为全面侵华的准备和时机尚未成熟，但是狂躁的大众已没有耐心去倾听令人泄气的见解。结果，近代世界东方迅速崛起的日本帝国，由此走上了迅速灭亡之路。一战后日本国家转向及其走向战败的这一历史教训，既是我们审视当今右转中的日本社会的一个历史坐标，也是正在崛起的中华民族保持长盛不衰所必要参考的他山之石。

有鉴于此，在今后的几年内，我想组织国内的一批同行对"一战"后至"二战"战败期间日本的国家转向及其对外战略误判展开专题研究，期盼各位关注并大力支持指导。

限于时间关系，就讲到这里，请大家批评指正。谢谢。

对历史研究如何"穿越世界变局"的几点体会

王晓德：对我们做世界史研究的人来说要实现"穿越世界变局"实属不易，只能是我们努力的一个目标。下面我结合自己近期的研究谈谈对这个题目的几点体会，不见得符合出这个题目者的初衷。

一、历史研究永远是对过去发生之事的研究，但绝不总是与故纸堆完全画等号。所谓"穿越世界变局"，大概是指世界总是在不断地发生变化，历史研究如何能够跟上变化的大潮以及服务于这种变化，实际上也就是说研究者在研究中应该有现实关怀。这是史学研究的一个基本功能，"鉴往知今"是中国治史的一个传统，但如何处理好历史服务于现实的关系对史学研究者来说是一个很大的挑战。我最近在研究启蒙时期欧洲人对美洲形象的构建，很多历史学家把自己的研究与现实政治结合得比较密切，结果完全背离了基本的历史事实。雷纳尔（Guillawme-Thomas Raynal）是启蒙时期的一个大学者，他出版了一部多卷本的关于美洲的著述，在当时影响极大。雷纳尔是个自由主义者，他写这本书的目的之一是要谴责欧洲殖民主义者在美洲犯下的罪行，但却是以完全否定美洲来实现这一目的。美洲在他的笔下成为一个退化的大陆，他把美洲描述为低劣或退化作为谴责欧洲殖民主义在海外之"邪恶"的筹码，美洲的动物和人成为欧洲人追求自由的牺牲品。为了说明自己的观点，雷纳尔差不多是在想象中构架自己的美洲形象的。另一位很著名的学者德波（Cornelius de Pauw），也是启蒙时期研究美洲的大专家之一。他写了一本在当时影响很大的著作，《关于美洲人的哲学思考》，完全是在想象中来描述美洲的，主要是服务于现实政治，成为普鲁士宫廷的"御用学者"。这两个学者在启蒙时期影响非常大，但最终在历史长河的浪花中被冲刷得无影无踪,其中一个原因就是研究与现实政治结合得太紧,很大程度上不是在研究,而是在想象。研究者拥有现实关怀很正常,亦应该鼓励提倡,但要是超过了"度"的限制,成为服务或批评现实政治的工具,势必难免"始于轰轰烈烈终于无声无息"的结局。因此,我们的史学研究应该"穿越世界变局",把历史作为一面镜子,对解释世界变局提供史学的理论思考,但现实关怀一定要有个"度"的限制,尤其是不要有意识地让研究成为服务于现实政治的"奴婢",处理好历史研究与现实的关系并不是一件容易的事情。历史过于现实化就难免使研究落入套路,甚至会扭曲历史。历史已提供了很多这方面的教训。

二、"穿越世界变局"必然涉及站在什么立场上对所涉及的对象进行客观的研究。马克斯·韦伯提倡的"价值中立"主要指研究者在进行研究时应该摒弃主观的价值判断和个人的好恶,客观地展现出历史的本来面目。"价值中立"是研究的一种理想状态,要使之完全体现在研究中并不容易。很多学者在进行研究时有意或无意地把自己的好恶强加给研究对象,导致研究不仅偏离了历史事实,而且还很容易在社会上引起强烈反响,误导公众对研究对象的客观认识。我近些年研究欧洲文化精英美国观的演变,翻阅历史上很多欧洲文人撰写的关于美国之论著或游记,我常常感到他们向读者传递的并不是一个真实的美国,有些描述是想象出来的,有些是美国社会的确存在的弊端,但却被无限放大,成为带有普遍性且难以解决的根本性问题。其实,他们对美国的批评或抵制多少有点"醉翁之意不在酒",并不在乎对美国的描述是否为实,而是为了把贬抑美国作为凸显欧洲文化优越的衬托,美国成为他们加强身份认同或社会凝聚力的批判对象。2002年,年近八旬的法国科学院院士让-弗朗索瓦·勒韦尔出版了名为《反美主义的痴迷》专著。勒韦尔在他的书中写道,他20世纪60年代到美国考察后发现"欧洲人关于美国的说法都是虚假的,总之,我发现美国与当时欧洲普遍接受的通常描绘是完全相反的"。勒韦尔之言未免有些绝对,基本上否定了欧洲文人对美国描述的真实性。其实,还是有一些欧洲文人写过比较客观地介绍美国的论著和游记,即使是那些批评美国的论著,也不是通篇虚构,还是用了一些基本事实作为铺垫,有些事为他们在美国考察时亲眼所见。这样,欧洲文人撰写的绝大多数关于美国之书籍，既充满着想象中的虚构，又有着在美国目睹到的事实，虚构与事实交织在一起，很难让读者看到他们的描述中何为虚何为实。这种描述的"双重性"反映了欧洲文化精英的美国观，他们毕竟属于有教养的文人，"泼妇骂街"的方式非他们之所为，把极尽污蔑之词加到美国的身上，大概也需要基本事实作为注脚，哪怕是被夸大了的事实。欧洲文人对美国"虚虚实实"的描述终归还是要在社会上流传，对公众认识美国发生影响。对于欧洲普通公众来说，要说他们接受关于美国的信息完全是虚构的，大概也不是事实，但他们会把对美国的虚构与事实混淆在一起，在很多情况下更容易接受虚构的或负面的描述。文化优越感在欧洲人中间是非常普遍的，精英人士身上体现得更为强烈。即使欧洲人对本地区或本国文化的优越感在逐渐弱化，但偏好肯定是存在的，这是一种正常的文化本位主义心态。这种心态会导致普通人潜意识里存在着对其他国家社会和文化的偏见，对于看到那些我"优"他"劣"的描述，会产生一种心理上的满足感。正是在这种心态的作用下，欧洲文人对美国的负面描述对公众美国观的影响要比正面描述大得多。普通老百姓一方面在消费美国文化产品中获得了身心上的愉悦，另一方面却对美国并没有多大好感，其中一个原因显然是受到这些对美国负面描述的影响。这种情况在中国学术界也程度不同地存在，对人们认识美国或世界大局产生一定程度的误导。因此，研究者只有在研究中把文化本位主义减少到最低限度，才能让历史研究"穿越世界变局"，正确地引导公众对研究对象有一个客观的认识。

三、我们这一代人研究世界史或国别史有一定的局限性，主要指在语言方面，尽管英语现在已成为国际性的语言，但要想把研究对象置于一种整个世界变局的视野之下，显然仅掌握一门外语是远远不够的，对此我体会很深。我在撰写美国早期外交史这部著作时，所依据的资料主要是美国政府的官方档案。出于研究所需，我特别想看到美国外交的对象国在美国一些重大外交问题上的互动以及看法，这无疑会使研究的视野更为广阔。有一次我查到有一本很早出版的法国驻美公使写给国内政府的报告集，1 000余页，题目是英文的。我当即在亚马逊网站上购买了这本书，但书到后打开一看内容全为法文，颇感失望。这种受语言的限制也让我感触良深，现在很多国家的档案都非常容易获得，如果真的掌握了与美国"互动"国家的语言，可能研究美国与该国的外交关系就"技高一筹"了。我在研究欧洲反美主义演变时，这方面的体会更深，要是能够通晓欧洲主要国家的语言，那么研究这一课题肯定会得心应手，眼界比只掌握英语更高一筹，至少在搜集资料上占据着语言的优势。非常遗憾的是，受语言能力的限制，面对法国、德国、意大利和西班牙等国文字，我只能是"望文兴叹"，深感研究视野受到很大的限制。我现在正在从事启蒙时期欧洲对美洲形象的构建，很多自己感到有用的材料为法文和西班牙文，要是无法阅读的话，那研究自然就难以深入开展。我最近写了一篇文章《"雷纳尔之问"与美洲"发现"及其后果祸福之争》。雷纳尔是启蒙时期公认的研究美洲问题专家，他在1770年出版的多卷本著述中全面否定了美洲，认为美洲是一个退化的大陆。这本书影响非常大，很多欧洲人对美洲的了解开始于阅读雷纳尔的这部著述，他们正是在书中描述的引导下形成了带有很大偏见的美洲观。有些学者指出了书中前后不一致之处，致使错误漏洞比较多。其实，就雷纳尔本人而言，他并不是一个不严谨的学者，全书缺乏一条明确的主线贯穿始终，固然与多人参与撰写有关，但从根本上还是体现出雷纳尔对美洲评价的矛盾心态。他在完成这部书之后一直不断地进行修订，名曰进一步"完善"对美洲的认识，其实从一个侧面反映出雷纳尔本人的困惑，尤其是美国革命发生之后，这种困惑在雷纳尔身上体现得更为强烈了。正是受这种困惑的影响，18世纪80年代初，已经在欧美学术界名声大噪的雷纳尔提出了一个引起很多人深入思考的问题，即"美洲的发现对人类是福音还是祸害？如果它是福音，我们靠着什么手段来保持促进其带来的好处？如果它是祸害，我们靠着什么手段来弥补其带来的损毁？"这便是所谓的"雷纳尔之问"。为了在学术界征得对这一问题回答的论著，雷纳尔自掏腰包，在里昂研究院设奖征文。所征论著皆为法文撰写，要是能完全读懂这些论著的话，那显然会对这一时期欧洲人关于美洲发现利弊之争上有更为深入的了解，也能从更为广阔的视野认识欧洲人的美洲观。现在年龄大了，再想学习一门能够像英语一样比较熟练运用的外语面临着很大的困难，这一缺陷只能有待下一代研究者弥补。多掌握一门语言，不仅是多了一个研究的"拐杖"，而且更易于在重大问题研究上获得突破，更能把研究对象置于更为广阔的视野之下。

我就简单讲以上几点，不见得切合今天的主题，只是我在研究中的一些体会，希望能够对历史研究如何实现"穿越世界变局"有所裨益。

深入认识拉美文明，提高中拉对话水平

韩琦：刚才听了几位先生的发言之后，很有收获。我要讲的话题可能会离主题稍微远一点。因为王旭教授用微信发给我的"穿越世界变动的历史研究"这个题目之后，没有更详细的要求说明。对这个题目，不同的人可以从不同的角度去理解。我的理解就是历史研究要有现实关怀，要与时代同呼吸，要对现实提出的重大问题做出回应。因此，我想联系拉美史的研究，说说对拉美文明理解的问题。

进入新世纪以后，中拉经贸关系迅速发展，双方贸易额成倍增长，中国企业在"走出去"战略的指引下纷纷进入拉美。但是，中拉关系在广度上的拓展，亟须加强双方相互认知的深度，亟须加强中拉文明之间的对话。中国的拉美史研究，应该提供人们对拉美文明提出的一些基本问题的答案。如什么是拉美文明？拉美文明的特点是什么？拉美文明有什么借鉴意义？

我认为，拉美文明是由拉美人创造的物质和文化成果。拉美文明是一种混合文明，是在印第安文明、伊比利亚文明和非洲文明混合的基础上形成的，这样一种混合开始于1492年。拉美文明虽然起源于印第安文明，但印第安文明不完全等同于拉美文明，它仅仅是拉美文明的混合成分之一，并且居于次要地位。经过殖民地初期血与火的洗礼，印第安人口丧失了将近90%，印第安文明被一度打断，到18世纪初期，一种由欧洲文明、印第安文明和非洲文明组成的新的混合文明才初步形成。尽管这是一种全新的文明，但它还不是现代文明。在经历了19世纪后期早期工业化的发展、20世纪初期的社会阶级结构变动、政治模式的更替、经济发展模式的转换，以及土著主义运动、文化民族主义运动之后，在20世纪三四十年代，拉美才形成了建立在现代工业基础之上的现代文明。

拉美文明具有鲜明的特点。首先，如前所述，拉美文明是一种多源混合

文明。从1492年开始，拉美出现了一种全新的现实，即一个由欧洲人、印第安人和非洲人紧密接触而形成的复合发展进程，三种母体文明通过碰撞、交流、融合，最终形成了新的混合体，它们各自都发生了变化。当然，这种发展仍存在不彻底性。其次，拉美文明是一种亚西方文明。在拉美混合文明结构中，最初的三种母体成分并非平分秋色，而是欧洲文明以强势文明的面貌出现，成为整个文明结构中的主体框架，天主教、西班牙语和葡萄牙语取代了原来的土著宗教和语言，美洲印第安文明不再是一种主体文明，它和非洲黑人文明居于次要地位，成为混合文明中的次要成分。在随后的历史发展中，英、法文化和美国文化又先后强烈影响着拉美文化。从文化渊源和文化结构看，拉美文明属于西方文化圈中的亚西方文明。第三，拉美文明是一种具有长期边缘性和不平等性历史的文明。拉美文明从诞生的那一天起，就是一种边缘的、被奴役的文明。尽管它从20世纪30年代开始寻求自主发展的道路，但作为一个整体的拉美却至今未能突破边缘的依附地位。拉美社会发生了种族混血和文明交往，但也出现了种族社会和文化分化以及阶层化现象，贫富差距问题一直很严重。第四，拉美文明是一种兼收并蓄、开放创新的文明。拉美文明是在长期的种族混血和吸纳外来移民的过程中成长起来的，是在接受和消化形形色色的文化传统和外来文化影响过程中形成自己独特文明的。拉美文明具有很大的亲和力，同时也乐于汲取外来的文化养料。这种文化上的包容开放性格，使它在学习和借鉴外来文明的同时，又不丧失自己的民族特性，从而能创造出集民族性与世界性于一身的优秀文化成果，拉美和加勒比的诺贝尔奖项获得者迄今已经达到18人。第五，拉美文明是一个相对年轻的文明。尽管从印第安文明的根源看，这个文明的历史可以追溯到公元前4万年至公元前2万年左右，但从"混合文明"的角度看，拉美仅仅有500多年的历史。它是一个年轻的充满活力的文明，一个上升的正在蓬勃发展的文明，一个充满希望的文明。

拉美文明中有不少值得我们借鉴的地方，如和谐性、开放性、创新性，但也有一些值得我们深思的地方，如不平等性、依附性、不平衡性等。

在讨论开始的时候，黄仁伟教授谈到，目前全球化时代最突出的问题之一是文明之间的冲突。为什么会有文明冲突？我认为，其重要原因之一就是缺乏相互之间的了解和理解，只有了解，才会有理解，只有理解，才会有谅解。2016年11月习近平主席访问拉美期间，多次提到，期待中拉双方努力构建携手共进的命运共同体，共创中拉关系的美好未来。我认为，加强中拉文明对话，是实现这一期待的重要基础。而加强拉美史的研究则有助于实现正确的认知和提高中拉文明对话的水平。

美国建国时期的主权问题

李剑鸣：说到世界变局，最近一个时期大家印象比较深刻的问题，除了全球化的困境和国际关系的动荡，还有另外两件事也值得注意，一是英国公投脱离欧盟，另一个是特朗普"意外地"当选美国总统。这两件事的进程和结局，都引起了广泛的关注。

关于英国公投脱离欧盟，人们的注意力一般集中在这样一些问题上，比如，英国是不是要重新回到孤立主义？这是不是意味着反全球化运动在英国的得势？英国的退出对欧盟的命运会有什么影响？能不能把这件事看成是英国第二次抵制"罗马法入侵"？这些问题固然是有意义的，不过其中还有一点同样很有意思，这就是，英国是一个长期盛行"议会主权"的国家，还有人吹牛说，英国议会除了不能把男人变成女人，其余什么都能做到；可是，脱离欧盟这样的事为什么不是由议会来决定，而要采取全民公投？这里牵涉到人民与政府的关系，也牵涉到人民主权与议会主权的关系。反过来看美国，在这个最早以人民主权为立国原则的国家，却从来没有在全国性事务中采取公投方式来做决定。这是一个引人深思的对比，这里涉及对主权的不同理解和不同运用。

特朗普的当选和他近期的施政，更是一个引发"热议"的话题。人们关注较多的是特朗普的个性，他说话的方式，以及办事的风格。特朗普确实是一个特点极其鲜明的总统。他在当选之前完全没有政治经验，上任后搭的班子中也大多是一些没有政治经验的人。这样一帮"政治生手"，居然要"玩转"这么大一个国家，让人觉得匪夷所思。大家在议论时说得比较多的话题是，特朗普当选的社会政治背景是什么？究竟是一些什么人在支持特朗普？

特朗普用什么方式调动了选民的情绪？我们最近经常听到一个带贬义的词，叫作"民粹主义"；有人说，特朗普当选反映了"新民粹主义"或"中产阶级民粹主义"在美国的胜利。

但是，如果我们仔细解读特朗普的就职演说，可能会有很有趣的新发现。在他发表就职演说的时候，有好几位前总统在场，年龄最长的是卡特，接下来是克林顿和布什，还有奥巴马。可是，这位新总统一上来就说，他的就职意味着"权力从华盛顿特区回到人民手中"。他还用更尖锐的口气说，在这以前，美国的权力一直掌握在华盛顿特区一小撮人手里，只为他们自己谋取私利。在这里，"华盛顿特区"显然是一个象征。第一，华盛顿特区不属于任何一个州，更不是一个州，而只是一个特区，也就是说它不是联邦的成员；在美国这个联邦制的国家里，如果说权力都在华盛顿特区，就意味着州没有地位，受到华盛顿这个高高在上的特区的控制。第二，华盛顿特区是精英权贵聚集的地方，是官僚机构和特权集团的所在地，说权力集中在华盛顿特区，就是指责少数权势集团（esteablishments）掌控着整个国家。可见，特朗普这句话的意思是，联邦政府篡夺了州的权力，权势集团篡夺了人民的权力。这是一种很典型的人民主权话语，或者说是美国式的民主话语。

特朗普的就职演说中还有一句话，也很值得玩味。他说，2017年1月20日这一天象征着"人民再次变成了这个国家的统治者"。这句话也是一记重锤。根据他的意思，美国本来应当是由人民来统治的，可是权势集团篡夺了人民的权力，造成了少数人统治的寡头体制。这等于说美国长期以来并不是一个民主国家，是特朗普的当选才扭转乾坤，恢复了美国的民主制。这种话同样包含人民主权的概念，使用的也是民主的语言。虽然特朗普很少直接诉诸美国的建国理念，很少把自己和"建国之父"扯在一起，但是他的话语和逻辑却同样来自美国建国时期的政治文化，体现了美国政治文化一以贯之的特性。

这样看来，这两件反映"世界变局"的大事，都涉及主权问题。我们今天处在全球化的时代，不同的国家、不同的人群、不同的文化，相互之间共享的东西越来越多，而且这种共享是一种共时性的共享。很多东西，比如新款的苹果手机，一出来就在许多国家和地区同时上市，不同地方的人能同时买到。这种共时性的共享也推动了历史的共享，也就是说，不同国家和文化的经历具有越来越多的共性。当然，在这个全球化的时代，也存在各种各样的反全球化的因素，一些国家仍然采取闭关锁国的政策，有的国家则想回到闭关锁国的时代。我们说，英国脱离欧盟是一种新的孤立主义，特朗普倡导"美国优先"是关门政策，也就是把它们看成反全球化的表现。总之，这是一个复杂的社会，或者说是一个越来越复杂的社会。社会学家和政治学家对这个问题有过讨论，他们认为当前的社会跟过去非常不一样，社会的结构、组织和运作机制都变得越来越复杂。另外，在这个时代，人们生活中对外在力量的依赖越来越强，很多新的东西，人们知道怎么用，但不懂得背后的原理。在这么一个变动的、复杂的社会里，一些在历史上曾经起过重大作用的核心概念，慢慢地被人遗忘了。在今天的政治当中，人们很少直接诉诸人民主权观念。今天讲得比较多的是国际关系中的国家主权，也就是一个国家的内政不得受外国干涉，领土不得受外国侵犯。这是主权概念在国际关系当中的应用。但是，从17世纪到19世纪，英国和美国的政治话语中出现的主权概念，并不是这个意义上的主权，而是政治社会和国家内部的主权。

主权概念并不是英国人或美国人的发明。非常明确的主权概念，一般认为形成于16世纪。法国人让·博丹（Jean Bodin）详细论证了主权的三个特点，一是至高性，二是绝对性，三是永久性。只有同时具备这三个特点的权力，才能叫主权。虽然他讨论过不同政体中的主权问题，但他似乎更倾向于认为，真正能够同时满足这三个条件的权力，只能是绝对君主的权力。可见，博丹讨论的主权，是一种政治社会和国家内部的最高权力。

在美国革命时期，关于主权的讨论很活跃，但从表面上看，那时人们使用的主权概念似乎比较混乱。在讨论英帝国内部管辖体制时，他们宣称帝国的立法权不能为威斯敏斯特所垄断，各个殖民地的议会也享有各自的主权。这里说的主权似乎只是立法权。在构建共和制政体时，他们又说主权属于人民，政府的权力来自人民；他们主张用立宪的方式来创设政府，并且为政府权力制定规则，而这种制定和批准宪法的权力只能由人民行使。这里显示的是人民主权的概念，而且把立宪权作为主权的集中体现。在设计联盟国家的体制时，他们认为主权可以分割，要把一部分主权交给联邦，另一部分主权留给各州。这里所说的主权，应当是政府的最高治权。当时有不少人反对这种体制，可是支持者却说，主权本来是属于人民的，州的权力和联邦的权力都来自人民，人民想把什么权力以及多少权力交给哪个政府，只不过是看哪种做法对他们的自由和幸福更有利；现在人民觉得应当把某些权力从州移交给联盟，这不过是相当于一个人把工具从左手换到右手。这些人采用的话语策略，显然是用人民主权来压制州主权，以伸张联邦主权。

总之，美国革命时期的主权观念比我们想象的要复杂得多，当时人们用的主权概念存在不同的维度。主权最初在理论上是一个条理清晰的概念，但到了具体的历史语境中却变得非常杂乱无章。建国一代对同一个概念有不同的理解，各种主张相互博弈，相互冲突，相互竞争。因此，如果我们完全陷在具体的材料里，就很难理出头绪。要清楚地理解美国革命时期的主权问题，我们可能需要借用相关的理论和概念来做分析工具。

英国19世纪有个法学家叫戴西（Albert Venn Dicey），他提出，一个体制内通常存在两个主权，一个叫作政治主权，一个叫作法律主权。政治主权指的是国民共同体所掌握的最高权力。从政治哲学的角度说，这个主权是属于人民的；从政治实践的角度说，这个主权是由选民所行使的。另外还有一个法律主权，这就是议会所掌握的立法权。戴西认为，法律主权须从属于政治主权，也就是人民主权高于议会主权。从某种意义上说，戴西是在对英国历史上一场长期的政治争论做小结。从18世纪中期开始，英国政治理论中有一派人强调"法律主权"，认为英国的主权属于由国王、上院和下院构成的议会。法学家布莱克斯通（William Blackstone）把这种主张命名为"议会主权"。但是，另一派思想激进的人，比如威尔克斯，就不接受这种说法。他们强调说，议会的权力来自人民的授予，它本身不具备至高性、绝对性和永久性；只有人民的权力才符合这三个条件，因而主权只能属于人民。根据戴西的说法，他们是在用政治主权来反驳和对抗法律主权。

在美国建国时期，精英领导人在思考主权问题的时候，普遍承认政治社会的主权起源于人民，政府的权力来自人民，人民作为政治社会最高权力的所有者，有权为政府制定规章，授予政府权力，并且限制政府的权力。他们把这个行动叫立宪。因此，人民主权的主要体现是立宪权。但是，人民在宪法制定和生效以后，他们就把权力交给了政府，交给了他们选择的代表，这时他们就不再拥有主权，实际掌握主权的是人民选择的代表，也就是政府。可见，这些精英领导人认为，人民不能把政治社会的主权带入国家和政府。有了国家和政府以后，人民就不再是主权者。在他们看来，代表制政府的真正含义在于，人民仅仅拥有先于政府和高于政府的权力，但没有在政府之中的权力。这样就产生了一个逻辑上的悖论，一种先于政府和高于政府的权力，却不能在政府之中发挥作用。精英领导人采用主权转移的话语，努力在逻辑上把这个悖论讲通。用戴西的理论来看，这种精英主义的人民主权观念的最大特点，就是认为政治主权最终转化成了法律主权，而且在转化之后，前者不能再干预后者。不过，另外还有一些激进主义者，一些民众的代言人，坚持认为人民始终是主权者，无论是在政治社会中，还是在国家状态之下，人民都保持着主权；既然人民的权力先于并高于政府，那么政府就只有派生的、从属的权力，官员就只是人民的代理人和仆人，他们必须一心为了人民的福祉，并且听命于人民。所以，人民参与政府事务，监督和指导官员，乃是天经地义的事情。这种激进主义的人民主权观念，按照戴西的说法，就是法律主权必须从属于、服从于政治主权。

20世纪英国的历史学家克拉克（J. C. D. Clark），在考察18世纪英美世界关于主权的争论时，提出了"普通法主权"（common law sovereignty）和"自然法主权"（natural law sovereignty）这一组概念。这种提法很有启发性。英国人在帝国宪政辩论中强调议会主权，他们所讲的这个主权实际上是"普通法主权"。我们知道，英国的政治体制是渐进演化的结果，人们生活在一种长期稳定的体制中，所接触的法律不是人为制定的法，就是在历史当中逐渐形成的法；议会作为这些法律的主要制定者，当然就拥有最高权力。因此，在英国的历史语境中，议会主权看似是讲得通的。但是，美国革命者在反驳英国的议会主权时，宣称有一种先于国家、高于政府的权力；最初每个人都掌握着支配自己的生命和财产的权力，后来大家把一些权力让出来，于是才有了政府的权力。可见，这里有一个递进式的关系链条，最初是个人在自然状态下的权力，然后才有政府的权力。由于政治社会的最高权力是人们把自然状态下的权力让渡出来而形成的，因此它先于国家，高于政府。这叫"自然法主权"。美国革命者用这种基于自然法构建的主权观念来声张自己的权力，对抗来自帝国中心的干涉和控制。

德国宪法学家施米特在讨论魏玛宪法时提出，就人民和宪法的关系而言，有一个宪法之前和之上的人民，这个人民有权利把自己的意志变成宪法。此外还有一个宪法之中和之旁的人民，这个人民行使宪法所赋予的权力，并且受到宪法的保护。这个理论对于分析美国革命时期的立宪运动和宪法观念，有很大的帮助。对于宪法之前的人民的理解，精英领导人和民众主义者并没有太大的分歧。但是，如何看待宪法之上的人民和宪法之中的人民，两者的态度就判然有别。前者坚持人民没有挑战宪法权威、直接干预政府事务的权力，而后者则声称人民随时可以提出修改宪法的动议，不仅能够介入并指导政府事务，而且在必要时还可以收回权力，变更政府。

综合起来看，美国建国精英在关于主权的讨论中，在政治主权和法律主权之间建立了转化的渠道，并且区分和重新安排了人民在宪法之前的权力和在宪法之中的权力。这是他们在主权问题上最大的创新。博丹认为只有统治权力才是真正的主权，而美国的建国者提出了先于并高于统治权力的权力，这就是立宪权。美国建国者在主权问题上还有一个创新，他们认为统治权力，也就是法律主权，是可以分割的。他们用分割主权的办法构建了分权体制和联邦国家。联邦主权虽然来自人民的授予，但相对独立于人民；在牵涉全国的重大问题上，不能直接诉诸人民，不采用公投，而必须借助某些更加稳定的中介机制。例如，联邦宪法的修改，首先是由国会或多数州提出动议，然后由各州议会或批准大会来批准宪法修正案，其中并没有全国人民同时直接参与的环节。州主权则是另一种情况。根据革命时期的理解，州主权就是人民主权，州和人民是一体的，而全国政府则是远离人民的外在的权力，需要格外小心地提防。因此，在州的层面上，人民主权经常被调动起来，用于处理重大的政治问题。从内战前东部老州的修宪，到内战时南部11州脱离联邦，大多采用人民大会或人民代表大会的形式来做决定。到了进步主义运动中，基于人民主权的创制权、复决权和罢免权，在一些州流行起来。不少州在重大问题上都采取过公投。

至于主权概念什么时候被引入国际关系领域，以及如何进入国际关系领域，我目前还没有看到多少材料。比较肯定的一点是，美国建国一代很少从主权的角度考虑与外国，主要是与欧洲的关系。在革命时期，主权概念大体上只用于处理政治社会和国家内部的权力关系。

由此可见，我们在看待美国的主权时，一定不要忽视一个重要的问题，就是美国实行的是一种复合型的国家体制，法律主权的运作方式总是受到这一特点的制约。这跟英国和欧陆许多国家的情况很不一样。另外，由于建国时期精英领导人主导了主权话语的构建，人民主权在很大程度上被话语化，而人民的实际权力则遭到一定程度的虚化。在这样一种政治文化传统中，像特朗普这样一个亿万富翁，一个代表共和党的总统，可以理直气壮地宣称自己是人民的代表，是美国民主的重建者。

总而言之，如果我们追根溯源，弄清楚美国建国时期的主权概念以及相关的意识形态，就有可能更好地理解当今的世界变局。

振兴制造业：从奥巴马到特朗普

王旭：谢谢各位的精彩发言，从中我学到了很多。我们今天讲座在设计主题时，是尽可能地把各位的想法拢到一起。最初曾想到"穿越世界乱局的历史研究"。乱，确实存在，但并不是太准确，也不雅，所以就改成了"穿越世界变局的历史变迁"。

在世界历史的长河中，变与不变是一个常态，既有变又有不变。我们从事历史研究，要从这里面看到哪些东西是规律性的必然走向，是不变的，哪些东西是变的，带有偶然性的。这是一个很大的题目，我们只能各自从不同的角度来理解它。历史学就是刨根问底的学问，把这些变化能够看得更清楚一些。雾里看花，历史学家应该能看得更好更准。

如果说乱，美国的大选确实选得很乱，特朗普当选，看似意外实际上并不意外。对于美国大选，已经有很多讨论，我这里只是说说我所看到的几个有意思的变化。首先一个变化，我觉得美国两党制的弹性还是很大的。本来，民主党一向关注中下层，与民粹主义有天然联系。但是这次共和党把民粹的某些主张接了过去，而且操控的得心应手。这样看来两大党的弹性表现得非常鲜明。再一个变化是所谓的意外当选，是说特朗普的企业家身份，没有政治经历。其实在美国没有政治经历从政的人很多，地方政府更比比皆是。这典型地反映在美国三大市政体制上的城市经理制，担任城市经理的人有很多是企业家。这种体制的城市占美国城市总数的52%，就是一半以上。在县和州一级也有很多类似的情况，联邦一级也不乏其例。1992年美国总统大选，佩罗参与竞选，而且得到了19%的普选票，他就是以企业家的身份来竞选的。企业家入驻白宫其实也不新鲜，是符合逻辑的一个结果。

此外，还可以看到的一个变化，就是美国联邦二元体制的变化。美国联邦政府和州与地方政府各司其职，是有分工的。这个分工就是联邦一级政府主掌重大问题的决策和公共问题，是政治至上的，但地方一级主要负责公共管理和经济，行政至上。联邦政府主要责任在政治，地方政府在行政和经济领域，各有分工。就是说，联邦政府主要负责协调各利益群体及国际关系，地方集中精力处理地方事务，是超党派的。美国联邦政府对经济生活在新政前一向是自由放任的，其后开始逐渐强化，现在到特朗普以高度强调经济问题，而不是政治问题入主白宫，这样，联邦政府和地方政府有了更多的共性特征。

刚才听几位讲的受到很大启发，对我们如何看透乱局大有帮助，各位的发言有很多精彩的地方，可圈可点。比如黄仁伟提到的西方世界力推全球化，现在又出现逆全球化的苗头，也是西方国家发起的；刘德斌提到在现今世界的某些矛盾冲突中，敌人的敌人还是敌人，与传统思维大不相同；栋梁兄谈到"一战"后日本的转向有其深厚的历史根源；王晓德提醒历史服务于现实，要把握"度"；李剑鸣注意到特朗普的还政于民需慎重解读；韩琦提出拉美文明需要重新审视。这些论述都有其精彩之处。我下面想再说一点关于制造业的问题，这也是有变与不变的逻辑在里面。

特朗普强调经济，其中的关键是强调制造业。他主张制造业尽量回归美国，一方面是美国国内现有企业的提升，另一方面是将现有的到外面去的优势企业拉回来。他还把制造业的振兴与抵制中国捆绑在一起，而且，要摆脱某些协定对美国的束缚。比方说TPP，之后是北美自由贸易协定，再是跨大西洋贸易伙伴关系，最后就是WTO。现在很多经济学家分析他会一步一步走，最后逐渐退出WTO。特朗普提出的很多口号都是特别吸引人眼球，能够抓住人心。Buy American and hire American, America first 成了他的口头禅。特朗普强调振兴制造业，以扩大就业，迎合选民的需要，他在当选后立即兑现这些承诺。他和候任副总统到印第安纳州凯利公司，该公司是联合技术公司旗下生产加热及空调设备的。公司宣布，作为削减成本计划的一部分，准备将某些生产转移至墨西哥的蒙特雷。这一决定在竞选期间成为特朗普的攻击目标，特朗普承诺会阻止这类外包行为，或者惩罚向海外转移工作岗位的美国公司。现在他到这个公司来，进行威胁利诱，最后谈妥的条件就是最起码保住1 000个经济岗位。对待制造业，特朗普的做法就是胡萝卜加大棒。胡萝卜就是减税，企业所得税从35%减少到15%。大棒就是说如果企业跑到外面去了，所生产的产品如果你要想再回销到美国就会多收35%的税，这是非常高的。

我曾经承担过一个国家发改委的项目，就是美国制造业的调整与区域结构变迁，所以我一直在关注美国的制造业走向和政府政策。在特朗普当选过程中，他的这些主张我仔细看过，尤其是他的制造业政策。实际上，特朗普主张振兴制造业并非首创，在他之前，奥巴马就已经做了很多工作。没有一任总统在国情咨文中用到"制造业"的次数可以比得上奥巴马。2008年金融危机以后，他强化了重振美国制造业的战略意图，《2010年制造业促进法》以联邦立法形式推进制造业复兴，营造制造业发展的基础环境，包括税收、出口、技术培训和新技术新产业方面投资等。根据这项法案，实行税收优惠政策，一方面降低美国生产企业的成本；另一方面通过向在海外经营的美国跨国公司征收新税，以此来促使美国制造业回迁，为国内提供就业机会。之后又相继发布《重振美国制造业框架》《先进制造业伙伴计划》和《先进制造业国家战略计划》《制造业创新中心网络发展规划》。此外，还由联邦政府投资10亿美元成立国家制造业创新网络（National Network of Manufacturing Innovation），在全国设15个创新学院，创立科研、教学、培训一体化的平台，采用大学—企业模式。推动"跨太平洋伙伴关系协定"（TPP）也反映了奥巴马政府的政策意图。奥巴马强调"再工业化"，目的是为了保持美国在全球制造业竞争方面的领先地位，并为新一轮产业革命进行充分的准备。本质上是实现美国产业的升级，抢占国际产业竞争制高点。随着奥巴马重振制造业及出口倍增计划的落实，美国制造业的产出在世界制造业产出中的比重开始企稳，并开始出现上升的迹象，回归美国的企业数量逐年增长。

当然，奥巴马的政策不是急就章，不会立竿见影，但有长远影响，是系统提振制造业的政策。这些举措为后来特朗普政府对制造业实施大规模干预，铺平了道路。

比较而言，至少到目前看，特朗普振兴制造业政策和举措还没有形成体系。这当然是与他把政治需要即增加就业、争取选票放在第一位有关。同时也值得注意的是，特朗普看重中小企业和传统产业，注重"传统制造业"的就业效果及作为政策手段的"减税"（降低成本）及贸易政策（限制进口、扩大出口）等措施。奥巴马则是大企业、新兴产业，政策对象集中于大企业及硅谷创业企业等地区。更重要的是，特朗普近乎强制企业投资国内的经营决策恐将令企业经营责任不清，损害健全的企业治理机制，影响企业经营效率。一味靠政治压力推动，这可能导致美国技术发展水平萎缩，未来在全球舞台丧失前沿产业优势，经济陷入另一种尴尬。因此，《纽约客》杂志认为，美国的不平等问题并不能通过更多的制造业来解决。很多经济学家认为这在政治上讲是不错的，但在经济上有很多问题。一是其他公司效仿外迁，跟政府要筹码；二是此举干预自由市场经济，长久看有内伤。

很多人过去一直认为，美国制造业在衰落，这实际上完全误读了美国制造业的全球竞争力。制造业的变化，一方面是美国产业结构变化的结果，美国服务业的崛起是制造业比重下滑的重要原因；另一方面，美国制造业在全球比重的下降也是"产业漂移"的结果。但如果从制造业的产值看，美国制造业的产值总量一直在增加，在2010年以前，美国维持了全球第一制造业大国的地位超过100年，即使在2010年被中国超过，但美国目前仍然是全球第二制造业大国。而且，美国制造业劳动生产率提高很快，从1977年到2004年，几乎翻番。其劳动生产率相当于中国或印度的6倍还多，也高于德国和日本。例如，美国每生产1吨钢，用2个劳动力小时，而中国用12个劳动力小时，同时中国的碳排放量是美国的3倍。目前我国占全球制造业产值的19.8%，但我国制造业工人数量高达1亿多，而美国制造业工人不过1000多万，就生产了全球制造业产值的19.4%，与中国相差不多。

制造业对于经济不可或缺：第一，劳动生产率高，占美国劳动力总数9%，占美国GDP 12%，占美国出口47%。第二，对相关产业的带动作用，连锁效应。1美元制造业投入，产生1.7美元经济效益，服务业为1.2美元。第三，刺激科技发明。占美国R&D（Research and Development）经费三分之二，美国每年注册的90%以上的发明专利是制造业。第四，高报酬，收入是服务业2倍，是成为中产阶级的经济基础。所以，特朗普继续奥巴马的重视制造业政策，大方向是对的。但他们之间的差异同样也值得注意。

总之，了解美国政府的制造业政策，一方面可以准确把握特朗普的总体政策走向，为我国对外投资和保护制造业服务；另一方面从美国制造业总体发展走向中预测未来，总结经验教训，来为我们制造业产业结构调整提供参考。

我们从不同的角度来观察与思考，进行穿越世界变局的历史研究，是我们的责任。谢谢！

陈恒：谢谢诸位提了一个很好的思路。无论是变还是乱，毫无疑问都是世界历史发展的动力；这种变，也丰富了历史知识。王老师所提的这个命题可以让我们不断地深入思考下去。

读书的过程当中，你能总结出一个命题，或者一个假设，然后在这个方面不断地去深入探讨，我想肯定会产生新的知识点，或者平时无法想象的东西。接下来，在座的诸位都可以谈谈自己的想法。

浅谈人格培养与历史教育

刘敏（华东师范大学历史学系讲师）：我想跟各位同学一起探讨平时在历史学习中的一些问题。因为这学期我在上通史课，我们的通史课是"16—19世纪的历史"。这是非常庞大的历史，它的主题其实也是人类历史上最重要，对我们影响最重大的变局，既以英美为核心的西欧地区，占据了世界体系的支配地位。这种支配性的体系的影响，一直与我们现在的生活息息相关。现在中国崛起了，要对这个体系进行冲击，但是这个冲击的后果如何？会不会导致类似"一战""二战"那样的剧变？这不是我们想看到的，也不是我们和平崛起的诉求。所以现实的问题追溯到过去，就是如何在一个社会内部以及在世界范围内实现一种自由和秩序的和谐。因为差异性是存在的，但是整体性中间的利益均衡问题，也是考验人类智慧的关键。

我一直的困惑就是我要教给学生什么呢？当我面对大学本科生的时候，我是教给他们知识吗？就是描述历史是什么。对吧，它已经发生过了，基本上大体的脉络，人家也记下来了，我讲这个问题也不大。但是我总不满足于此，我觉得历史知识怎么发挥作用呢？理工科的知识指导实践，所以我们会有电器，会有高速的交通工具，甚至走向太空。那么我们学了历史知识要干嘛？我们学了很多的历史课，记了很多的历史知识，积累很多的素材之后，它能对我们发生什么作用？对社会发生什么作用？所以我觉得学了知识之后，要问这些知识为什么会出现在我们历史课本上？我们学了这些知识到底能够解决什么问题？为什么历史是这样子呈现出来的，它想讲一个什么因果关系？对我们重大的生活问题和现实生活能发生解决问题的影响吗？所以我在上课的时候老是想阐释为什么。但是我的学力不够，在阐释为什么的时候，我总是觉得我讲得不够透彻，但是我又不肯放弃这个想法，所以非常纠结。

就讲几个粗浅的理解。学习历史知识，我觉得其实就是一个价值观的梳理和熔铸，就是为了把群体之中，人的思想、人的思维模式和行为模式梳理清楚，加以规范。每个社会都需要一种主流价值观念体系。传统封建社会时代，如果臣民不服从君王的权威，不认可"君权神圣不可侵犯"这种理念，那么这种社会也是不可能运转下去的。无论是采用武力或什么手段，最终是一代代人诚服在这种信念之下，它会形成一种自发的相互监督、相互制约的文化机制，那么它才会运转。所以我觉得这种社会群体的，乃至人类的共同人格的塑造，就是人文学科，或者历史知识很主要的成果。我们在学习和教育的时候，其实都是在塑造人格。现在的问题就是人格有什么用呢？

又回到19世纪的西欧崛起，尤其是回溯英格兰的崛起。当和整个欧洲，还有东方世界对比的时候，会发现它的历史中有很多其他的民族、其他国家很难见到的特质性的东西。虽然这样的解释是被沃勒斯坦（Immanuel Wallerstein）批评的，因为他不满足于韦伯的解释方式。韦伯认为一种价值观念，一种宗教精神内化为资本主义的伦理，从而导致了西欧资本主义的发展。它首先有一个信念，然后才有资本主义。所以其他没有这一套精神文化传统的国家，就不可以发生资本主义。沃勒斯坦觉得不满意，因为这种观点暗示着某种特定文化因素的决定作用。他是从世界经济体系的构成来解释资本主义的形成，将各个国家置于相互关系之中来考察理解其贫富强弱的差距。他认为价值观是伴随正在发生的经济转型而发生的，而不是在它之前发生的。

这两方面的观点在历史上都是有的，例如，亚里士多德在解释希腊民主制度和东方王权制度的不同时，提出了民族性格的差异的观点。当然这种观点也是被现代学者批判的，因为很容易滑到"种族主义"的泥潭里。

我自己的教学过程中对比历史来看，觉得英美的历史中确实有很多的特殊性。比如说英国的国王没有常备军，国王统治整个王国很多时候都是靠巡回法庭的，在这个基础上，国内的贵族和王权之间有长期的对峙关系。尤其是国王失职和无能的时候，大男爵们就会起来反叛。还有一个特殊的地方就是对民众的反叛，时常有一种容忍度。比如说英国革命也是一例，对反对派议员的清洗相当克制，当然我们把克伦威尔对外战争排除在外。

在英美的历史中，限权政府和人民主权观点深入人心，对于人民这种反叛的举动和他们对于自身权利的要求，其实是有容忍性的。例如，美国独立战争时，殖民地的政治精英统统都没有被抓捕起来，人身是安全的。而且在整个英美摩擦和冲突战争之中，大家都很讲道理，双方都力图运用法律手段来解决问题。例如，约翰·亚当斯既为波士顿的走私商人出庭辩护，也为"波士顿惨案"中英军驻军士兵辩护。在美国建国之后，他们处理自己和民众之间的内部矛盾时，也表现出一种宽容性。谢斯起义和威士忌暴动中，起义的农民领袖都被特赦了。也就是说在英美文化系统中，他们喜欢讲道理，他们有很强的法制精神，他们喜欢上法庭。最后暴力被视为一种不得已的手段。对比同时代的历史和整个世界的历史，会发现英美的历史中，对于人民主权、对于自由、对于个人有权力发表自己的意见，表达不满和抗议，有一种默认、一种宽容、一种理解。

难道英美民族比我们优秀？如果我们得出这样的结论的话，好像又是老调重弹了。我学力不够，并不能论证得很清楚，姑妄言之。

在对比历史发展这个基础上，好像一个民族越自由，它的发展就越有活力。因为它的精神是开放的，它的能力是得到发展的。而且在这种自由的观点中，自由不是顺应自己想法和利益的一种行动，而是个人能够克服自己冲动和本能的一种能力，个人不仅能捍卫自己的权利，也能够克制自我的利益，来实现公共福利的最大化。在这种文化之中，国民会有较大的自由和安全感去从事自己想从事的任何事业，去发表自己的观点，甚至是政治、文化、经济各方面的实验和创新。所以英国作为一个边陲小国，并不强大，也不是最先发现新大陆的，但它却可以建立一个日不落帝国的世界体系。这和它的国民的自由度有很大的关系。美国同样有这种特点。在这种自由中，每个人充分地认识到尊重他人的权利和利益的必要性，能够克制自我的权利和权益。每个人对公共利益的重要性有这样一种认识，从而整个社会和国家有一种"善意"的规模效益，有生机、有凝聚力、有自信心。而这种认识可能就是一种文化传承的效果，一种历史发展中形成的理性精神的发达。

我觉得一种价值观的教育，或者人文的教育，最终都是为了证明在人类历史上，"善"是有价值的，对自由的追求是有意义的。在解释16—19世纪的历史的时候，我强调的是自由和理性精神的发展，那么这种发展在任何个体之间会不会有差距呢？像文化和文化之间会不会有差距呢？这个问题很危险又很复杂。这种自由的追求，在于这个共同体内部的每一个人他对自由的认识，他对于自由本身带来的前途和后果有什么样的认识，而这种认识和文化上的实践，确实是存在着个体上和民族上的差异性的。作为人，我们都可以认识到理性和自由的重要性，但是每一个个体能够认知到什么程度，实践到多少的深度，这都是有很大的区别的。这里还有一个问题，就是英美国家兴起之后的世界秩序并不公平，它在国内可以形成一种自由权利蓬勃发展的共同价值观，在对待其他弱小民族的时候，却不能展示这种价值观的好处和优越性。所以他们的体系不公平，这样又引起了一个非常古老和久远的问题。一个追求强权的民主体制，它不是正义的。例如，修昔底德认为雅典城邦的崩溃，正是由于它在国际体系中不追求它在内部实现的这种自由。而在国际上欺凌弱小、奉行强权政治的时候，国内的公民对于尊重自己权益和他人权益的观点就会遭到侵蚀、遭到破坏。对于英美这样的国家来说，对于它的长期的成功来说，都形成一种巨大的考验。当它在国际秩序中不能以公平来对待他者，那么它国内的这一套自由和权利理念会不会受到冲击呢？同样的，在中国面对这样的变局的时候，我们也要思考，就是我们对于自由的理解。

我觉得在历史教育中非常重要的一点，我们培养出来的一种精神理念，如果能够取得一种最大的共识，并且是以一种最小的心理代价来取得共识的话，那么它在国际上的影响力就会增强。我自己的思考，我自己其实是很不满意的。因为有的时候确实很容易想入非非，所以请大家批评。

陈恒：谢谢诸位老师。

文献与史料 | Sources and Documents

《海伦颂》译注 [1]

张绪强

摘要：《海伦颂》是高尔吉亚流传至今的为数不多的作品之一，作者称创作的动机是为久已形成的对海伦的不公翻案，实际上，文中的修辞实践及修辞理论的阐述，对法庭辩护、历史散文书写等产生的影响都远超作者预想。对于我国学界来说，文本翻译和注释不失为一种较为可行的研究途径。本文根据马科道尔本希腊原文译出。

关键词：高尔吉亚　海伦　逻各斯　劝服

弁言

高尔吉亚（Γοργίας），前苏格拉底时期著名的演说家、修辞学家、智者学派代表人物，师从哲人恩培多克勒。关于其出生时间尚无准确考订，但一致认为应该在公元前490年至前460年之间，据伊索克拉底所说，高尔吉亚前半生主要生活于南意大利，长期追随西西里哲学家巴门尼德、芝诺、麦利

---

[1] 《海伦颂》（ΓΟΡΓΙΟΥ ΕΛΕΝΗΣ ΕΓΚWΜΙΟΝ）题目流传已久，但很可能并非高尔吉亚自己所起。按照演说的主题和功能，演说辞大致可分为三类：第一类是"庭议"（deliberative），指行政官员讨论军国大事，比如宣战、媾和、立法等事务；第二类为"诉讼"（judicial 或 forensic），用于在法庭上控告他人，或者为当事人辩护。第三类是"赞咏"（epideictic），服务于讴歌君主和颂扬英烈。这种划分最早出现在亚里士多德著作中，较这篇演说辞要晚出。伊索克拉底也在其著作中认为高尔吉亚确实不是在写颂歌，而是为海伦辩护。辩护与颂歌两种不同的文体，出入明显，《海伦颂》这一题目可能是后人所加。

235

梭等人。对于高尔吉亚的生平，我们可以确定的是，公元前427年，他的出生地林梯尼城遭到叙拉古入侵，为了联合雅典抵抗侵略，他临危受命，作为战时使臣出使雅典，请求军事支援。高尔吉亚睿智的思辨和新奇的演说，赢得了雅典人的支持，他回到林梯尼后深受爱戴。狄奥多罗斯、修昔底德等对其凯旋事迹都有记载。柏拉图的《高尔吉亚篇》则对其后来在雅典授徒的情形进行了记录，可以看出他在雅典俨然已是家喻户晓的名师。高尔吉亚的后半生几乎是在传授和演说中度过的，辗转希腊多个城邦。据柏拉图和亚里士多德记载，他曾在色萨利的拉里萨（Larisa）生活到公元前380年或更晚。关于他去世时的年龄，古典作家说法不一，但都介于105岁到109岁之间。对其长寿秘诀，高尔吉亚曾讲道："因为我从未为了快乐而去做任何的事情"（Athenaios 548d）。有人说他一生未婚，没有子嗣，也有一种说法与之截然相反。

高尔吉亚的作品在当时广为人知，同辈作家多有摘录和引用，甚至到罗马帝国时期，"第二智者学派"仍奉其为学派的创始人。然而，他的作品流传至今的只有三部，《海伦颂》《为帕拉墨得斯辩护》和《论不存在》，前两部较完整保存下来，第三部仅在后代哲学著作中部分保存。恩培里库斯（Sextus Empiricus）对《论不存在》多次提及，《论不存在》曾以《论自然》的标题为人知晓，据现存文本可知，高尔吉亚在其中表达了三个观点。一、无物存在；二、即使存在也不被感知；三、即使被感知也不会被传达和理解。其实，在此之前，巴门尼德曾提出存在观，普罗泰戈拉也提出"人是万物的主宰"的观点，普罗迪库斯（Prodicus）则强调语言的重要性，高尔吉亚《论不存在》恰恰反其道而行：认为无物存在，反驳存在观；反对人的价值尺度作用，认为人无法理解任何东西；反驳语言的功能，认为即使万物可以被感知，也无法用语言表达和接收。这种与同辈学人完全不同的观点，引来古今学者无数评论，有支持者也有反对者。支持者认为高尔吉亚的诙谐和尖刻源自他辩证的矛盾观，反对者则认为他缺乏严肃性。

同样的分歧也出现在《海伦颂》的研究中。荷马史诗为海伦的形象奠定了基调，将海伦作为美和诱惑的化身，提及她时经常用到的修饰语有"女人中闪光的佼佼者""长裙飘舞的""美发的""白皙的手臂"，以及"阿尔戈斯的"。阿尔戈斯当时为斯巴达统治，斯巴达是特洛伊战争的主要发起者。史诗中，海伦16岁便嫁给斯巴达王麦内劳斯（Menelaus），作为斯巴达王后的海伦被特洛伊王子帕里斯（Paris）带到了特洛伊。为了讨伐帕里斯，斯巴达王与迈锡尼国王阿伽门农组成讨伐大军，率领千艘舰船来到特洛伊，海伦见两军对峙，走向城墙，将士见到她后便都放下武器，休兵一天。十年后，希腊联军以木马计攻进特洛伊，特洛伊城的女人、小孩变为奴隶，盛极一时的特洛伊城被摧毁。此后人们在谈论起战争的缘由时，便将责任推给了引发战争的关键人物海伦，史诗中也留下了这样的记载："使千艘战舰齐发的容貌，海伦的美引发了特洛伊战争。"高尔吉亚在下文第二段中交代了创作的初衷："应该出现这样一个人，他能实话实说，让非难海伦之人颜面尽失；关于海伦已经流言蜚起，她的名字被裹挟在谣言之中，在被诗人说服和谣言误导的听众那里，已成为灾难的统一代名词。我将在演说中给出合理的理由，让罪恶的流言止步，我也将揭露实施谴责者的谎言，指明真相，让无知消停。"然而，在文末最后一句，作者却写下了令人难以置信的一句："我计划写下的这篇有关海伦的演说辞，只是我的一个游戏。"此外，文中也多处出现前后矛盾、说法不一的现象。于是，后世有关研究也由此分道扬镳，呈现出截然相反的两种观点，一种观点认为，高尔吉亚不但实现了为海伦辩护的目的，而且阐明了他的修辞理论；另一种观点则认为，高尔吉亚文末已经给出答案，他只是带领读者兜了一个修辞的圈子，最后回到原点，文中逻辑粗糙，不具有说服力。《海伦颂》只是高氏写给学生的一篇习作，其目的是为了展示他的辩论技巧，由于他的修辞改变了周围环境，变逆境为顺境。两种观点都有各自较为充分的理由和证据，尚不具备说服对方的优势。

　　《海伦颂》创作的准确时间我们无从知晓，有研究认为应在公元前405年，也有研究者认为不该晚于公元前415年。创作时间在公元前415年以前的说法主要参照了幼里披底斯悲剧《特洛伊妇女》的创作时间，理由是悲剧中有关海伦自辩可能借鉴了《海伦颂》中高尔吉亚的说法。然而，对于悲剧《特洛伊妇女》的创作时间也未形成统一看法，因此有关《海伦颂》的创作时间还须更有力的证据。

现存的古代文本有两个：A 本（Crippsianus u. Burneianus 75 s. XIII）和 X 本（Palatinus Heidelb. 88 s. XII）。A 本现藏于大英博物馆，为14世纪初拜占庭帕里奥罗格斯王朝（Palaeologus Dynasty）牛皮纸抄本。高尔吉亚的另一篇演说辞《为帕拉墨得斯辩护》（Του Αύτοῦ Υπέρ Παλαμήδους Απολογία）也收在其中。X 抄本收录了多位智者学派作者的著作，除了高尔吉亚的《海伦颂》，还保存了吕西阿斯等人的著作。对于 X 本与 A 本的关系，也有不同看法，有学者认为 X 本较 A 本要晚，也有学者指出，X 本为12世纪的抄本，A 本和 X 本可以追溯到同一个原本，A 本较 X 本虽然出现晚，但离原本更近，X 本后还有一个亚抄本 β。第尔斯与克兰兹（H. Diels，W. Kranz）的《前苏格拉底残篇》[1]希腊文即是在这两个古代文本综合校勘基础上形成的，而马科道尔译本[2]又以第尔斯本为底本再次校勘、译注。可以说，当前英美学者引用最多的马科道尔本属于较为权威的一个版本。

古希腊文学从诗歌到散文的体裁变化反映出文学创作者角色的变化，这种变化某种程度上可以折射出社会变革的影子，近年来不断有学者提出思想革命的观点，其中美国学者哈维洛克（Eric A. Havelock）和奥格（Walter J. Ong）以及英国的托马斯（Rosalind Thomas）等认为从古希腊文学变化背后我们可以看到古希腊人在思维方式上所发生的变化，这种通过研究文学创作方式变化来揭示历史变革的做法可以弥补政治史研究的不足。高尔吉亚作品正是介于从感性诗歌到理性散文变化之间的典型代表。在我国，汪子嵩、范明生、陈村富、姚介厚在1993年编写《希腊哲学史》时苦于没有《海伦颂》中译本而从弗里曼（Kathleen Freeman）英文本和意大利文本间接翻译出国内首个中译本。近年何博超也在《古典研究》发表其译文，但这两个译本都有明显不足，"汪范陈姚本"只译出大意，漏译出现多处，"何本"虽无漏译，译文却颇饶舌。古典学界对《海伦颂》的文体有"诗与散文"之争，争论的焦点主要集中在某些段落，有的富有韵律感，有的段落则重论证，既重逻辑论证，又要平仄押韵，这与我国诗词的含蓄蕴藉完全不同，中文翻译也较难处理。

---

[1]　*Die Fragmente der Vorsokratiker*, vol. 2，Berlin: Weidmann, 1952, pp. 288–294.

[2]　D.M. MacDowell, *Gorgias, Encomium of Helen*, Bristol Classical Press, 1982.

译文

海伦颂

1　　若能有序：① 城邦崇尚勇武，② 身体讲究健美，灵魂在于智慧，行为 ③
须要理智，④ 逻各斯注重真相。⑤ 非此，即为失序。对于男人、女子、逻
各斯、行动、城邦、所行所为，该赞扬的要怀有崇敬之心，对于该谴责
2　　的必须指明。因为谴责了该赞扬的，或赞扬了该谴责的，都意味着你的
错误和无知。⑥ 应该出现这样一个人，他能实话实说，令非难海伦之人
颜面尽失；关于海伦已流言蜚起，⑦ 她的名字被裹挟在谣言之中，在被

---

① κόσμος 最早出现在巴门尼德作品中，意为"秩序""和谐"，自高尔吉亚后该词常出现于修辞学之中，后
逐渐成为华而不实的点缀词。这里，高尔吉亚以"有序"一词引出 5 个分句，句势庄严。

② Karp，Andrew Joel 将 ἀνδρία 译为 quality of man，此处中译为"勇武"。高尔吉亚修辞的最大特点是善用
排比，增强表达的气势，本文首段即见连用"μεν...δε"引导的五个并列单句。高氏在历史散文发展的初始阶
段将韵文作为必要的修辞引入叙述性表达，使单调的平铺直叙增强了表达效果。

③ 马科道尔将 πρᾱγμα 译为行为"action"，强调动作，包括古代社会所强调的征战、打猎、营造、表演等动
作，还应包括作者下文所讲到的"该赞扬的要有崇敬之心，对于该谴责的必须指出"，态度表达也应包括在
内，汉语"行为"似乎更能表达作者原意。

④ 以往译本多将 ἀρετή 理解为与 ἀνδρία 同义，两词混用，布克海姆（T. Buchheim）将其理解为"适宜"
（Tauglichkeit），马科道尔指出："有人可能认为 ἀρετή 应该对应'merit'，事实上应该与有序或和谐 κόσμος 意
义相近。"（MacDowell，1982，p. 33）然而，联系希腊语表达的连贯性和高氏的排比运用，采用 excellent（出
色）一词的延伸义"理性"更为妥当，这样与下文"因为谴责了该赞扬的，或是赞扬了该谴责的，那都意味
着你的错误和无知"在情理上也更讲得通。

⑤ λόγος 一词在一位古代匿名作家流传下来的作品 Melissus, Xenophane, Gorgia 中高尔吉亚给出了他自己的诠
释（MXG980，3-8）："当一个人思维中没有对某事物的意见，他如何通过 λόγος 或有关该事物的一些标志特征
来从别人那里获得它？如果不是，当是颜色时，用看；当是声音时，用听。说话者说的既非声音，也非颜色，
而是 λόγος；因此在头脑中不可能有颜色和声音，只能看一部分，剩下的部分靠听。"λόγος 一词中文学界有多
种译法，各种译法大同小异，但都不能涵盖这一词语的丰富内涵。既然作者自己所阐述，我们不妨采用音译
"逻各斯"来代指作者本意。

⑥ 希罗多德在公元前 430 年左右最早在其著作《历史》中使用希腊语 δημοκρατία（民主）一词，据现有证
据表明，希腊式民主在伯里克利时期即公元前 6 世纪已经发展到"黄金时期"，然而，对于早期民主形式的论
述并不多见。此处高尔吉亚阐述"对于男人、女子、逻各斯、行动、城邦、所行所为，该赞扬的要怀有崇敬之
心，对于该谴责的必须指明。因为谴责了该赞扬的，或赞扬了该谴责的，都意味着你的错误和无知"，其
中对于公民责任的列举似乎可以看作为早期民主社会中公民职责的一种。

⑦ 荷马史诗对海伦口才的描述有多处，在《奥德赛》第 4 卷海伦第一次出场，她正在家中给奥德修斯的
儿子忒勒马科斯讲故事。此后，麦内劳斯有一段关于她伶俐表达的描述：阿凯亚的斗士藏在木马中进入城中，
在最为关键的时刻，海伦用呼声将他们唤出来（Odyssey 4, 274-289）。然而，这样一位善于表达的女子，竟然
在面对帕里斯的逻各斯时屈服了，她来到了特洛伊。这是否是高尔吉亚为海伦辩护的另一个原因呢，海伦在
他的"玩笑"中是一个什么样的角色呢？就一般观点来看，多数古典作家还是将海伦作为希腊世界性爱诱
惑的代表，与奥德修斯的妻子潘妮洛普（Penelope）的忠贞形成鲜明的对比。

诗人说服，①或谣言误导的听众那里，变成灾难的一致代名词。②我将在演说中给出恰当的理由，让罪恶的流言止步，亦将揭露实施谴责者的谎言，道明真相，③让无知消停。

3　　　无论从天性还是从血统来说，（海伦）是优秀男女中之优秀者，这已不言自明，广为人知。④她的母亲是勒妲，⑤父亲据说是一位神，也有人说她的父亲是凡人，廷达罗斯与宙斯，其中一位似其生父，一位曾因

4　自称是其父而深陷窘境，⑥然而，他们一为人类中最伟大者，一为万物的统治者。⑦从父母身上，她汲取了神样的美，她获得了，并且毫不掩饰地表现这种美。⑧无数男人被她激发起爱的欲望，竞相为她集结，怀抱梦想而来，他们中不乏资财甚巨者，名门世家之后、身世显赫者，身躯矫健者，聪明能干、雄踞一方者。⑨他们为了迫切的求胜心和不可一世

---

① 尽管高尔吉亚作品的严肃性曾引起很大争议，但他对散文文体的写作以及古典修辞的贡献得到学界一致认可。有学者认为，高尔吉亚创作这篇颂词有两个目的，一为为海伦涤除恶名，二为阐明自己对逻各斯力量的信赖，鼓吹修辞的重要性。高尔吉亚对修辞进行革新，这里他将矛头指向了他之前的诗人。

② 古代作家对海伦的责难很多，但也有为海伦翻案的，除了本文高尔吉亚外，公元前6世纪早期的抒情诗人Stesichorus认为海伦是受了诽谤。据说，他曾完成其著名作品*Palinode*，其中对海伦的恶名进行了辩护。幼里披底斯的《海伦》则给海伦找了一个替身，加入了一个魂灵，让魂灵代替海伦去到特洛伊。这些都是古典作家为改变海伦传统形象而所做的努力。

③ δείξας是δείκνυμι的分词形式，有"引领，带领走向光明"义，此处译为道明真相。δίκη（审判，正义），似与δείκνυμι有关联。

④ 高尔吉亚选择了两个方面：天性和血统来颂扬海伦，可这与海伦去往特洛伊并无直接联系，即使天性和血统再好，也无法掩盖海伦跟随帕里斯到特洛伊的事实。到底是为海伦辩护还是单纯颂扬海伦，这里是有矛盾的。ἄδηλον有"无视，看不见"的意思；ὀλίγοις意思是"消失，淡却"。οὐκ ἄδηλον οὐδέ ὀλίγοις两个表示双重否定的词连用，是作者在强调海伦身份的不容置疑，起到夸大作用。为此，中译为"不言自明，广为人知"。

⑤ 神话中，勒妲是一位凡人，嫁给斯巴达国王廷达罗斯。

⑥ 希腊神话中宙斯化身天鹅引诱勒妲，勒妲禁不住诱惑与宙斯相爱，生下两只蛋，每只蛋分别产出两个婴儿，海伦就是从其中一只蛋中产出的勒妲的孩子。从神话角度讲，宙斯是海伦的生父是准确的。廷达罗斯因为自己声称是海伦父亲而招来质疑。高尔吉亚曾论述事实不会轻易显现出来，他在其他文段中这样描述：似非而是的事往往难以发现，而似是而非的事说起来就没底气。（Buchheim fr. 26）宙斯和廷达罗斯，一个看上去似非而是，一个似是而非。

⑦ 廷达罗斯是斯巴达国王，传说他被兄弟希波科翁驱逐出国，后在勇士赫拉克勒斯的帮助下夺回王位。宙斯被认为是宇宙最高之神，奥林匹斯山之王，宇宙之王。

⑧ 高尔吉亚在"似非而是"与"似是而非"之间选择了前者，这也是他整篇颂词要做的，对并不明显的事实进行强调，告诉大家真相。在真的父亲宙斯与"自称"是海伦父亲的廷达罗斯间，他偏向了神，偏向了宙斯，偏向了他所认为的"真相"。本段对海伦的美丽的赞美也可看作高氏对自己坚持的真相的赞美。λαθοῦσα义为"脱离视线之外"；οὐ λαθοῦσα ἔσχε，有人将其译为"没有遗忘"，马科道尔译作"acquired and had openly"，联系下文无数男人为其而来，此处译为"毫不掩饰地表现"。

⑨ 海伦被称为是"世上最美的女子"，在特洛伊的帕里斯到来之前，忒修斯也曾对她产生爱慕。其时海伦尚幼，忒修斯将她劫往阿耳卡狄亚的特格阿。海伦的兄长卡斯托耳和波吕丢刻斯攻破忒修斯的城池，将其救出。特洛伊战争中阿伽门农借口弟媳海伦被特洛伊的王子帕里斯拐走，发动希腊远征军征讨特洛伊，（下转）

5　　的征服欲望，争相前来。为何，又以哪种方式，为满足其欲望，带走了海伦，我不意说明这些。把人们都耳熟能详的内容再去告诉知情者，^①虽能说服，却毫无乐趣可言。^②这第一部分的介绍，就此做个结尾，^③我要开始我的辩辞，我会列出是什么原因让海伦去往了特洛伊。^④

6　　　她可能被命运驱使，在神意安排下，受固有习俗的约束，无奈为之；也可能是受暴力胁迫而遭劫持；受逻各斯蛊惑而迷失；〈抑或受爱欲诱惑，冲动所为〉。^⑤如果第一种情况成立，错在谴责非难她的人。因为人力无法与神意对抗，弱者无法阻碍强者。强者统治引领弱者，强者行，弱者随，无论在力量还是智慧，各方面神较人都要更胜一筹。^⑥如果错误的源头在于命运和神意，海伦身上的污名应该被涤除。

7　　　如果她是被劫走，被非法施以暴力，无厘头受凌辱，一方面劫持者因实施凌辱而犯罪，另一方面被劫持者因受侮辱而不幸。^⑦相应地，实施野蛮行为的人应该受到野蛮的对待，让他们在逻各斯、律令、所为等方面承担罪责，令其名誉扫地，行为受罚。^⑧承受暴力者被流落外邦，远离亲友，难道她不应受到同情，而非恶语相向吗？施难者百般刁难，

（上接）其中不乏阿喀琉斯等英勇善战的人物，而且包括了很多名门望族。此处高尔吉亚列举的这些人也都在其中，他们以海伦被拐为借口，发动战争。荷马史诗中还有一处不容忽视，希腊联军千艘舰船抵达特洛伊城下，海伦为了平息战争，走向城墙，两军战士竟然在看到海伦的美貌后，都愿放下武器，休兵一天。足见海伦的美丽可敌千军万马。

① "耳熟能详"针对第二段中"被诗人说服"而言，诗人对于故事的交代尽管片面，但这并不是高氏用力的所在，作者并不想在故事讲述上做文章，而是打破惯性思维，独出心裁，从新的角度为海伦辩护。
② 不拘一格，从四个方面理由讲起，为海伦辩护才是作者的乐趣所在。
③ 作者自己将前五自然段划为演说辞的第一部分，讲了这篇演说辞的出发点，此即高氏特有的"入题法"。
④ 作者前文交代过不意说明谁以何种方式带走了海伦，而将行为的主体换做"海伦去往"，行为由被动到主动。海伦的形象是被"诗人"扭曲的，可以说海伦一切的罪过都是被动承担的，高氏此处一改被动局面，将海伦换作行为的主体。这是作者论辩的技巧所在。
⑤ 高氏在列举四种理由——神意安排、暴力强迫、逻各斯蛊惑、爱欲诱惑时，以简短的句式，一气呵成，毫无冗赘地将要讲的理由摆出。
⑥ 就第一种理由，作者以一个假设"情况成立"，进而以矛盾观，辩证地将错误归为"谴责非难她的人"，此处即为高尔吉亚运用矛盾观的精妙之处，是现存古希腊文献中较早的例证。
⑦ 矛盾辩证观的再次运用。
⑧ 名誉扫地，行为受罚，这在古希腊社会是一种较为严厉的惩罚，城邦居民通常由三部分组成：公民、自由人和奴隶。公民可以参与政治，表达观点，他们对这种权利十分珍视，亚里士多德的"人是政治的动物"论断即由此来。自由人和奴隶还有未成年的孩子和女人无权参与政治。公民参与政治的一个前提就是要有良好的声誉，若公民因过错而名誉扫地，就意味着他将会因此失去威信，从而也不能参与政治，随之其社会地位也将下降。所以，在高尔吉亚看来，那些犯错的人应该承担相对的责任。

令她吃尽苦头；同情她，与施难者势不两立才合乎正义。

8　　如果（海伦）是被逻各斯说服，灵魂受骗，那么就此进行辩护，涤除罪责并不困难。逻各斯是伟大的主宰，①因为逻各斯，最富神性的工作凭借渺小微弱的身躯得以实现；它能安抚恐惧，消除痛苦，带来愉悦，

9　　产生怜悯。②我将阐明这些道理。必须通过我的解释向听众说明。③

　　　我认为，所有的诗歌是有韵律的修辞。④通过听觉触发的惊惧的战栗、落泪的怜悯、悲伤的渴望，⑤都会让人有所反应，人们也会对外物和他人的幸与不幸从内心产生这样或那样的感受。⑥

10　　现在，让我一点一点来说明。富有魅惑力的咒歌⑦可以带来快乐，

---

① δυνάστης有"王、统治者、管理者"的意思，何博超中译本将其译为"主宰"，尊重了高氏修辞善用庄重语开头的惯例。"逻各斯是伟大的主宰"是作者花费心力最多的论证，8—12段是作者对其修辞理论的阐述。研究者对高氏整篇颂词的看待也多聚焦于该部分，认为这是整篇颂词的核心所在。

② 此处可以看出高氏修辞的灵活，但也暴露出作者的自相矛盾。相比受暴力胁迫而犯错，海伦若是被逻各斯说服而顺从，那么对于海伦就意味着意志力的薄弱，她也将为此承担责任。然而，作者没有接着往下说，而是将话锋调转。把话题从道德评判转向了自己强大的口头劝说传统。古希腊的劝说实践在荷马和赫西俄德时期已经存在，到古典时期逐渐演变为对"逻各斯"与"说服"实质的争论。源于荷马的劝说传统产生在半人半神的社会背景下，神具有凡人和英雄所没有的超能力，诉诸神在荷马、赫西俄德作品中最为常见，高尔吉亚继承了这种传统，他认为，通过逻各斯的说服作用，对恐惧和痛苦的回避，对愉悦和怜悯的渴望都能实现，即使是富有神性的差事也能通过逻各斯的说服来实现。

③ δόξη是δόξα的与格形式，δόξα指示由新事物产生主观看法之前已经存在的意见，马科道尔将此处勘校为δείγμασι，"通过解释"之义，此处采用其说。

④ 对于λόγος一词的处理，本译文一贯采用音译"逻各斯"，但在此处，高尔吉亚明显是在论述自己对韵文和散文的看法，译为"修辞"更为恰当。对于诗与散文的区别，稍晚的伊索克拉底在《论交互诉讼》46和47中有论述：人们都认为，希腊的庭议演说和歌咏演说更类似于音乐和有节奏的创作，相对诉讼演说而言，这些创作更有诗意、更有色彩，它们尝试使用更厚重、更鲜见的修辞，它们还用一些鲜明和繁复的句式来装饰演说，所有听众都感到愉悦，不亚于有节奏的韵文。伊氏的论述更像是对其老师高氏关于诗与散文不同的补充。柏拉图《高尔吉亚篇》502c5-7并不赞成这样的说法，认为从诗中抽取曲律、节律和格律，剩下的就是散文了。似有嘲讽意味。

⑤ 亚里士多德在《诗学》中对人类情感做过总结，认为情感的基本要素是快乐和痛苦。而痛苦又分为多种不同形式，此处涉及的恐惧、怜悯等是痛苦的情感。亚氏认为悲剧的作用就是通过引发怜悯和恐惧来达到疏泄情感的目的。高尔吉亚本篇颂词中关于情感的列举不出此范围，应该看到，亚里士多德对于情感的研究是受了高尔吉亚影响的。

⑥ 范仲淹下决心："不以物喜，不以己悲，先天下之忧而忧，后天下之乐而乐。"外物的触发往往引起内心的波动，此处高尔吉亚将这一古今中外普遍存在的感情产生的媒介界定为逻各斯，从另一个角度，他再次强调逻各斯的重要性。

⑦ αἴ...ἐπωιδαί，"咒歌"；ἔνθεοι διά λόγων，"通过念词而激发出来的"。古代宗教仪式，如狄奥尼索斯酒神节上，人们会通过歌声、咒语、祷告词等使人入神，产生幻觉，借此传达神的旨意。这里将这种具有魔幻效果的咒语统称为"咒歌"。

消除痛苦；①它能会通灵魂，②靠魔力说服并改变人的主意。③已发明的巫术和魔术④两种技艺，它们能使灵魂犯错，让意见见欺。

11　　　无数人编造无数事情的瞎话已经或正在欺骗无数人上当。⑤如果每个人对每件事情，都知道其过去，体察其现在，〈预测〉其未来，那么逻各斯也不会是看上去那样，因为我们还无法知过去，察现在，预知未来，⑥所以大多数人在大多情况下就将意见作为自己灵魂的辅助者。意见是靠不住、不稳定的，意见将依赖它的那些人一同圈进不确定、不稳定的所谓好运中去。⑦是什么原因让海伦〈在逻各斯的影响下，正

12　如暴徒的暴力，使他改变了意愿？因为（逻各斯的）劝服令其停止思考；正是劝服，尽管不具强迫的外在〉，⑧却有相同的效力。⑨因为劝服灵魂的逻各斯劝说、迫使灵魂，遵从它所说和所做的事。如此，他因说服实施了不公正，而她因为被说服，被逻各斯迫使，而错误地遭受恶名。⑩

----

① 诗歌是通过节奏的律动带动人的情绪，让人沉浸在节奏之中，这种快乐是精神上的。而咒歌所带给人的快乐和痛苦除了精神的还包括身体上的，因此咒歌与诗歌是两种状态。高氏并未区分这种不同，他认为作为魔幻工具的逻各斯，可以直接与灵魂交通。他在刻意消除逻各斯之间的这种不同，《海伦颂》第8、9段，他声称"我将阐明这些道理"，现在第10段又讲起短语"会通灵魂"，高尔吉亚认为修辞是无所不能的，其中不免让人感觉到他的矛盾心理。

② 与其说逻各斯是伟大的主宰，不如说使用逻各斯的人是伟大的，逻各斯是否能够传递意见，我们暂且不去讨论，逻各斯是可以影响人的心理的，逻各斯之所以产生作用，其途径就是高氏在此指出的"会通灵魂"。而逻各斯可以会通灵魂的最典型的代表要数巫术和魔术里的咒歌，所以高氏举了这个例子。有学者认为，高氏在跟读者玩文字游戏。

③ "会通"和"改变"加强了画面感，没有让听众感觉到无厘头。心灵可以相互沟通，逻各斯就是媒介，高尔吉亚这里将媒介作为了说服的所有，代替了有意涵的内容，赋予逻各斯更多的内涵。

④ 高氏此处的论述与恩培多克勒的"法术"类似，后文有关药的比喻也来自恩培多克勒。

⑤ 逻各斯能够发挥作用可以通过两种途径，一种是通过巫术或魔术来魅惑听众，另一种则是靠欺骗的手段，借助听众的不知情，让听众上当。为何听众会上当，此段即为作者给出的原因。

⑥ 魔幻的逻各斯通过让人产生幻觉来使听众灵魂犯错，而作为谎言的逻各斯本身并不具有改变听众想法的功能，谎言之所以起作用是它传递了某种处理过的信息，说谎者借助听众知识的局限，无法知道过去、现在和未来，所以谎言达到了目的。

⑦ 对于过去、现在和未来，灵魂无法准确判断，所以大多数情况下，大多数人会选择已知的意见δόξη作为判断的标准，看上去作者是要宣扬知识论的重要性，但是，高氏却将话锋调转，列举意见的不可靠、不稳定，意见的局限将使他的灵魂也一同限制在内，偶尔的准确却被视作永恒的真理。最后，作者还是在突出逻各斯的重要性。逻各斯通过意见干扰灵魂，高尔吉亚认为逻各斯才是灵魂安顿的最好归属。

⑧ 原文有缺文，原第尔斯校本增补内容，此处马科道尔再次校勘。

⑨ 对此句的翻译，各校勘家均给出了自己的说法，从1890年至今出现的数种版本都未得到一致结论。

⑩ 辩证地论辩是高尔吉亚此文多次运用的论辩方法，对后世修辞及法庭论辩产生深远影响。

13   劝说是逻各斯的一种，它靠同化人的意念来重塑灵魂。①目之所及，首先是天象学家的逻各斯，他们击败一种观点，建立起另一种观点，将模糊不可信的意见呈现出来。②其次是那些在法庭上用逻各斯辩论的论者，他们用逻各斯愉悦大众，说服大众，工于创作却少有真相。③第三

14 是争论的哲学家的逻各斯，其中不难见到敏捷的思维，同时，意见的可信度也容易受到挑战。④逻各斯对于灵魂的效力犹如药物之于肌体，⑤不同的药物可以驱逐身体上不同的体液，⑥一些可以治病，一些可以要命。逻各斯亦如此，一些可以缓解痛苦，一些可以带来欢乐，一些产生恐惧，一些振奋听众士气，还有那些不好的劝说和迷药，扰乱人的灵魂。⑦

15   可以说，如果是被逻各斯说服，她并无过错，只是不幸。⑧在我演说的第四部分，我要给出海伦去往特洛伊的第四种理由，因为情爱⑨为了所为之事，她可以不受所谓的罪过谴责而释然。我们见到，事物有

16 其自然特性，少随人愿，那特性是自身固有的。通过眼睛观察，内心

---

① ἐτυπώσατο 是 τυπόω 过去式，"塑造"之义，一语双关，一可重塑海伦形象，二可强调逻各斯对灵魂的塑造作用。12段用逻各斯为海伦辩护，13、14段从逻各斯的使用对象及逻各斯的作用机理进一步展开论述。

② 天文学是科学知识诞生的领域，在高氏看来，科学的争论实际上是知识的灌输，将旧有的观点废弃掉，注入新的观点，进一步论述知识是 ἄπιστα καὶ ἄδηλα "不可信的模糊的"，实现知识更新的恰是逻各斯。

③ ἀγῶνας 意为"竞争的场所"；διὰ λόγων ἀγῶνας，"以逻各斯在竞争场所竞技"，特指古代城邦社会的"法庭论辩"。柏拉图在《高尔吉亚篇》中批驳智者们以纯工具的逻各斯进行辩论有违道德，而此处作为智者的高尔吉亚却对法庭上的演说者的逻各斯进行剖析，认为他们取悦观众却少有真相。

④ 虽然哲学家无意于推翻一种知识，建立新的知识，也无意于在辩论中争出高下，但在高尔吉亚看来，他们对万物的描绘纵然有才思敏捷，他们最终的目的就是劝服，为了实现劝服目的，知识的真实性就很难保证。

⑤ 逻各斯与药，这一对比喻在古典作品中多有出现，较早出现在恩培多科勒的描述中，这次在高尔吉亚作品中出现，被认为是高尔吉亚对其老师恩培多科勒的模仿和继承，高氏之后在柏拉图《泰阿泰德》中出现，智者学派常用这一比喻。伊索克拉底《论和平》中云："身体疾病的多种治疗方法由医生来发现，对于无知和充满恶劣欲望的灵魂，除了逻各斯，无药可救……"数百年后，老加图也有应用："他们彼此密谋用药杀死所有的外邦人，他们为了钱这样做了……"（Pliny's *Natural History* XXIX 14）。把药引入修辞这一做法究竟是模仿继承还是独立创作，还不好下结论。在我国古典作品中也有类似应用，《诗经·大雅·板》云："匪我言耄，尔用忧谑。多将熇熇，不可救药。"

⑥ χυμούς，液体。古希腊医生希波克拉底认为，人体内存在四种与健康有关的液体，生病后通常以草药将相关液体排出，维持健康。至今，希腊大街小巷遍布的诊所仍以 φαρμακεῖο 命名，该词与草药有关。

⑦ 药物可以治疗身体上不同的症状，或者能治愈疾病，或者让人送命，其结果或好或坏。高尔吉亚用药对病症的具体例子与逻各斯对灵魂的作用类比，使其论证对象具象化。柏拉图坚持认为修辞家与医生之间应有区别，否定修辞家与医生之间存在这样的对比。

⑧ 高尔吉亚认为被逻各斯说服并非己错，只是不幸。错在帕里斯，而非海伦。

⑨ 与肉体爱欲有关的话题在古希腊并不缺乏，不但在绘画、雕塑这些直观的对象中我们常常见到，在古希腊神话中也常有描写，肉体诱惑是与人类始终的欲望，高尔吉亚强调的也正是这种欲望的客观存在。

深处会留下特殊的印记。① 例如，当负责守卫防御的士兵佩戴了铜铁护甲出现在敌人面前，对方见此状，难免被惊动，心生怯意，甚至一些胆怯的人会被可能到来的危险吓跑。强力法律约束下养成的习惯，在视觉恐惧面前消失殆尽，直至荡然无存，法律审判的公平和胜利带来的喜悦② 也似乎与他们不相干。③ 面对可怕的事物，一些人失去对眼前情况的思考，他们的思维因此被压制，以致头脑空白。另一些人则陷入无边的忧郁，可怕的疾病，茫然不知所措。这样，人之所见就在其思想深处留有印记。④ 还有许多令人惧怕的情形，都不亚于上面所提到的。

17

然而，画家从多种颜色和众多形体中创作了完美的绘画和雕塑，他们靠冲击视觉给人以快感。⑤ 创作的雕像和完成的画作通过眼睛的视觉效果达到愉悦的目的。⑥ 期待美好和见证痛苦，对于视觉来说，都是自然的职责。很多人和事以及他们关于爱和欲的事便发生了。⑦ 如果亚历山大⑧ 的身体愉悦了海伦的双眼，（视觉）将爱的欲求传递到她的内心，这难道不是人人都想要的吗？⑨ 如果爱是神，拥有神的力量，弱者如何能将他拒于千里之外？⑩ 如果爱是人类的一种疾病或是灵魂中不好的一

18

19

---

① 如果海伦是受了客观存在的欲望的诱惑而行为犯错，她可以不负责任，高尔吉亚给出的理由是视觉在作怪。眼睛看到的东西最后传达给灵魂，视觉的冲击与逻各斯有着同样的效果，都无须承受者担责。
② 公平和胜利是公民最为关心的两件大事，城邦社会中内部矛盾的解决通过法庭辩论，解决外部矛盾的一种重要途径就是战争，因此，高氏所述实可反映城邦社会的基本情况。
③ 此段是作者精心准备的一个例子，来自当时社会，高氏举例强调的是面对恐惧，害怕的本能超出一切，寻求安全感是唯一途径，不自主情况下的行为失控可以不承担责任。
④ 作者对不自主的情形进行了自己的解释，将责任归为视觉，成为视觉影响思想典型的案例之一。
⑤ 从惊惧的士兵到此处画家的绘画和雕塑，是高氏精心挑选的两组反映视觉冲击与思想变化的例子，其中强调的是视觉存在的客观性，本能的行为。
⑥ 品达在《尼米安颂》中对雕塑与视觉、逻各斯与听觉的关系有过描述："我不是画师，我不会创作出雕塑，那雕塑纹丝不动立于座驾之上，而是，大大小小鳞次栉比的船只驶离爱琴海时动听的歌声"。高尔吉亚生活的时代晚于品达，是否见过品达的描述，不得而知，高氏此处绘画与雕塑的经典举例是否借鉴了品达诗歌，也不好妄下断论。
⑦ 作者强调爱欲通过视觉发挥作用的普遍性。
⑧ 亚历山大即帕里斯。
⑨ 面对恐惧的士兵、愉悦大众的雕塑和绘画，作者的列举为海伦受欲望诱惑而迷失作铺垫。
⑩ 古希腊神话中，阿芙洛迪特、维纳斯、厄洛斯等都是爱神。前文第8段中 "因为逻各斯，最富神性的工作凭借渺小微弱的身躯得以实现"，对于视觉的爱欲，高尔吉亚又以神力比拟，神力似的爱欲和 "神性的工作" 反复出现在高氏修辞中。

面，那么爱也不该作为一种罪孽来对待，而只能是一种不幸。[①]海伦去了（特洛伊），当她出发时，把握住了幸运，毫无算计，她是被爱俘获，丝毫不带艺术的修饰。[②]

20 这样，很有必要看一下对海伦的责备，她可能是深陷情爱，可能被逻各斯说服，可能被以暴力掳走，可能被神力支配，才做了她做的事，[③]凡此种种，她都不该承担责任。

21 通过这篇演说辞，我为这个女子涤除了恶名，我守住了演说开始时我所主张的立场。[④]我试图对不公和主观的无知说再见，我计划写下的这篇有关海伦的演说，只是我的一个游戏。[⑤]

（张绪强，东北师范大学世界古典文明史研究所博士）

---

① 前文高尔吉亚将逻各斯比喻为药，此处将爱比喻为疾病，生动的比喻是高氏修辞的突出特点，修辞中加入生活中的事物，可感、可触，富有理性，说服力强。

② 高尔吉亚认为海伦去往特洛伊是遵从了本能的欲求，听从了神意的安排，是率性而为，她的选择是"把握住了幸运"，毫无点染。

③ 作为结构完整的修辞范文，高尔吉亚在即将结束时对其列举的四种理由做了总结，与第五自然段中"我要立即结束第一部分，开始我的辩词，我会列出海伦去往特洛伊的数种可能的理由"形成呼应。

④ "实话实说，让非难海伦之人颜面尽失……我将在演说中给出合理的理由，让罪恶的流言止步，我也将揭露实施谴责者的谎言，指明真相，让无知消停。"开头第3段作者表明自己辩论的立场是指明真相，为海伦涤除恶名。

⑤ 作者最后的结尾句曾招来无数的批评，有人联系他在《论不存在》中表达的观点对修辞和真相展开讨论。马科道尔在其译本中这样评价："有人可能会认为，在高尔吉亚眼中闪烁的光芒正如他在文中最后一句所说，他将整篇自相矛盾的作品只是当作一个游戏。"

Contents and Abstracts

Research Articles

1. Who is an American?

Eric Foner (3)

Abstract: In this succinct and eloquent review of the evolution of American national identity, historian Eric Foner examines how the concept of "Americanness" was defined and contested in different periods of American history from the nation's founding through the 1960s. The author argues that American history is not simply the story of a fixed set of rights to which one group after another has gained access. Neither was citizenship extended to one group after another without struggle. In Foner's view, the definition of those rights has changed as a consequence of battles at the boundary between inclusion and exclusion. The author concludes that the diverse groups that make up American society have long spoken a common political language, although they have often interpreted its vocabulary in very different ways. Further, apparently universal principles and common values, moreover, have been historically constructed on the basis of difference and exclusion.

Keywords: National character, national identity, citizenship, civil rights, Americanness

2. Interracial Democracy: America's Great Political Experiment during the Era of Reconstruction

Wang Xi (18)

Abstract: The right to vote was a "privilege," enjoyed only by selected groups of citizens, for most part of the history of American democracy. Not until after the nation experiences four major suffrage expansions running from 1820s to 1970s was universal suffrage firmly established as a constitutional principle. This article focuses on the history of the second suffrage expansion, which occurred during the era of the Civil War (1861-1865) and Reconstruction (1863-1877), narrates the legislative history of black suffrage and its implementation, and discusses why the first national experiment of interracial democracy ultimately failed by the end of the 19th century. With this narrative, the author intends to demonstrate how the debate over the nature of American democracy and federalism by different forces within the federal power structure had profoundly affected the construction and deprivation of African American voting rights.

Keywords: black suffrage, Reconstruction, American democracy, Fifteenth Amendment

3. In Search of Poujadsim: A Spontaneous Movement of Collective Tax Resistance in 1950s' France

Guo Huarong (43)

Abstract: Poujadism, named after Pierre Poujade, was a French political and trade union movement which appeared in 1953 and disappeared in 1958. The movement claimed the defense of traders and craftsmen, who believed that their interest was endangered by the development of supermarkets in post-war France. They resisted "excessive tax", and condemned the ineffectiveness of parliamentarism as practiced under the Fourth Republic. They claimed to convene "the estates general" which consisted of honest people. However, the public opinion regarded them as fascists at that time.

Keywords: Poujadsim, estates general, Pierre Poujade

4. Imagination of the Other: Image of France on the eve of the Revolution in the eyes of Arthur Young

Hong Qingming, Cui Meixia (63)

Abstract: Arthur Young, A British agronomist in18th-century went to travel three times in France on the eve of the French Revolution. During the travels, he recorded in detail worldly images of pre-revolutionary France. Young recorded and passed judge on everything that he observed in France. His comment on French customs and culture was acute and penetrating, but the standard he used was British.

Keywords: Arthur Young, the French Revolution, Frenchness

5. On the Referendum Theory in the French Third Republic

Sun Yiping (76)

Abstract: During the Third Republic of France, almost all political parties were opposed to the institution of referendum. Under such circumstances, Carré de Malberg, who was a Republican, put forward the referendum theory which focused on the idea that referendum is the inevitable result of the representative system. His point of view is a careful reflection of the theory of the absolute Parliamentarism during the period of the Third Republic and therefore, is very theoretically valuable. Being lack of realistic dimensions, however, this theory cannot be put into practice.

Keywords: The French Third Republic; Absolute Parliamentarism; referendum; Carré de Malberg

6. Historical Practice in Historical Context: The Election of National Convention of the French Revolution

Zhang Chi (88)

Abstract: Contextualism is not only a criteria for historical study, but also one of discipline awarenesses for historians. In comprehending properly the historical context, the historian can decipher the original meaning of historical practice. By analyzing the election of 1792 during the French Revolution, this article tries to explore the inner tension of the revolutionary election and explain the importance of the historical context.

Keywords: Contextualism, Historical Context, the Election of 1792, French Revolution

7. Rewriting History of the Counterrevolution of France: Comment on *Contre-Révolution, Révolution et Nation en France, 1789—1799*

Li Qian (101)

8. Ancient Egypt and the Axial Age

Jin Shoufu (114)

Abstract: The aims of this article are first to point out the limitations of the Theory of the Axial Age put forward by Karl Jaspers on the basis of the Theory of Cultural Memory worked out by Aleida and Jan Assmann and then to analyze the vital actuality of the Theory of Axial Age. Taking ancient Egypt as an example, the author tries to prove that the Theory of the Axial Age might be a valuable guidance in the study of history and civilization. It is emphasized that Jaspers was keen of sight and had prophetic vision in observing the trend of history and the development of the civilizations.

Keywords: Jaspers, Axial Age, ancient Egypt, Cultural Memory

9. Reexamine the meaning and question of Karl Jaspers's theory of "Axial age"

Wu Jingdong (134)

Abstract: This article aims to make a overview about Karl Jaspers's theory of "Axial age". The article could be divided into four parts: first, the meaning of the theory;second, the main questions of the theory; third, the doubts about it; the last one, revalue the meaning and method of this theory. By doing this, we could achieve an overview about it, including the doubts and the meaning and method of critical research.

Keywords: Karl Jaspers, Axial age theory meaning question

10. What is the deep sense of Religion and God: A Research of comparative Linguistics and comparative Philology

Bai Gang (144)

Abstract: This Text tries, in combination of methodologies relating to historical comparative linguistics and comparative philology, to investigate the etymological origins and the inner meanings of the Words for Religion and for God among the language families as Indo-European, Afro-Asiatic (Hamito-Semitic), Ural-Altaic and Sino-Tibetan, and to illustrate their status and significance in history of World Civilizations.

Keywords: Religion, God, Comparative Linguistics, Comparative Philology, History of Civilization

Review Articles

11. How Can We Make Our Cities Sustainable? Seven Lessons from around the Globe

Christof Mauch (163)

Abstract: After the Second World War, urbanization has increased rapidly round the globe, which is a double-edged sword to the natural environment. The bad news is that the rapid development of cities brought great pressure and challenge to the ecological environment and the good news is that city or municipal governments made numerous innovations in sustainable development and advanced the healthy evolution of the ecological system. The latter half of the 20th century witnessed the emergence of a number of sustainable cities, which provided the so-called "slow hope" for the future development of human beings. This article argues that developments of sustainable cities from around the globe can teach us seven lessons that guide us towards a more livable future. China, as a fast-developing country, can surely draw historical experience and useful lessons from these recent developments and has great potential of becoming the model of sustainable development in the future.

Keywords: urbanization, sustainable cities, ecology

12. Greening the Foodscape of the United States: A Culinary Dimension of Green Cities

Liu Xiaohui (168)

Abstract: In the latter half of the 20th century, to address the problems of urban sprawl, the worsening living environment and the severe industrial pollution, the government and the citizens explored a new mode of urban development. As a consequence, the growth of some American cities manifested new characteristics and the urban life underwent changes: a number of ecologically friendly cities came into existence in the United States. These cities had a special agenda in terms of food production and consumption: they attached great importance to food safety, food justice, and environmental protection, and the food system in these cities became gradually "green". The rise of the food movement in these cities was closely related to the countercultural movement, ethnic revival and environmental movement. It has significant political, societal, cultural and ecological implications. Under its influence, city dwellers began to involve themselves in food production, and urban gardens, community farming and food co-ops made their presence felt. This changed the social relations in American food system and transformed the relationship between food and human beings.

Keywords: food movement, green cities, America, healthiness of food, environment

13. A Historical Interrogation of the Justification of the State of Israel
Yang Jun (179)

Abstract: Are there any political historical legal justification of the State of Israel? In The Invention of the Land of Israel-From Holy Land to Homeland, Israeli professor Shlomo Sand made a brilliant,thorough historical presentation and analysis and the most biting political criticism on this question.

Keywords: Israel justification, Shlomo Sand, *The Invention of the Land of Israel*

Book Reviews

14. Review: *The Study of Assyrian Tax and Corvee System*
Wang Guangsheng (191)

Abstract: The Study of Assyrian Tax and Corvee System is an important work of Chinese assyriology in recent years. This book pay attention to Assyrian tax and corvee system. The author realize the relation between the Assyrian tax and corvee system and the vicissitude of Assyrian society. Although this book include little mistakes, it is the first monograph on the Assyrian tax and corvee system in China and its academic value merit attention.

Keywords: The Study of Assyrian Tax and corvee System, Guo Honggeng, Assyrian, Tax and Corvee System

15. Illuminated "World of Body"—About *The Body in History: Europe from the Palaeolithic to the Future*
Liu Xuguang (196)

WHR Forum

Sources and Documents

Abstract: *Encomium of Helen* is one of Gorgias' three works which are preserved now. The author proclaimed to defend for Helen, actually, the affection on other aspects went beyong that. The practice and theories in this work are also very useful for the speaking of defense on court and the writing of history works. This text offers the Chinese audience one translation with new commentary.

Keywords: Gorgias, Helen, logos, persuade

征稿启事

本着在新的历史时期推动学术研究，促进学界交流的愿望，我们创办了《世界历史评论》集刊，由上海世纪出版集团北京世纪文景文化传播有限责任公司出版，每年两辑，设有专论、评论、专题论坛、文献与史料等栏目。

《世界历史评论》基本的办刊宗旨是：倡导以扎实的材料为基础，通过新颖适恰的方法路径，探索人类文明史中的一切现象；希图突破学科的藩篱，促进跨学科的交流碰撞，多视角更全面地呈现世界历史图景；同时也期待透过人类悠远深邃的历史经历，观照当下，启迪将来。

在此，我们竭诚欢迎学界同仁赐稿，文章题材选择不限，论证风格不拘，唯以学术价值和专业规范为准绳，既欢迎旁征博引论证厚重的长文，也欢迎短小精粹不乏创见的短文。在惠赐大作之前，《世界历史评论》提请您垂注以下几点：

1. 本刊电子投稿信箱为 sjlspl_2014@163.com。

2. 大作请附上200—400字的内容提要和3—5个关键词（中英对照）。

3. 请在文末附上作者信息和联系方式。

4. 所有来稿一律实行匿名评审，不论刊用与否，均在1个月内予以答复。

5. 注释和引文格式：注释均采用脚注方式，如①、②……的形式，Word默认每页重新编号。引用的外文论著皆不必翻译为中文。

编辑部联系方式：

电子邮件：sjlspl_2014@163.com

通信地址：上海市徐汇区桂林路100号上海师范大学西部办公楼705室

《世界历史评论》编辑部（200234）

文景

社 科 新 知　文 艺 新 潮

Horizon

穿越世界变局的历史研究

陈　恒　洪庆明　主编

出 品 人：姚映然
扉页题字：刘家和
责任编辑：刘　硕
美术编辑：陈　阳

出　　　品：北京世纪文景文化传播有限责任公司
　　　　　　（北京朝阳区东土城路8号林达大厦A座4A　100013）
出版发行：上海世纪出版股份有限公司
印　　　刷：北京中科印刷有限公司
制　　　版：南京展望文化发展有限公司

开　本：700×1020mm　1/16
印　张：16　　字　数：242,000　　插页：2
2017年9月第1版　　2017年9月第1次印刷
定　价：49.00元
ISBN：978-7-208-14702-7/ K·2677

图书在版编目（CIP）数据
穿越世界变局的历史研究/陈恒，洪庆明主编.—
上海：上海人民出版社，2017
（世界历史评论）
ISBN 978-7-208-14702-7

Ⅰ.①穿… Ⅱ.①陈… ②洪… Ⅲ.①世界史–研究
Ⅳ.①K107

中国版本图书馆CIP数据核字（2017）第183212号

本书如有印装错误，请致电本社更换　010-52187586